重庆市教育委员会2022年度人文社会科学类研究重点项目
乡村振兴中耕读文化解释与耕读教育课程构建研究"（项目编号：

乡村学校
劳动课程开发

理论与实践

宋生涛　哈斯朝勒◎著

科学出版社
北京

内 容 简 介

本书以习近平新时代中国特色社会主义思想为指导，全面贯彻党的教育方针，深入解读教育部印发的《义务教育劳动课程标准（2022 年版）》，针对乡村学校开展调研，致力于构建乡村学校劳动课程的理论体系和实践范式，旨在增强乡村学校劳动课程适应性，以实现新时代劳动课程全方面大格局育人和高质量课程思政育人的目标。同时，结合新时代乡村学校自身的办学定位、治学思想、基本条件，以满足乡村学校学生学习和发展需求为出发点，助力乡村学校进行劳动课程开发，更加突出时代性和发展性，注重整合性和衔接性，强调文化性和实践性。

本书共有八章，首先，界定乡村学校劳动课程开发的概念，详细分析乡村学校劳动课程设置与教学现状。其次，诠释乡村学校劳动课程开发的特征与价值。再次，构建乡村学校劳动课程开发的基本理论框架。最后，根据理论研究开展乡村学校劳动课程开发的实证研究。

本书既有理论高度，可供科研机构和高等学校的研究者参考，也有实践深度，可供中小学校长和一线教师参考。

图书在版编目（CIP）数据

乡村学校劳动课程开发：理论与实践/宋生涛，哈斯朝勒著. --北京 ：科学出版社, 2024.9. -- ISBN 978-7-03-079360-7

Ⅰ. G633.932

中国国家版本馆 CIP 数据核字第 2024ZB4252 号

责任编辑：王　丹　张翠霞/责任校对：王晓茜
责任印制：徐晓晨/封面设计：润一文化

科学出版社 出版

北京东黄城根北街 16 号
邮政编码：100717
http://www.sciencep.com
北京建宏印刷有限公司印刷
科学出版社发行　各地新华书店经销
*
2024 年 9 月第 一 版　开本：720×1000　1/16
2024 年 9 月第一次印刷　印张：14
字数：250 000

定价：98.00 元
（如有印装质量问题，我社负责调换）

前　言

从远古时代的原始社会生产力，到农业时代、工业时代的先进生产力，再到人工智能、信息时代的新质生产力，这些都是人类劳动智慧的结晶。人类劳动始终贯穿于社会生产和生活实践中，是劳动创造了人类历史，也是劳动改变了人类世界。在人生的各个阶段，劳动在人的身体素质的培养、性格的养成、技能的学习、人格的塑造等方面都起到关键性的作用。因此，家庭、学校和社会都应重视青少年儿童的劳动教育。家庭应发挥劳动教育的基础作用，学校应发挥劳动教育的主导作用，社会应发挥劳动教育的支持作用，各方应协同推进劳动育人，引导广大青少年儿童传承热爱劳动、崇尚劳动、辛勤劳动、诚实劳动的光荣传统，践行劳模精神、劳动精神、工匠精神、创新精神，增强劳动本领，从而立志报国、奉献社会、实现梦想。

新时代劳动教育不仅是社会发展的需要，也是个体全面发展的需要。《中共中央国务院关于全面加强新时代大中小学劳动教育的意见》指出："劳动教育是中国特色社会主义教育制度的重要内容，直接决定社会主义建设者和接班人的劳动精神面貌、劳动价值取向和劳动技能水平。长期以来，各地区和学校坚持教育与生产劳动相结合，在实践育人方面取得了一定成效。同时也要看到，近年来一些青少年中出现了不珍惜劳动成果、不想劳动、不会劳动的现象，劳动的独特育人价值在一定程度上被忽视，劳动教育正被淡化、弱化。对此，全党全社会必须高度重视，采取有效措施切实加强劳动教育。"[①]《义务教育劳动课程标准（2022 年版）》指出："劳动课程是实施劳动教育的重要途径，具有鲜明的思想性、突出的社会性和显著的实践性，在劳动教育中发挥主导作用。"[②]本书项目组聚焦乡村学校劳动课程开发的理论创新和实践探索，力求重拾、继承、弘扬我国耕读教育理念，在遵循教育教学规律和学生成长规律的基础上，充分挖掘调研地区自然、社会、人文等劳动教育的课程资源，运用教

---

① 中共中央国务院关于全面加强新时代大中小学劳动教育的意见[N]. 人民日报，2020-03-27（001）.
② 教育部. 义务教育劳动课程标准（2022 年版）[S]. 北京：北京师范大学出版社，2022：1.

育文化学和教育社会学的研究方式，以及教育人类学的田野研究方法，以学生熟悉的日常生活劳动、生产劳动、服务性劳动为教育内容（或课程知识），有目的、有计划地组织学生参加各项劳动和劳动教育活动，以培养学生正确的劳动价值观和良好的劳动品质。

目 录

前言

第一章 乡村学校劳动课程开发的概念界定……………………………………1

　第一节 劳动的本质……………………………………………………………1
　　一、劳动的词源解释………………………………………………………1
　　二、劳动的育人属性………………………………………………………3
　　三、劳动的思想观念………………………………………………………5

　第二节 劳动教育的概念………………………………………………………10
　　一、劳动教育的定义………………………………………………………11
　　二、劳动教育的体系………………………………………………………12
　　三、劳动教育的性质………………………………………………………15

　第三节 乡村学校劳动课程开发的概念解析…………………………………22
　　一、课程的概念阐释………………………………………………………22
　　二、乡村、乡村教育与乡村学校的概念界定……………………………24
　　三、乡村学校劳动课程开发的依据、特质与任务………………………25

第二章 乡村学校劳动课程开发的特性与作用…………………………………33

　第一节 乡村学校劳动课程开发的基本特性…………………………………33
　　一、方向性和思想性………………………………………………………33
　　二、社会性和生活性………………………………………………………35
　　三、实践性和独特性………………………………………………………35
　　四、情境性和生成性………………………………………………………36

　第二节 乡村学校劳动课程开发的独特作用…………………………………37
　　一、关注学生现实生活，促进学生全面发展……………………………37
　　二、聚焦课堂实践育人，关注教与学的融合……………………………38

　　三、打破传统的讲授法，倡导新式的学习法……………………39

　　四、培养学生劳动素养，满足学生劳动需要……………………40

第三章　乡村学校劳动课程开发的理论基础………………………42

　第一节　乡村学校劳动课程开发的哲学基础……………………42

　　一、马克思主义劳动价值观………………………………………43

　　二、列宁的劳动认识观……………………………………………46

　　三、中华人民共和国领袖的劳动育人观…………………………48

　第二节　乡村学校劳动课程开发的社会学基础…………………55

　　一、诠释学（行动）理论…………………………………………56

　　二、符号（象征）互动论…………………………………………56

　第三节　乡村学校劳动课程开发的心理学基础…………………57

　　一、学习动机理论…………………………………………………58

　　二、建构主义学习理论……………………………………………58

　　三、多元智能理论…………………………………………………59

　第四节　乡村学校劳动课程开发的教育文化学基础……………60

　　一、耕读教育的时代内涵…………………………………………61

　　二、耕读教育的价值空间…………………………………………62

　　三、耕读教育理念的实践路向……………………………………64

第四章　乡村学校劳动课程开发的目标确定………………………68

　第一节　乡村学校劳动课程目标的含义、特点和功能…………69

　　一、乡村学校劳动课程目标的含义………………………………69

　　二、乡村学校劳动课程目标的特点………………………………71

　　三、乡村学校劳动课程目标的功能………………………………72

　第二节　乡村学校劳动课程目标的来源、筛选和维度…………74

　　一、乡村学校劳动课程目标的来源………………………………74

　　二、乡村学校劳动课程目标的筛选………………………………76

　　三、乡村学校劳动课程目标的维度………………………………77

　第三节　乡村学校劳动课程的主要目标…………………………79

　　一、乡村学校劳动课程的总体目标………………………………80

二、乡村学校劳动课程的学段目标…………………………… 82

三、乡村学校劳动课程的内容目标…………………………… 85

第五章 乡村学校劳动课程开发的内容选择…………………… 91

第一节 乡村学校劳动课程知识的选择…………………………… 91

一、乡村学校劳动课程知识选择的取向……………………… 92

二、乡村学校劳动课程知识选择的原则……………………… 94

第二节 乡村学校劳动课程内容的组织…………………………… 95

一、乡村学校劳动课程内容的组织原则……………………… 96

二、乡村学校劳动课程内容的组织方法……………………… 97

第三节 乡村学校劳动课程的内容要点…………………………… 99

一、乡村学校第一学段的劳动课程内容……………………… 99

二、乡村学校第二学段的劳动课程内容……………………… 104

三、乡村学校第三学段的劳动课程内容……………………… 108

四、乡村学校第四学段的劳动课程内容……………………… 114

第六章 乡村学校劳动课程开发的实施途径………………… 119

第一节 乡村学校劳动课程实施的概述…………………………… 119

一、乡村学校劳动课程实施的含义…………………………… 119

二、乡村学校劳动课程实施的取向…………………………… 121

三、乡村学校劳动课程实施的影响因素……………………… 124

第二节 乡村学校劳动课程实施的方式…………………………… 126

一、乡村学校劳动课程实施注重实践育人…………………… 126

二、乡村学校劳动课程实施注重生活育人…………………… 127

三、乡村学校劳动课程实施注重文化育人…………………… 128

第三节 乡村学校劳动课程实施的途径…………………………… 129

一、课堂空间是阵地…………………………………………… 129

二、课外活动是延伸…………………………………………… 131

三、社会实践是拓展…………………………………………… 133

第七章 乡村学校劳动课程开发的评价结构…………………… 135

　第一节 乡村学校劳动课程评价的意义、原则、取向和方式……… 135

　　一、乡村学校劳动课程评价的意义……………………………… 136

　　二、乡村学校劳动课程评价的原则……………………………… 137

　　三、乡村学校劳动课程评价的取向……………………………… 138

　　四、乡村学校劳动课程评价的方式……………………………… 139

　第二节 乡村学校劳动课程评价的主体和相关维度……………… 142

　　一、乡村学校劳动课程评价的主体……………………………… 142

　　二、乡村学校劳动课程评价的相关维度………………………… 143

第八章 乡村学校劳动课程开发的教学案例…………………… 146

　第一节 立春节气劳动课程与教学活动…………………………… 146

　　一、基础知识……………………………………………………… 146

　　二、传统习俗及拓展……………………………………………… 147

　　三、教学设计：立春写春联……………………………………… 148

　第二节 雨水节气劳动课程与教学活动…………………………… 148

　　一、基础知识……………………………………………………… 148

　　二、传统习俗……………………………………………………… 149

　　三、教学设计：雨水备种………………………………………… 149

　第三节 惊蛰节气劳动课程与教学活动…………………………… 150

　　一、基础知识……………………………………………………… 150

　　二、传统习俗及拓展……………………………………………… 151

　　三、教学设计：惊蛰煮龙须面…………………………………… 152

　第四节 春分节气劳动课程与教学活动…………………………… 153

　　一、基础知识……………………………………………………… 153

　　二、传统习俗……………………………………………………… 154

　　三、教学设计：春分移栽李子树………………………………… 154

　第五节 清明节气劳动课程与教学活动…………………………… 155

　　一、基础知识……………………………………………………… 155

　　二、传统习俗……………………………………………………… 156

　　三、教学设计：清明给烈士扫墓——我为烈士献花…………… 156

第六节　谷雨节气劳动课程与教学活动…………………………… 158

　　一、基础知识 ……………………………………………………… 158

　　二、传统习俗 ……………………………………………………… 158

　　三、教学设计：谷雨播种花生 …………………………………… 159

第七节　立夏节气劳动课程与教学活动…………………………… 160

　　一、基础知识 ……………………………………………………… 160

　　二、传统习俗 ……………………………………………………… 161

　　三、教学设计：立夏给庄稼除草 ………………………………… 161

第八节　小满节气劳动课程与教学活动…………………………… 162

　　一、基础知识 ……………………………………………………… 162

　　二、传统习俗 ……………………………………………………… 163

　　三、教学设计：小满捡苦菜 ……………………………………… 163

第九节　芒种节气劳动课程与教学活动…………………………… 165

　　一、基础知识 ……………………………………………………… 165

　　二、传统习俗及拓展 ……………………………………………… 166

　　三、教学设计：芒种制作香包 …………………………………… 166

第十节　夏至节气劳动课程与教学活动…………………………… 167

　　一、基础知识 ……………………………………………………… 167

　　二、传统习俗 ……………………………………………………… 168

　　三、教学设计：夏至做凉面 ……………………………………… 168

第十一节　小暑节气劳动课程与教学活动………………………… 169

　　一、基础知识 ……………………………………………………… 169

　　二、传统习俗 ……………………………………………………… 170

　　三、教学设计：小暑晒被褥 ……………………………………… 170

第十二节　大暑节气劳动课程与教学活动………………………… 171

　　一、基础知识 ……………………………………………………… 171

　　二、传统习俗 ……………………………………………………… 172

　　三、教学设计：大暑收割早稻 …………………………………… 172

第十三节　立秋节气劳动课程与教学活动………………………… 173

　　一、基础知识 ……………………………………………………… 173

　　二、传统习俗 ……………………………………………………… 174

三、教学设计：立秋晒粮···································174

第十四节　处暑节气劳动课程与教学活动··················175

　　一、基础知识···175

　　二、传统习俗···176

　　三、教学设计：处暑种香菜·····························176

第十五节　白露节气劳动课程与教学活动··················177

　　一、基础知识···177

　　二、传统习俗···178

　　三、教学设计：白露种冬白菜·························178

第十六节　秋分节气劳动课程与教学活动··················180

　　一、基础知识···180

　　二、传统习俗及拓展·····································181

　　三、教学设计：秋分制作月饼·························181

第十七节　寒露节气劳动课程与教学活动··················182

　　一、基础知识···182

　　二、传统习俗及拓展·····································183

　　三、教学设计：寒露制作糍粑·························183

第十八节　霜降节气劳动课程与教学活动··················184

　　一、基础知识···184

　　二、传统习俗···185

　　三、教学设计：霜降挖土豆·····························185

第十九节　立冬节气劳动课程与教学活动··················186

　　一、基础知识···186

　　二、传统习俗···187

　　三、教学设计：立冬种大蒜·····························187

第二十节　小雪节气劳动课程与教学活动··················188

　　一、基础知识···188

　　二、传统习俗···188

　　三、教学设计：小雪制作云安泡菜··················189

第二十一节　大雪节气劳动课程与教学活动…………………………… 191

　　一、基础知识 ……………………………………………………… 191

　　二、传统习俗 ……………………………………………………… 191

　　三、教学设计：大雪腌腊肉………………………………………… 192

第二十二节　冬至节气劳动课程与教学活动…………………………… 193

　　一、基础知识 ……………………………………………………… 193

　　二、传统习俗 ……………………………………………………… 193

　　三、教学设计：冬至包饺子………………………………………… 194

第二十三节　小寒节气劳动课程与教学活动…………………………… 195

　　一、基础知识 ……………………………………………………… 195

　　二、传统习俗及拓展 ……………………………………………… 195

　　三、教学设计：小寒做腊八粥……………………………………… 196

第二十四节　大寒节气劳动课程与教学活动…………………………… 197

　　一、基础知识 ……………………………………………………… 197

　　二、传统习俗及拓展 ……………………………………………… 197

　　三、教学设计：大寒家庭大扫除…………………………………… 198

参考文献……………………………………………………………………… 200

后记…………………………………………………………………………… 209

第一章　乡村学校劳动课程开发的概念界定

学校课程就好像是大自然中的一棵树，只有扎根土壤，才有深度；只有伸向天空，才有高度。乡村学校劳动课程开发既要有高度，也要有深度，在高度上阐释课程哲学，在深度上诠释课程文化。

第一节　劳动的本质

黑格尔认为："熟知的东西所以不是真正知道了的东西，正因为它是熟知的。"[①]"劳动"其实是个大众熟知的词汇，要诠释劳动教育的概念，首先应该明白劳动的本义。本书先从"劳动"说起，旨在界定劳动教育和劳动课程的研究范畴。要给"劳动"下一个准确的定义，看似简单，但其实随着人类社会的发展、时代的变迁和科技的创新，劳动的本义和概念也在延伸和迭代。

一、劳动的词源解释

在词源学意义上，"劳动"（arbeit）一词源自古老的日耳曼语，主要表示体力活动的辛劳、痛苦、艰难、累赘等特征；在拉丁语中，"劳动"（labor）也是指体力劳动，描绘的是一幅人在重负之下趔趄而行的图像；法语的"劳动"（travail）一词具有同样的意蕴，它与栅栏一词有关，是指用来围牛马的器械。因此，从劳动一词的这种词源来看，从事劳动会使人感到疲惫、感到劳累。[②]这里的"劳动"具有艰苦、劳累、劳作等含义。英国社会学家雷蒙·威廉斯在其1976年出版的《关键词：文化与社会的词汇》中，从词源学的角度梳理了 labor 词义的演绎与发展。labor 作为动词，是指犁地或在土地上耕作，也可指手工工

---

① 黑格尔. 精神现象学（上卷）[M]. 2 版. 贺麟，王玖兴译. 北京：商务印书馆，1979：20.
② 寇东亮. 马克思"劳动成为生活的第一需要"论断的溯源与释义[J]. 伦理学研究，2022，（1）：1-7.

作或其他需要费力的工作。①labor 的现代词义主要有：①劳动，主要指体力劳动；②奋斗，努力做困难的事；③努力工作，干苦力活；④努力地、困难地、吃力地进行等。"在马克思看来，人类劳动形态大致会经历一个从自然劳动（原始公共劳动）到奴役劳动（奴隶劳动、徭役劳动和雇佣劳动）最终走向自由劳动的历史演进，自由劳动是人类劳动的最高形态。马克思主义视域中终极意义的自由劳动，即作为'生活的第一需要'的劳动。"②

从我国词源学角度分析，"劳"为动词时，小篆"勞"字的上部"焱"，即"焰"的本义，表示灯火通明，中间是"冖"字，表示房屋，下面是"力"，表示用力，其本义是费力、劳苦，泛指一般的劳动，引申为勤劳、努力、辛勤、辛劳。③"动"，繁体为"動"，指手臂用力推重物而起，其本义是行动。最先提出"劳动"一词的是庄子。④《庄子·让王》篇提到："春耕种，形足以劳动；秋收敛，身足以休食。"⑤"'劳动'的'劳'本义是酬报、相谢之意，金文写作：上半部是'爵士'的'爵'，'爵'是商末周初之酒器名。下半部像一个人高举着两手。整个'劳'字就是一个人用双手擎着盛满美酒的'爵'，献给有功有能者，表示酬劳、尊敬。'动'字的右边金文里写作'走'，为'动'之意义符号，表示其与'走'的动作有关；左边是个'重'字，为'动'之读音符号。"⑥《三国志·魏书·华佗传》中提到："人体欲得劳动，但不当使极尔。"⑦这说明劳动有益健康，但应有劳有逸，这里的"劳动"有锻炼身体的含义。⑧本书根据《现代汉语词典》（第7版）把劳动的义项归纳为：劳动是人类创造物质或精神财富的活动；劳动专指体力劳动，或指田间劳作；劳动即劳作，是旧时小学课程之一，指教学生做手工或进行其他体力劳动；劳动即进行体力劳动或脑力劳动，泛指劳动去了或工作去了。⑨

---

① 雷蒙·威廉斯. 关键词：文化与社会的词汇[M]. 刘建基译. 北京：生活·读书·新知三联书店，2005：256.
② 寇东亮. 马克思"劳动成为生活的第一需要"论断的溯源与释义[J]. 伦理学研究，2022，（1）：1-7.
③ 李学勤. 字源[M]. 天津：天津古籍出版社，2013：7.
④ 更生. "劳动"溯源[N]. 乐山报，1983-05-07（004）.
⑤ 吴聪灵. 活泼生机会庄子[M]. 南京：东南大学出版社，2021：150.
⑥ 更生. "劳动"溯源[N]. 乐山报，1983-05-07（004）.
⑦ 袁帅. 教育改革视域下的劳动教育思想及实践研究[M]. 北京：知识产权出版社，2020：2.
⑧ 更生. "劳动"溯源[N]. 乐山报，1983-05-07（004）.
⑨ 中国社会科学院语言研究所词典编辑室. 现代汉语词典[M]. 7版. 北京：商务印书馆，1983：780-781.

二、劳动的育人属性

让"劳动"成为"劳动教育"这一命题属于教育学研究的范畴，劳动是一种教育方式。[①]早在远古时期，人们在生产劳动的过程中通过身体力行的方式接受教育。中华人民共和国成立后，党中央高度重视劳动与教育的关系。当前，一些学生面临劳动机会减少的困境，加之他们的劳动意识不强，导致轻视劳动、不会劳动、不珍惜劳动成果的现象出现。因此，进一步厘清劳动的教育内涵，具有十分重要的现实意义。[②]马克思主义认为，劳动创造了人类本身、劳动创造了人类社会、劳动创造了人类财富。[③]"马克思、恩格斯论述了教育与生产劳动相结合的原理，他们赞扬欧文的教育实验，认为在工厂制度中实行生产劳动与智育和体育相结合，萌发出了未来教育的幼芽。他们充分肯定教育与生产劳动相结合的意义和作用，认为它是'提高社会生产的一种方法'，是'改造现代社会的最强有力的手段之一'，是'造就全面发展的人的唯一方法'。马克思很重视体力劳动，认为它'是防止一切社会病毒的伟大的消毒剂'，但体力劳动一定要与教育相结合。"[④]另外，劳动也是中华民族的文化符号、文化形象和文化实践。劳动精神既是中华民族的精神血脉，也是中华民族的文化基因。中华民族的历史是劳动人民用勤劳、勇敢、智慧书写的劳动创造物质财富、劳动创造精神财富的辉煌历史。[⑤]

从教育学的角度审视，劳动过程具有育人功能。苏霍姆林斯基指出："'劳动教育'这个词组是不可分割的，因为教育只是在它具有劳动的含义时，才成为教育。"学校不应有离开劳动的教育，也不应有缺失教育的劳动。"劳动"与"教育"之间"不可分割"，是指劳动与教育两者之间不应该、不允许被分割。然而在现实教育工作中，两者常常相互脱节，遭到人为分割。苏霍姆林斯基批评一些学校的"劳动"和"劳动教育"不是一回事，其"致命缺点在于未能把劳动与教育紧密结合起来"。[⑥]劳动教育"与日常生活中'劳动'往往专

① 檀传宝. 如何让"劳动"成为一种"教育"？——对劳动与劳动教育的概念之思[J]. 华东师范大学学报（教育科学版），2022，（6）：97-104.

② 班建武. "新"劳动教育的内涵特征与实践路径[J]. 教育研究，2019，（1）：21-26.

③ 魏进平，马丹丹. 新时代"劳动"的多维审视[J]. 天津师范大学学报（基础教育版），2021，（1）：1-6.

④ 赵荣昌，单中惠. 外国教育史教学参考资料[M]. 上海：华东师范大学出版社，1991：427.

⑤ 魏进平，马丹丹. 新时代"劳动"的多维审视[J]. 天津师范大学学报（基础教育版），2021，（1）：1-6.

⑥ 孙孔懿. 苏霍姆林斯基教育学说[M]. 北京：人民教育出版社，2018：248.

指体力劳动的含义不同，苏霍姆林斯基教育学中的'劳动'包括脑力劳动，而且，体力劳动也包含脑力劳动，包含着丰富的精神生活。他认为：'学校领导生产劳动……首先就是领导学生的精神生活。'他将'体力上和精神上的统一'，亦即'每一个少年都完成过要求耗费大量体力和精力的工作'，视为'劳动教育的规律'"①。"苏霍姆林斯基引用列宁的话说：'年轻一代的教育不与生产劳动相结合，未来社会的理想是不可想象的。'他将'教育与生产劳动相结合'视为学校教育最重要的指导思想。"②"劳动教育的最终目的并非仅仅培养'劳动者'，而是培养'真正的人'。苏霍姆林斯基指出：'劳动是一种极为复杂的现象，它可以揭示人的思想、情感、智力、美感、心理状态、创造精神'，'人生育人，而劳动则把人造就成真正的人。……我们每个人只有在劳动中才能显示自己是一个人、一个有个性的人、一个为崇高理想而奋斗的参加者、一个对邪恶深恶痛绝的人、一个公民和祖国的捍卫者、一个为别人创造幸福的人、一个成了家的人、一个母亲的儿子、一个孩子的父亲、一个集体主义者，最终是一个有思想的人'。"③苏霍姆林斯基认为："劳动是全面、协调发展的基础，这个思想意味着什么？在对儿童和少年进行实际工作的时候，这个思想意味着：劳动与智力发展、道德发展、美感发展、情感发展、体力发展之间，劳动与思想和个性的公民基础的形成之间有一条强有力的纽带联系在一起。"④"离开了劳动，不可能有真正的教育。"⑤"劳动是一种极为复杂的现象，它可以揭示人的思想、情感、智力、美感、心理状态、创造精神，揭示教育和自我教育的意义。人生育人，而劳动则把人造就成真正的人。"⑥"劳动是塑造人、培养人的关键途径，甚至是最重要、最根本的手段。"⑦

陶行知认为："在劳力上劳心，是真的一元论。""在劳力上劳心，是一切发明之母。事事在劳力上劳心，便可得事物之真理。人人在劳力上劳心，便可无废人，便可无阶级。征服天然势力，创造大同社会，是立在同一的哲学基

① 孙孔懿. 苏霍姆林斯基教育学说[M]. 北京：人民教育出版社，2018：255.
② 孙孔懿. 苏霍姆林斯基教育学说[M]. 北京：人民教育出版社，2018：262.
③ 孙孔懿. 苏霍姆林斯基教育学说[M]. 北京：人民教育出版社，2018：268.
④ 瓦·阿·苏霍姆林斯基. 让少年一代健康成长[M]. 黄之瑞，张佩珍，姚亦飞，等译. 北京：教育科学出版社，1984：339.
⑤ 瓦·阿·苏霍姆林斯基. 少年的教育和自我教育[M]. 姜励群，吴福生，张渭城，等译. 北京：北京出版社，1984：26.
⑥ 蔡汀，王义高，祖晶. 苏霍姆林斯基选集（5卷本·第1卷）[M]. 北京：教育科学出版社，2001：624.
⑦ 胡君进，檀传宝. 劳动、劳动集体与劳动教育：重思马卡连柯、苏霍姆林斯基劳动教育思想的内容与特点[J]. 国家教育行政学院学报，2018，（12）：40-45.

础上的。这个哲学的基础，便是'在劳力上劳心'……惟独贯彻在劳力上劳心的教育，才能造就在劳力上劳心的人类；也惟独在劳力上劳心的人类，才能征服自然势力，创造大同社会。"[①]"劳动教育的目的，在谋手脑相长，以增进自立之能力，获得事物之真知及了解劳动者之甘苦。"[②]

习近平在全国劳动模范和先进工作者表彰大会上指出："劳动是一切幸福的源泉。新形势下，我国工人阶级和广大劳动群众要继续学先进赶先进，自觉践行社会主义核心价值观，用劳动模范和先进工作者的崇高精神和高尚品格鞭策自己，焕发劳动热情，厚植工匠文化，恪守职业道德，将辛勤劳动、诚实劳动、创造性劳动作为自觉行为。各级党委和政府要尊重劳模、关爱劳模，贯彻好尊重劳动、尊重知识、尊重人才、尊重创造方针，完善劳模政策，提升劳模地位，落实劳模待遇，推动更多劳动模范和先进工作者竞相涌现。全社会要崇尚劳动、见贤思齐，加大对劳动模范和先进工作者的宣传力度，讲好劳模故事、讲好劳动故事、讲好工匠故事，弘扬劳动最光荣、劳动最崇高、劳动最伟大、劳动最美丽的社会风尚。要开展以劳动创造幸福为主题的宣传教育，把劳动教育纳入人才培养全过程，贯通大中小学各学段和家庭、学校、社会各方面，教育引导青少年树立以辛勤劳动为荣、以好逸恶劳为耻的劳动观，培养一代又一代热爱劳动、勤于劳动、善于劳动的高素质劳动者。"[③]劳动是实现人的全面发展的主要方式，应充分挖掘劳动本身蕴含的育人价值，激活劳动育人的潜力。应实现"劳动"与"教育"之间的深度柔性融合，把具有潜在育人价值的"劳动"本身与"劳动教育"同构理解，彻底解决现实中劳动脱离文化、劳动脱离育人、劳动脱离生活的问题。从劳动的独特育人属性角度讲，学校劳动教育应关注劳动过程和劳动实践所体现的育人成效。也就是说，学校应将劳动作为一门课程，需要关注劳动的独特育人价值，而不仅仅关注劳动本身。[④]

三、劳动的思想观念

马克思主义劳动观的本质是无产阶级的劳动观。马克思从抽象、历史、理想和现实等方面深刻地揭示了劳动的本质：人借以实现任何自然之间的物质变换的人类一般的生产活动，是尚属非社会的人和已经具有某种社会规定的人所

---

① 董宝良. 陶行知教育名篇选[M]. 北京：人民教育出版社，2012：10-11.
② 刘猛. 劳动教育：从陶行知到毛泽东[J]. 江苏教育学院学报（社会科学版），2003，（2）：18-21，51.
③ 习近平. 在全国劳动模范和先进工作者表彰大会上的讲话[N]. 人民日报，2020-11-25（002）.
④ 冯永刚，温晓情. 劳动课程育人的价值变迁、生成逻辑与实践进路[J]. 教育学报，2022，（6）：52-62.

共同具有的，劳动是人类生存和生活的基本活动；劳动是人类社会最先从事的物质活动，是在历史发展过程中不断形成的，在不同历史时期，劳动的内涵在不断延伸；劳动是一种自我实现的过程，具有高度的自由，是人类存续和发展的根本属性，是人类社会自由和自觉的生活；劳动是用劳动力交换的经济活动。[①]可以认为，马克思主义劳动观是劳动的哲学基础，劳动既是创造人类的本源，也是改造社会的源泉。

马克思认为："对社会主义的人来说，整个所谓世界历史不外是人通过人的劳动而诞生的过程。"[②]新时代劳动观继承和发展了马克思主义劳动思想，内涵丰富、思想深邃，包含了劳动的价值、伦理、实践、精神等方面的思想向度。[③]从其价值向度讲，劳动是实现美好生活的前提条件，是实现国家富强的精神动力，是思想境界和道德修养不断完善的重要路径。从其伦理向度讲，"一切劳动，无论是体力劳动还是脑力劳动，都值得尊重和鼓励；一切创造，无论是个人创造还是集体创造，也都值得尊重和鼓励。"[④]"劳动最光荣、劳动最崇高、劳动最伟大、劳动最美丽"[⑤]。从其实践向度讲，"中华民族伟大复兴，绝不是轻轻松松、敲锣打鼓就能实现的。全党必须准备付出更为艰巨、更为艰苦的努力"[⑥]。"必须坚持崇尚劳动、造福劳动者。劳动是财富的源泉，也是幸福的源泉。人世间的美好梦想，只有通过诚实劳动才能实现；发展中的各种难题，只有通过诚实劳动才能破解；生命里的一切辉煌，只有通过诚实劳动才能铸就。劳动创造了中华民族，造就了中华民族的辉煌历史，也必将创造出中华民族的光明未来。'一勤天下无难事。'必须牢固树立劳动最光荣、劳动最崇高、劳动最伟大、劳动最美丽的观念，让全体人民进一步焕发劳动热情、释放创造潜能，通过劳动创造更加美好的生活"[⑦]"我们要始终弘扬劳模精神、劳动精神，为中国经济社会发展汇聚强大正能量。劳动是人类的本质活动，劳

---

① 严冬. 马克思劳动观的当代德育价值研究[D]. 吉林大学博士学位论文，2022：34-35.

② 马克思. 1844年经济学哲学手稿[M]. 中共中央马克思恩格斯列宁斯大林著作编译局编译. 北京：人民出版社，2018：89.

③ 张雪琴. 习近平劳动观的六重向度及其内在逻辑[J]. 学校党建与思想教育，2023，（5）：61-65.

④ 习近平. 在庆祝"五一"国际劳动节暨表彰全国劳动模范和先进工作者大会上的讲话[N]. 人民日报，2015-04-29（002）.

⑤ 胡果，吴秋余，王观，等. "劳动最光荣、劳动最崇高、劳动最伟大、劳动最美丽"——总书记同劳动人民在一起[N]. 人民日报，2023-04-30（001）.

⑥ 习近平. 决胜全面建成小康社会 夺取新时代中国特色社会主义伟大胜利——在中国共产党第十九次全国代表大会上的报告[N]. 人民日报，2017-10-28（001）.

⑦ 习近平. 在同全国劳动模范代表座谈时的讲话[N]. 人民日报，2013-04-29（002）.

动光荣、创造伟大是对人类文明进步规律的重要诠释。'民生在勤，勤则不匮。'中华民族是勤于劳动、善于创造的民族。正是因为劳动创造，我们拥有了历史的辉煌；也正是因为劳动创造，我们拥有了今天的成就。"①"将辛勤劳动、诚实劳动、创造性劳动作为自觉行为。"②从其精神向度讲，"'不惰者，众善之师也。'在长期实践中，我们培育形成了爱岗敬业、争创一流、艰苦奋斗、勇于创新、淡泊名利、甘于奉献的劳模精神，崇尚劳动、热爱劳动、辛勤劳动、诚实劳动的劳动精神，执着专注、精益求精、一丝不苟、追求卓越的工匠精神。劳模精神、劳动精神、工匠精神是以爱国主义为核心的民族精神和以改革创新为核心的时代精神的生动体现，是鼓舞全党全国各族人民风雨无阻、勇敢前进的强大精神动力"③。"人类是劳动创造的，社会是劳动创造的。劳动没有高低贵贱之分，任何一份职业都很光荣。广大劳动群众要立足本职岗位诚实劳动。无论从事什么劳动，都要干一行、爱一行、钻一行。在工厂车间，就要弘扬'工匠精神'，精心打磨每一个零部件，生产优质的产品。在田间地头，就要精心耕作，努力赢得丰收。在商场店铺，就要笑迎天下客，童叟无欺，提供优质的服务。只要踏实劳动、勤勉劳动，在平凡岗位上也能干出不平凡的业绩。"④劳动精神是劳动者在劳动过程中展现出的价值观念、精神风貌、思维方式，既是指引劳动者实现自我价值的精神动力，也是促进社会不断繁荣发展的内生动力。劳模精神和工匠精神是劳动精神的表现形式，劳动精神是劳模精神和工匠精神的思想源泉。党的二十大报告中明确指出："以中国式现代化全面推进中华民族伟大复兴。"⑤可以认为，新时代劳动观，既为通过劳动推进中国式现代化提供了思想指引，也为以劳动教育为载体推进中华民族伟大复兴指明了实践路径。

（一）新时代的劳动动力观⑥

"劳动是推动人类社会进步的根本力量。正是因为劳动创造，我们拥有了

---

① 习近平. 在庆祝"五一"国际劳动节暨表彰全国劳动模范和先进工作者大会上的讲话[N]. 人民日报，2015-04-29（002）.

② 习近平. 在全国劳动模范和先进工作者表彰大会上的讲话[N]. 人民日报，2020-11-25（002）.

③ 习近平. 在全国劳动模范和先进工作者表彰大会上的讲话[N]. 人民日报，2020-11-25（002）.

④ 习近平. 在知识分子、劳动模范、青年代表座谈会上的讲话[N]. 人民日报，2016-04-30（002）.

⑤ 习近平. 高举中国特色社会主义伟大旗帜 为全面建设社会主义现代化国家而团结奋斗——在中国共产党第二十次全国代表大会上的报告[N]. 人民日报，2022-10-26（001）.

⑥ 黄明理，任君. 中国式现代化视域下习近平劳动价值论述的哲学意蕴[J]. 南通大学学报（社会科学版），2023，（2）：10-17.

历史的辉煌；也正是因为劳动创造，我们拥有了今天的成就。"①党的二十大报告提出："在全社会弘扬劳动精神、奋斗精神、奉献精神、创造精神、勤俭节约精神，培育时代新风新貌。"②劳动是社会进步的物质源泉，也是人类历史发展的精神动力。在中国式现代化的宏伟蓝图中，劳动生产与劳动创造占据举足轻重的地位。中国式现代化离不开物质生产，"没有坚实的物质技术基础，就不可能全面建成社会主义现代化强国"③。物质生产是推进中国式现代化的基础保障。同时，中国式现代化离不开精神生产，精神生产是推进中国式现代化的重要思想力量。"全面建成小康社会，进而建成富强民主文明和谐的社会主义现代化国家，根本上靠劳动、靠劳动者创造。因此，无论时代条件如何变化，我们始终都要崇尚劳动、尊重劳动者，始终重视发挥工人阶级和广大劳动群众的主力军作用。"④

（二）新时代的劳动幸福观⑤

"'人生在勤，勤则不匮。'幸福不会从天降，美好生活靠劳动创造。"⑥"人世间的一切幸福都需要靠辛勤的劳动来创造。"⑦在劳动的过程中，人不仅能体验到物质收获带来的满足与幸福，也能感受到精神层面的充实与愉悦。通过劳动获得了劳动报酬和物质财富，构成了物质层面上的幸福；通过劳动实现了个人价值和社会价值，构成了精神层面上的幸福。因此，劳动幸福观包括致富观、价值观和奉献观。"人类的第一个历史活动是生产物质生活本身，这个过程表现为双重关系。一方面是人与自然的关系，另一方面是人与人的社会关系。而社会关系实质上是价值关系。因为人的活动中，无论是需要还是享受，从内容和形式上都是社会的。所以，马克思认为，人的创造财富的生产活动和满足需要的享受，都不能离开社会，它们本质上是社会的，反映的是一定的社

---

① 大力弘扬劳模精神[N]. 人民日报，2020-11-24（001）.

② 习近平. 高举中国特色社会主义伟大旗帜 为全面建设社会主义现代化国家而团结奋斗——在中国共产党第二十次全国代表大会上的报告[N]. 人民日报，2022-10-26（001）.

③ 习近平. 高举中国特色社会主义伟大旗帜 为全面建设社会主义现代化国家而团结奋斗——在中国共产党第二十次全国代表大会上的报告[N]. 人民日报，2022-10-26（001）.

④ 习近平. 在庆祝"五一"国际劳动节暨表彰全国劳动模范和先进工作者大会上的讲话[N]. 人民日报，2015-04-29（002）.

⑤ 黄明理，任君. 中国式现代化视域下习近平劳动价值论述的哲学意蕴[J]. 南通大学学报（社会科学版），2023，（2）：10-17.

⑥ 习近平. 在知识分子、劳动模范、青年代表座谈会上的讲话[N]. 人民日报，2016-04-30（002）.

⑦ 刘维涛，李昌禹，亢玉昆. 总书记这样礼赞劳动创造[N]. 人民日报，2023-10-09（001）.

会关系。""活动和享受，无论就其内容或就其存在方式来说，都是社会的，是社会的活动和社会的享受。""正因为这些活动和享受都是在一定社会关系下进行的，个人与他人、个人与社会才形成了一定的利益关系。所以，马克思把利益这个普遍概念看作是'从人们对待满足他们需要的外界物的关系中产生的'。"①"人民对美好生活的向往，就是我们的奋斗目标。"②"广大青年要牢记'空谈误国、实干兴邦'，立足本职、埋头苦干，从自身做起，从点滴做起，用勤劳的双手、一流的业绩成就属于自己的人生精彩。"③"幸福生活都是奋斗出来的，共同富裕要靠勤劳智慧来创造。"④通过劳动获得物质财富，是人们追求美好生活的基础。劳动同个人和国家的物质财富、家庭的幸福和社会的繁荣有直接关系。"我们经过接续奋斗，实现了小康这个中华民族的千年梦想，历史性地解决了绝对贫困问题。"⑤

（三）新时代的劳动崇高观⑥

"让劳动最光荣、劳动最崇高、劳动最伟大、劳动最美丽的观念蔚然成风。"⑦全球市场经济体系尚待完善，拜金主义、享乐主义、好吃懒做等现象依然存在，一些人对劳动的意义和价值缺乏应有的或深刻的认识和认可。⑧习近平总书记强调："坚持崇尚劳动、造福劳动者。"⑨"让诚实劳动、勤勉工作蔚然成风。"⑩"人类是劳动创造的，社会是劳动创造的，劳动没有高低贵贱之分，任何一份职业都很光荣。"⑪"一切劳动者，只要肯学肯干肯钻研，练就一身真

---

① 何小民. 共同利益论：马克思共同利益思想理论内蕴及当代价值[M]. 北京：中央文献出版社，2008：202.

② 张毅，蒋升阳，张洋，等. 植根人民　造福人民——习近平同志倡导践行"四下基层"闪耀时代光彩[N]. 人民日报，2023-12-07（001）.

③ 汪晓东，王洲. 让青春在奉献中焕发绚丽光彩——习近平总书记关于青年工作重要论述综述[N]. 人民日报，2021-05-04（001）.

④ 《习近平著作选读》第二卷主要篇目介绍[N]. 人民日报，2023-04-07（002）.

⑤ 廖文根，张烁，李昌禹，等. 贺词里的追梦人[N]. 人民日报，2023-01-01（001）.

⑥ 黄明理，任君. 中国式现代化视域下习近平劳动价值论述的哲学意蕴[J]. 南通大学学报（社会科学版），2023，（2）：10-17.

⑦ 弘扬愚公移山精神　奋力托起中国梦——"学习习近平总书记系列重要讲话　弘扬愚公移山精神暨纪念毛泽东同志《愚公移山》发表70周年座谈会"发言摘登[N]. 光明日报，2015-06-10（007）.

⑧ 黄明理，任君. 中国式现代化视域下习近平劳动价值论述的哲学意蕴[J]. 南通大学学报（社会科学版），2023，（2）：10-17.

⑨ 习近平同志《论坚持人民当家作主》主要篇目介绍[N]. 光明日报，2021-11-08（002）.

⑩ 刘维涛，李昌禹，亓玉昆. 总书记这样礼赞劳动创造[N]. 人民日报，2023-10-09（001）.

⑪ 习近平. 在知识分子、劳动模范、青年代表座谈会上的讲话[N]. 人民日报，2016-04-30（002）.

本领，掌握一手好技术，就能立足岗位成长成才，就都能在劳动中发现广阔的天地，在劳动中体现价值、展现风采、感受快乐。"①"要励志，立鸿鹄志，做奋斗者。苏轼说：'古之立大事者，不惟有超世之才，亦必有坚忍不拔之志。'王守仁说：'志不立，天下无可成之事。'可见，立志对一个人的一生具有多么重要的意义。广大青年要培养奋斗精神，做到理想坚定，信念执着，不怕困难，勇于开拓，顽强拼搏，永不气馁。幸福都是奋斗出来的，奋斗本身就是一种幸福。1939 年 5 月，毛泽东同志在延安庆贺模范青年大会上说：'中国的青年运动有很好的革命传统，这个传统就是"永久奋斗"。我们共产党是继承这个传统的，现在传下来了，以后更要继续传下去。'为实现中华民族伟大复兴的中国梦而奋斗，是我们人生难得的际遇。每个青年都应该珍惜这个伟大时代，做新时代的奋斗者。"②"劳动为幸福感的生成创造了前提和基础条件。""劳动成为人们的需要甚至渴望，成为人们幸福生活的根源。"③"对新时代中国青年来说，热爱祖国是立身之本、成才之基，只有把青春的小我融入祖国的大我、人民的大我，自觉把浓浓爱国之情凝结为强国之志、报国之行，才能在实干奋斗中实现人生价值，以青春之我创建青春之家庭、青春之国家、青春之民族。"④劳动是通往幸福的阶梯，人们在劳动中持续收获、赢得尊重，而劳动过程本身便是一种幸福体验。劳动具有双重意义：一方面，通过劳动，人们实现了个人价值，积累了物质财富，迎来了幸福美满的生活；另一方面，通过劳动，人们实现了社会价值，实现了为人民服务、为社会贡献的崇高理想。

第二节　劳动教育的概念

劳动是人类基本的存在方式和生活方式，劳动创造了人本身。⑤在类人猿向人类进化的关键生命转变过程中，劳动起着决定性的作用。在人类社会发展的初期，劳动与人们的日常生活紧密相连。随着社会形态与经济结构的不断演

---

① 习近平. 在庆祝"五一"国际劳动节暨表彰全国劳动模范和先进工作者大会上的讲话[N]. 人民日报，2015-04-29（002）.

② 习近平. 在北京大学师生座谈会上的讲话[N]. 人民日报，2018-05-03（002）.

③ 李芳，陈慧. 马克思劳动幸福思想的哲学意涵、内在特质与现实启示[J]. 思想教育研究，2019，（2）：36-41.

④ 吴丹. 在实干奋斗中实现人生价值[N]. 人民日报，2023-09-17（005）.

⑤ 冯永刚，温晓情. 劳动课程育人的价值变迁、生成逻辑与实践进路[J]. 教育学报，2022，（6）：52-62.

进，劳动逐渐展现出其独特的育人功能，教育与生产劳动的结合，不仅促进了知识技能的传承，更在实践中推动了人的综合素质的提升，是实现人的全面发展的重要途径。①

一、劳动教育的定义

劳动教育是一个非常复杂且很难准确界定的大概念，它与生产劳动技术、劳作教育、耕读劳动、劳动技术教育等概念交叉出现。我国古代就有"耕读传家"的传统信仰，"耕读传家是中华民族传统家庭美德，铭记在中国人的心灵中，融入中国人的血脉中，是支撑中华民族生生不息、薪火相传的重要精神力量"②。"'耕读传家'曾是漫长的农耕时代中国文人的田园生活理想，而今天，时代赋予这一理想以新的内涵。"③1921 年秋，毛泽民在毛泽东创办的湖南自修大学半工半读。④张谦光，幼年家境贫寒，靠半工半读于 1929 年毕业于武昌中华大学教育系。⑤"'教育与生产劳动相结合'是马克思主义关于人的全面发展学说的重要内涵，也是新中国成立以来我国一直坚持的社会主义教育方针的重要组成部分。早在 1949 年，《中国人民政治协商会议共同纲领》就提出，'提倡爱祖国、爱人民、爱劳动、爱科学、爱护公共财物为中华人民共和国全体国民的公德'。1958 年，《中共中央、国务院关于教育工作的指示》明确提出'培养有社会主义觉悟的有文化的劳动者'的教育方针。1959 年，《国务院关于全日制学校的教学、劳动和生活安排的规定》则指出：'学生参加生产劳动有三种基本形式，一种是在学校举办的农场和工厂中参加劳动，一种是学校安排的下厂下乡劳动，一种是参加社会公益劳动。'由于这一时期第一产业、第二产业在国家 GDP 中占比始终高于 70%，相应地，劳动教育中体力劳动的比重也相对较大，'学工''学农'成为当时劳动教育的主要形式。改革开放后，'教育与生产劳动相结合'主要表现为对于人的全面发展、立德树人等教育目的的强调。1982 年《教育部关于普通中学开设劳动技术教育课的试行意见》明确指出：'开设劳动技术教育课的目的，在于培养德、智、体全面发展的一代新人，通过劳动技术教育课，培养学生的劳动观点，形成劳动习惯，

---

① 时伟. 劳动教育的逻辑透视[J]. 学术界，2022，（5）：122-130.
② 习近平. 在会见第一届全国文明家庭代表时的讲话[N]. 人民日报，2016-12-16（002）.
③ 张贺. 在希望的田野播撒文化种子[N]. 人民日报，2006-04-06（002）.
④ 毛泽民[N]. 人民日报，2011-04-06（005）.
⑤ 从国民党"督学"到坚强的共产主义战士——张谦光[N]. 人民日报，2006-04-21（002）.

同时，使学生初步学会一些基本生产技术知识和劳动技能，既能动脑，又能动手，为毕业后升学和就业打下一些基础。'2018 年，习近平总书记在全国教育工作会议（教育大会）上强调：'要在学生中弘扬劳动精神，教育引导学生崇尚劳动、尊重劳动，懂得劳动最光荣、劳动最崇高、劳动最伟大、劳动最美丽的道理，长大后能够辛勤劳动、诚实劳动、创造性劳动'。"①习近平总书记还提出："努力构建德智体美劳全面培养的教育体系。"②2020 年，《中共中央国务院关于全面加强新时代大中小学劳动教育的意见》指出："把握劳动教育基本内涵，劳动教育是国民教育体系的重要内容，是学生成长的必要途径，具有树德、增智、强体、育美的综合育人价值。实施劳动教育重点是在系统的文化知识学习之外，有目的、有计划地组织学生参加日常生活劳动、生产劳动和服务性劳动，让学生动手实践、出力流汗，接受锻炼、磨炼意志，培养学生正确劳动价值观和良好劳动品质。"③

檀传宝认为劳动教育是以提升学生劳动素养的方式促进学生全面发展的教育活动，劳动价值观是劳动素养的核心内涵，因此，劳动教育也可以定义为以促进学生形成正确劳动价值观和养成良好劳动素养为目的的教育活动。④钟飞燕认为劳动教育有广义和狭义之分，广义上的劳动教育泛指一切与劳动有关的教育活动。狭义上的劳动教育是教育者有目的、有计划、有组织地围绕劳动所进行的教育实践，是为了培养新时代劳动者的教育，是培养受教育者劳动素养的教育，是在劳动实践中进行的教育。⑤本书结合实证研究，把劳动教育界定为：学校有目的、有计划地组织和指导学生参加家庭、学校和社会的各种劳动实践，使学生形成劳动观念、增强劳动能力、养成劳动习惯、提高劳动品质以及弘扬劳动精神的劳动育人活动，也是帮助学生积累思想性、生活性、科学性、实践性劳动经验（知识或技能）的过程。

二、劳动教育的体系

家庭是落实劳动教育的第一场所，学校是实施劳动教育的主阵地，同时，劳

---

① 檀传宝. 新时代劳动教育可以从历史中汲取智慧[N]. 光明日报，2020-04-30（007）.
② 本报评论员. 努力构建德智体美劳全面培养的教育体系——二论学习贯彻习近平总书记全国教育大会重要讲话精神[N]. 光明日报，2018-09-14（001）.
③ 中共中央国务院关于全面加强新时代大中小学劳动教育的意见[N]. 人民日报，2020-03-27（001）.
④ 檀传宝. 劳动教育的概念理解：如何认识劳动教育概念的基本内涵与基本特征[J]. 中国教育学刊，2019，（2）：82-84.
⑤ 钟飞燕. 新时代学校劳动教育研究[D]. 吉林大学博士学位论文，2021：36.

动教育也离不开社会的全力支持和配合。家庭、学校、社会各方协同是推进劳动教育的主要渠道和根本途径,在落实立德树人根本任务中具有重要的时代意义。必须充分发挥各方在劳动教育中的独特作用,完善各方协同推进劳动教育的运行机制,在全社会范围内营造参与劳动的良好氛围。[①]

（一）家庭劳动教育

家庭教育是学校教育和社会教育的基础,家庭通过耳濡目染和潜移默化的教化方式,在对子女的知识传授、价值引导、人格塑造、信仰培育等方面,产生润物无声的教育效果。[②] "苏联著名的教育家苏霍姆林斯基说:'社会教育是从家庭开始的。家庭教育好比植物的根苗,根苗茁壮才能枝繁叶茂,开花结果。良好的学校教育是建立在良好的家庭道德基础上的。'"[③] 家庭劳动教育是人生劳动教育的起点和基础,包括日常生活、改善生活等方面的具体劳动,更多的是家庭成员之间的耳濡目染和言传身教的影响,劳动内容通常碎片化或零散化,它与学校劳动教育相比较,通常缺乏系统性、计划性和科学性。[④]《中共中央国务院关于全面加强新时代大中小学劳动教育的意见》指出:"家庭要发挥在劳动教育中的基础作用。家庭要树立崇尚劳动的良好家风,家长要通过日常生活的言传身教、潜移默化,让孩子养成从小爱劳动的好习惯。""引导家长树立正确劳动观念,支持配合学校开展劳动教育。"[⑤] 家庭应在日常生活中为学生创造劳动实践的机会,将劳动教育自然而然地融入家庭衣、食、住、行等各个方面,鼓励学生自觉参与、自己动手、自我实践,形成随时随地、坚持不懈参与家庭各项劳动的良好习惯。学生不仅要在家庭中掌握洗衣、做饭、清洁等基本的家务劳动技能,还要在每个年龄段（根据年龄发展特点）有针对性地学会1~2项适应成长需求的日常生活技能。同时,学校应与家庭加强协同,为家庭劳动教育提供指导,布置家庭劳动教育的任务。例如:学校建议家庭把学生参与家务劳动的情况记录下来,学校把家庭提供的劳动情况记入学生的综合素质档案。学校也应与家庭协同,鼓励学生利用节假日的时间,参加家庭的各种劳动活动。当然,家庭应该树立崇尚劳动、劳动致富、耕读传家的良好家

① 郝志军,哈斯朝勒.家庭、学校、社会协同是推进劳动教育的根本渠道和途径[J].人民教育,2020,（8）:23-26.

② 徐建飞.毛泽东家庭教育思想内涵与价值意蕴[J].思想理论教育,2013,（21）:23-27.

③ 史猛.家庭教育难题五十解[M].北京:中国展望出版社,1984:72.

④ 徐海娇.危机与重构:劳动教育价值研究[M].北京:中国社会科学出版社,2020:77.

⑤ 中共中央国务院关于全面加强新时代大中小学劳动教育的意见[N].人民日报,2020-03-27（001）.

风家教，家长应在日常生活或生产的真实劳动场景中言传身教，让学生养成热爱劳动、尊重劳动、崇尚劳动的好习惯。

（二）学校劳动教育

学校劳动教育是指学校通过有目的、有计划地组织开展劳动教育或教学活动（包括课堂教学、课外活动和社会实践），使学生形成劳动观念、提高劳动能力、养成劳动习惯、提升劳动品质、树立劳动精神以及生成劳动经验的过程。《中共中央国务院关于全面加强新时代大中小学劳动教育的意见》指出："学校要发挥在劳动教育中的主导作用。学校要切实承担劳动教育主体责任，明确实施机构和人员，开齐开足劳动教育课程，不得挤占、挪用劳动实践时间。明确学校劳动教育要求，着重引导学生形成马克思主义劳动观，系统学习掌握必要的劳动技能。"[1]学校劳动教育包括学校和家庭之间的协同，例如：学校布置劳动课程作业，要求家庭支持与配合，同时鼓励学生将所学劳动知识与技能在家庭生活中进行实践与应用。学校劳动教育也包括学校与社会之间的协同，例如：学校协同社区营造劳动氛围，社区为学校提供劳动实践场所等。学校劳动教育更加突出阶段性、连续性、系统性、教育性，具有明确的育人目标和育人方向。学校应结合国家劳动课程标准，制订劳动课程方案和教学计划，使学生在劳动的过程中形成基本的劳动意识，树立正确的劳动观念，开拓统筹性思维，掌握必备的劳动技能，养成良好的劳动习惯，形成基本的劳动品质，弘扬劳模精神和工匠精神。

具体地讲，学校应当紧密围绕劳动教育的总体目标和教学任务，清晰界定劳动教育的育人要求，引导学生树立马克思主义劳动观，系统学习和掌握必要的劳动知识和劳动技能。学校应根据学生的身心发展情况，科学设计课内和课外的劳动项目，将集中劳动与分散劳动相结合，统筹和科学地安排劳动时间，激发学生的劳动兴趣和劳动动力。通常情况下，小学低年级和中年级学生以校园里的劳动为主，小学高年级学生可适当走出校园，走到田间，走进车间，参加各种劳动生产活动。这些举措具有重要意义：一方面，可以为学生提供动手实践、出力流汗、接受锻炼、磨炼意志、辛勤劳动、刻苦钻研的劳动机会；另一方面，有助于培养学生勤俭持家的劳动精神、爱岗敬业的劳模精神、精益求精的工匠精神，以及甘于吃苦、勤奋劳动的奋斗精神。

---

① 中共中央国务院关于全面加强新时代大中小学劳动教育的意见[N]. 人民日报，2020-03-27（001）.

（三）社会劳动教育

2020 年 3 月，陈宝生先生在人民日报发表的文章中指出："当前，社会上还存在着轻视劳动，特别是看不起普通劳动者的不良倾向。从根本上讲，劳动教育就是要在全社会创造浓厚的劳动文化，激发青少年学生热爱劳动的内生动力，教育引导他们学会劳动、学会勤俭、学会感恩、学会助人，立志成长为德智体美劳全面发展的社会主义建设者和接班人。"[①]社会劳动教育是指以劳动为教化方式，充分利用公共劳动资源，有目的地影响个体的知识经验、思想品德和生活习惯，打破学校课堂的育人界限，积极构建勤奋劳动、勤于钻研、勤劳致富的社会劳动文化，为学校劳动教育和家庭劳动教育创造劳动氛围，提供劳动机制、劳动机会和劳动条件的育人活动。例如：开放工厂、企业、农场等实践场所，支持学校组织学生参加生产劳动、服务性劳动，为学生提供与社会劳动者共同劳动的机会，让学生亲身体验生产劳动和创造性劳动的过程。另外，社会组织也应重视劳动教育，例如：工会、共青团、妇联等群团组织以及各类公益基金会、社会福利组织，可为学校搭建劳动教育实践平台，协同学校组织学生深入乡村、社区和服务场所，组织学生参加志愿服务活动、开展公益劳动、参与乡村和社区治理等。同时，教育行政部门应协同地方融媒体中心，结合植树节、五一劳动节、中国农民丰收节等节日，开展丰富多彩的劳动宣传活动，在全社会宣传新时代劳动文化，使劳动光荣、劳动崇高、劳动伟大、劳动美丽的价值观念成为社会风尚。

三、劳动教育的性质

劳动教育的根本任务是发挥劳动的育人功能，明确劳动教育本身的价值取向，通过系统的劳动教育理论教学和实践操作训练，使学生能够深刻理解和掌握马克思主义劳动观，牢固树立崇尚劳动的社会风尚意识，体会劳动创造美好生活的道理，努力培养不怕吃苦、勤奋努力、善于钻研，赓续奋斗精神、传承耕读精神、弘扬奉献精神的社会主义建设者和接班人。

（一）劳动教育的时代性

德智体美迭代升级为德智体美劳，这既是党的教育理论的重大创新，也是

---

① 陈宝生. 全面贯彻党的教育方针 大力加强新时代劳动教育[N]. 人民日报，2020-03-30（012）.

党的教育方针的丰富发展。新时代全面加强劳动教育，不是对以往劳动教育政策的反复推动，而是劳动教育实践的不断深化。新时代强化劳动教育，既是全面贯彻落实党的教育方针、培育新质生产力的创新性举措，也是新时代中国特色社会主义事业发展的客观需要，新时代劳动教育承载着推动新时代教育迭代发展的重要使命。我国社会转型发展，主要矛盾已经转换为人民日益增长的美好生活需要和不平衡不充分的发展之间的矛盾。社会主要矛盾转化，需要深化供给侧结构性改革，需要大力发展新质生产力。有研究认为："当前，社会上存在着不同程度的享受主义、不劳而获、轻视劳动、歧视劳动者的不良社会风气，'重教轻劳''万般皆下品、唯有读书高''学而优则仕'等观念在普通群众、家长甚至教师中都存在。这样一种社会风气显然不利于中国实体经济的发展。"① 随着社会的发展和产业的变化，传统"生产劳动""体力劳动""制造性劳动"被新质生产力等新式劳动形态所代替。因此，劳动教育要有时代的前瞻性、前沿性，应根据劳动形态的变迁及其对人的劳动素养所提出的新的要求，主动调整劳动教育的内容和形式，确保学生在劳动的过程中接触真实的劳动世界。②

与此同时，新时代劳动教育应主动契合学生发展的需要。不同年代、不同社会背景的人对于"苦日子"的体验和理解是不一样的。例如：年长一代在小时候更多地经历了物质条件匮乏所带来的"苦"，年轻一代更多地感受到精神层面的"苦"。这就要求，新时代的劳动教育必须考虑当代学生成长的社会环境特点。劳动形态的变迁、学生需求的转变，必然推动教育方式的变革。在很长一段时间里，劳动教育更多地被视为一种具体的实践活动，或者是德育概念下的一种改造活动，劳动教育本身的时代性在很大程度上被忽视了。实际上，在社会发展的任何一个时期，劳动教育都会随着时代的变化而具有新的独特价值。劳动教育价值的变化与社会生产力的发展、人们物质生活水平的提高等因素有着密切联系。与此同时，无论时代如何变化，劳动教育的本质不可改变，从社会价值角度讲，劳动教育是建设社会主义现代化强国、实现中华民族伟大复兴的中国梦的客观需要；从个体价值角度讲，劳动教育既是个体实践创新的重要手段，也是个体价值存在的表现方式。

---

① 班建武. 新时期劳动教育理论体系建构研究[M]. 杭州：浙江教育出版社，2022：5.
② 班建武. 新时期劳动教育理论体系建构研究[M]. 杭州：浙江教育出版社，2022：8.

（二）劳动教育的方针性

从 1950 年党和国家首次表彰劳动模范至今，70 多年来，我国工人阶级和广大劳动群众，为祖国发展而勤奋努力，为顺应时代而齐力奋进，在不同时代、不同时期、不同阶段"奏响了'咱们工人有力量'的主旋律"，"谱写了'中国梦·劳动美'的新篇章"[①]。进入新时代以来，我国广大工人阶级和广大劳动群众更是主动面对世界大变局，在实现中华民族伟大复兴的中国梦的进程中，不断拼搏奋斗、努力奋进，在决胜全面建成小康社会、推进乡村全面振兴中发挥了主力军作用，用劳动者的智慧、汗水和毅力，营造了良好的劳动社会风尚。

《中共中央国务院关于全面加强新时代大中小学劳动教育的意见》指出："积极探索具有中国特色的劳动教育模式，创新体制机制，注重教育实效，实现知行合一，促进学生形成正确的世界观、人生观、价值观。""把准劳动教育价值取向，引导学生树立正确的劳动观，崇尚劳动、尊重劳动，增强对劳动人民的感情，报效国家，奉献社会。"[②]我国历史悠久的农耕文明孕育了"耕读传家"的生活信仰。崇尚劳动、辛勤劳动是中华儿女的优秀品格，晴耕雨读、昼耕夜读、日出而作、日落而息、勤俭节约是中华民族的优秀家风。新时代劳动教育传承和创新中华民族劳动精神，学校在开展劳动教育的过程中，必须讲好劳模故事、讲好劳动故事、讲好工匠故事，培养热爱劳动、勤于劳动、善于劳动的社会主义建设者和接班人。

（三）劳动教育的社会性

劳动是一切幸福的源泉。"幸福是奋斗出来的。20 世纪 50 年代到 70 年代，自行车、缝纫机、手表、收音机'三转一响'，成为那个时代每个家庭都渴望拥有的稀罕物。八九十年代，彩电、冰箱、洗衣机、录音机这四样家用电器，是逐渐富起来的人们过上好日子的'标配'。近一二十年来，随着中国老百姓生活水平的大幅提高，琳琅满目的商品'飞入寻常百姓家'，'四大件'这个说法随之退出历史舞台，成为人们对过去生活的美好记忆。'芝麻开花节节高。'70 年来，中国人民的日子过得一天比一天好，早已告别缺衣少食、物资匮乏的年代，实现了从贫穷到温饱再到总体小康的历史性跨越。宏大叙事的背后是无数个体命运的改变，见证这一历史奇迹的人们是多么的感慨，生逢这一美好时

---

① 习近平. 在全国劳动模范和先进工作者表彰大会上的讲话[N]. 人民日报，2020-11-25（002）.
② 中共中央国务院关于全面加强新时代大中小学劳动教育的意见[N]. 人民日报，2020-03-27（001）.

代的人们是多么的幸福。"①劳动的过程也是奋斗的过程。"奋斗本身就是一种幸福。只有奋斗的人生才称得上幸福的人生。奋斗是艰辛的，艰难困苦、玉汝于成，没有艰辛就不是真正的奋斗，我们要勇于在艰苦奋斗中净化灵魂、磨砺意志、坚定信念。奋斗是长期的，前人栽树、后人乘凉，伟大事业需要几代人、十几代人、几十代人持续奋斗。奋斗是曲折的，'为有牺牲多壮志，敢教日月换新天'，要奋斗就会有牺牲，我们要始终发扬大无畏精神和无私奉献精神。奋斗者是精神最为富足的人，也是最懂得幸福、最享受幸福的人。正如马克思所讲：'历史承认那些为共同目标劳动因而自己变得高尚的人是伟大人物；经验赞美那些为大多数人带来幸福的人是最幸福的人'。新时代是奋斗者的时代。我们要坚持把人民对美好生活的向往作为我们的奋斗目标，始终为人民不懈奋斗、同人民一起奋斗，切实把奋斗精神贯彻到进行伟大斗争、建设伟大工程、推进伟大事业、实现伟大梦想全过程，形成竞相奋斗、团结奋斗的生动局面……'芳林新叶催陈叶，流水前波让后波。'改革开放 40 年来，我们以敢闯敢干的勇气和自我革新的担当，闯出了一条新路、好路，实现了从'赶上时代'到'引领时代'的伟大跨越。今天，我们要不忘初心、牢记使命，继续以逢山开路、遇水架桥的开拓精神，开新局于伟大的社会革命，强体魄于伟大的自我革命，在我们广袤的国土上继续书写 13 亿多中国人民伟大奋斗的历史新篇章！"②劳动教育应坚持同生产劳动和社会实践相结合，为广大青少年儿童提供投身实践创新和自我奋斗的劳动机会，使他们在身心发展过程中汲取劳动精神、奋斗精神的红色养分，在动手实践过程中磨炼劳动意志、增长劳动才干、锻造劳动精神、建立劳动信仰。

另外，"社会要发挥在劳动教育中的支持作用。充分利用社会各方面资源，为劳动教育提供必要保障"③，营造大力弘扬劳模精神、工匠精神和劳动精神以及耕读传家精神的劳动氛围。全国各地工会、共青团、妇联等群团组织，要组织动员相关力量搭建活动平台，广泛宣传爱岗敬业、艰苦奋斗、甘于奉献的劳模事迹，大力弘扬热爱劳动、辛勤劳动、诚实劳动的劳动精神。

（四）劳动教育的文化性

马克思把人类延续后代的行为称为人类的再生产，人类的再生产涵盖了个

---

① 幸福是奋斗出来的——中国老百姓日子怎样越过越红火？[N]. 人民日报，2019-08-07（007）.
② 习近平. 在 2018 年春节团拜会上的讲话[N]. 人民日报，2018-02-15（002）.
③ 中共中央国务院关于全面加强新时代大中小学劳动教育的意见[N]. 人民日报，2020-03-27（001）.

体生命的诞生与成长，个体融入并推动社会发展的核心机制在于文化的传承，文化作为联结社会与个体发展的桥梁与工具，其重要性不言而喻，人为了适应社会，就必须掌握文化，人为了改造社会，就必须创造文化。人类对于文化的传递与继承，关乎人类的生存，关乎社会的发展。教育作为一种文化的传承方式，主要表现为一种活动和过程。[①]劳动教育是一种重要的文化实践活动，倡导劳力和劳心相结合、体力和脑力相结合，体现人的自由、和谐、全面发展的文化价值，满足人的物质文化与精神文化需求。[②]

党的二十大报告中指出："坚守中华文化立场，提炼展示中华文明的精神标识和文化精髓，加快构建中国话语和中国叙事体系，讲好中国故事、传播好中国声音，展现可信、可爱、可敬的中国形象。加强国际传播能力建设，全面提升国际传播效能，形成同我国综合国力和国际地位相匹配的国际话语权。深化文明交流互鉴，推动中华文化更好走向世界。"[③]《义务教育劳动课程标准（2022 年版）》提出："培养勤俭、奋斗、创新、奉献的劳动精神。"[④]学校劳动课程建设应该重视文化育人和思想润人。劳动是人类特有的基本社会实践活动，它贯穿在人与自然界的交互中，也体现在人与人交往的世界中。文化既离不开知识和价值的生产，也离不开传播和复制的载体，以文润化改造自然，以文教化改造社会。"劳动""文化""教育"在词源上有共通之处。[⑤]劳动教育作为"劳动"与"教育"的现实性的、历史性的和社会性的文化融合，具有文化属性，这一属性涵盖了知识传授、课程设计以及价值观念的塑造等多个方面。

本书通过对乡村学校劳动课程开发的理论研究和实践探索，提出了可以复制推广的劳动教育"三层思想向度"文化属性，主要包括文化指向、思想指向和育人指向。文化指向是指通过劳动教育打造"扣好人生的第一粒扣子"的育人文化。思想指向是指通过劳动教育营造"幸福是奋斗出来的，奋斗本身就是一种幸福"的思政氛围。育人指向是指通过劳动教育再次唱响《南泥湾》《咱们工人有力量》《在希望的田野上》等时代赞歌，为劳动教育注入文化内涵，为乡村振兴提供思想动力。

---

① 胡德海. 教育学原理[M]. 3 版. 北京：人民教育出版社，2013：223-225.
② 肖绍明. 劳动教育的文化研究[J]. 华东师范大学学报（教育科学版），2022，（2）：17-28.
③ 高举中国特色社会主义伟大旗帜　为全面建设社会主义现代化国家而团结奋斗——习近平同志代表第十九届中央委员会向大会作的报告摘登[N]. 人民日报，2022-10-17（002）.
④ 教育部. 义务教育劳动课程标准（2022 年版）[S]. 北京：北京师范大学出版社，2022：6.
⑤ 肖绍明. 劳动教育的文化研究[J]. 华东师范大学学报（教育科学版），2022，（2）：17-28.

（五）劳动教育的教育性

劳动教育的教育性揭示劳动本身的独特育人价值，属于教育观、价值观和哲学观相互融通的育人范畴，三种观念之间是一般性与特殊性的关系。[①]为什么会出现"有劳动无教育"的现象？其内在原因是一些学校对"劳动"与"教育"的关系缺乏思考。[②]学校要有意识地在劳动实践中强化劳动价值观的培育，加强劳动教育，突出劳动教育本身的教育性。"马克思指出：'未来教育对所有已满一定年龄的儿童来说，就是生产劳动同智育和体育相结合，它不仅是提高社会生产的一种方法，而且是造就全面发展的人的唯一方法。'习近平总书记强调：'要在学生中弘扬劳动精神，教育引导学生崇尚劳动、尊重劳动，懂得劳动最光荣、劳动最崇高、劳动最伟大、劳动最美丽的道理，长大后能够辛勤劳动、诚实劳动、创造性劳动。'这一重要论述，突出了劳动教育对于新时代立德树人的重要意义，是我们开展劳动教育工作的重要遵循。接受劳动教育的过程，也是创造美好生活、参与社会实践的过程，对于促进学生身心发展具有不可替代的作用。"[③]可以看出，习近平总书记关于新时代劳动教育的重要论述，更加突出了劳动教育的独特育人价值，是学校开展劳动教育的价值遵循和根本路向。

劳动教育坚持独特的育人导向，注重挖掘劳动在树德、增智、强体、育美等方面的育人价值，将培养学生的劳动观念、劳动精神贯穿于课程实施全过程，引导学生树立正确的劳动价值观，崇尚劳动、尊重劳动，增强对劳动人民的感情，发展创新意识，提升实践能力和社会责任感，成为懂劳动、会劳动、爱劳动的时代新人。[④]提高学生的劳动素养是劳动教育育人价值的集中体现，劳动课程开发应以促进学生的全面发展为出发点和最终落脚点。注重劳动启蒙教育，让学生参与日常劳动，感知劳动乐趣，知道人人都要劳动的道理；注重劳动习惯教育，让学生养成清洁卫生和主动分担家务劳动的习惯，体会劳动光荣的真谛，学会合作劳动；注重劳动知识与技能教育，鼓励学生适当参与劳动生产，培养学生勤奋劳动、刻苦学习的品质。

---

① 杨启亮. 教学的教育性与教育的教学性[J]. 教育研究，2008，（10）：21-26.

② 檀传宝. 如何让"劳动"成为一种"教育"？——对劳动与劳动教育的概念之思[J]. 华东师范大学学报（教育科学版），2022，（6）：97-104.

③ 周洪宇. 在学生中弘扬劳动精神——推动青少年全面发展[N]. 人民日报，2021-12-15（005）.

④ 教育部. 义务教育劳动课程标准（2022年版）[S]. 北京：北京师范大学出版社，2022：2.

（六）劳动教育的实践性

人的生命活动包括自然成长和主动改造两方面，劳动实践活动是人类所特有的改造世界的方式，劳动实践的产生是以生活实践为根据，旨在拓展人的发展潜力。教育活动则通过人的自主选择，将潜藏于个体发展中的、符合教育目标的可能性因素，从当前发展结构中提炼出来，引导其成为发展过程中的主导力量，从而超越自然进程，塑造出符合时代要求的理想品质。①学校劳动教育旨在促进学生全面发展，劳动教育独特的育人价值是学校劳动教育的理论指向与实践取向。

《中共中央国务院关于全面加强新时代大中小学劳动教育的意见》指出："坚持教育与生产劳动相结合。""坚持因地制宜。根据各地区和学校实际，结合当地在自然、经济、文化等方面条件，宜工则工、宜农则农，采取多种方式开展劳动教育。"②劳动与自然和谐共生，劳动教育要走进自然，要在遵从学生内在心灵秩序，如倾听学生心声、发掘学生潜质、顺应学生天性的基础上，让学生回归自然、拥抱自然、认识自然，从而促进学生成长。劳动源自生活，也必然融入生活，生活是劳动教育的起点，生活本身是鲜活的，劳动教育也应该是鲜活的。劳动教育要走进生活，挖掘生活蕴含的教育性，引导学生创造生活工具，让学生感知生活的意义。③劳动注重知行合一，"注意手脑并用"④，学生需要亲历劳动过程，融入真实的日常生活、生产和社会性服务任务情境，运用所学知识解决现实问题。《义务教育劳动课程标准（2022年版）》提出："日常生活劳动立足学生个人生活事务处理，涉及衣、食、住、行、用等方面，注重培养学生的生活能力和良好卫生习惯，树立自理、自立、自强意识。生产劳动让学生在工农业生产过程中直接经历物质财富的创造过程，体验从简单劳动向复杂劳动、创造性劳动的发展过程，淬炼生产劳动技能，体会物质产品的来之不易，认识劳动与自然界的基本关系。服务性劳动让学生利用知识、技能等为他人和社会提供服务，在现代服务业劳动、公益劳动与志愿服务中认识社会，树立服务意识，强调社会责任感。"⑤因此，学校劳动课程的整体设计与具体实施，既要坚守劳动的本质，也要坚守劳动教育的本位，注重体力和脑力

---

① 鲁洁. 教育：人之自我建构的实践活动[J]. 教育研究，1998，（9）：13-18.
② 中共中央国务院关于全面加强新时代大中小学劳动教育的意见[N]. 人民日报，2020-03-27（001）.
③ 赵荣辉. 论劳动教育的实践取向[J]. 教育学报，2017，（1）：16-22.
④ 中共中央国务院关于全面加强新时代大中小学劳动教育的意见[N]. 人民日报，2020-03-27（001）.
⑤ 教育部. 义务教育劳动课程标准（2022年版）[S]. 北京：北京师范大学出版社，2022：11.

结合、耕读和劳逸结合，做到知行合一。

第三节　乡村学校劳动课程开发的概念解析

　　文化从广义上说是人类创造的一切物质产品和精神产品的总和。文化对课程的影响是潜在的，往往决定课程的价值取向；课程不仅具有传播文化的功能，也有发展文化的使命。地方课程开发或校本课程开发一方面要传播优秀的传统文化，另一方面也要促进文化的活化。①

一、课程的概念阐释

　　课程是一个使用广泛且具有多重定义的术语，每一种课程定义的背后都蕴含着一种哲学假设和价值取向，隐含思维形态和教育信念。②在我国，"课程"一词最早见于唐宋年间。唐朝孔颖达为《诗经·小雅·巧言》中"奕奕寝庙，君子作之"句作疏："维护课程，必君子监之，乃依法制。"③但是，孔颖达所用的"课程"的内涵和意蕴，与我们通常所说的泛义课程的本义相去甚远。宋代朱熹在《朱子全书·论学》中多次提及课程，如"宽着期限，紧着课程""小立课程，大做工夫"④等。这里的"课程"具有功课及其进程的意思，既包括礼、乐、射、御、书、数等六艺，又包括孝、悌、忠、信等伦理道德，这与泛义的课程理解有相似之处。从我国古籍文献的记载来看，课程一词的含义，既包括教学科目（学科），又包括这些科目的教学顺序和时间。后来我国就把各级各类学校的教学科目、各科教学内容，以及教学顺序、教学时数等的规定，叫作课程，如小学课程、中学课程等。所以，课程可以理解成为了实现各级学校的教育目标而规定的教学科目及其目的、内容、范围、分量和进程的总和。教育学上讲的课程，严格地说是"学校课程"，通常情况下把学校一词省略，简称为课程。⑤

　　19世纪，《牛津英语字典》用curriculum解释"课程"，而curriculum最

①　乔晓冬. 文化与课程建设的价值取向[J]. 北京师范大学学报，1989，（2）：1-9.
②　施良方. 课程理论——课程的基础、原理与问题[M]. 北京：教育科学出版社，1996：1.
③　施良方. 课程理论——课程的基础、原理与问题[M]. 北京：教育科学出版社，1996：2.
④　陈侠. 课程论[M]. 北京：人民教育出版社，1989：12-13.
⑤　陈侠. 课程论[M]. 北京：人民教育出版社，1989：12-13.

早出现在英国赫·斯宾塞写的《什么知识最有价值》一文中。美国理查德·斯考特认为，课程是一个最普遍的教育术语，但对它的定义不够全面。在英美文献中，对课程一词的解释众说纷纭、莫衷一是，比较公认的观点是把课程看作"学习者在学校环境中获得的全部经验"，或者可以说，课程是"学习者在学校指导下获得的全部经验"[①]。这是把受教育者在学校的文明行为的养成、思想品德的提高、知识技能的增长、身体素质的改善等都包括在课程概念当中，这是广义上的理解。但实际上，学校往往只把课表里的教学活动算作课程。[②] 在英文里，课程（curriculum）一词是从拉丁语 currere 一词派生出来的，意为"跑道"，而 currere 的动词形式是指"奔跑"，根据这个词源，最常见的课程的定义是"学习的进程"（course of study），简称学程。《国际教育字典》里也是这样解释的，课程既可以指一门学程，也可以指学校提供的所有学程，这也与《中国大百科全书·教育》《辞海·教育学·心理学分册》等我国一些教育辞书中对广义课程和狭义课程的解释是吻合的。[③]

目前，课程的定义繁多，若把各种课程定义进行归纳，大致可以分为六种类型：课程即教学科目、课程即有计划的教学活动、课程即预期的学习结果、课程即学习经验、课程即社会文化的再生产、课程即社会改造。每一种课程定义从不同的角度解释课程的本质，且都有相应的社会背景、认识论基础和方法论依据，每一种课程定义都是在特定历史时期和特定社会条件下出现的，每一种有代表性的课程定义都有一定的指向性，即都是指向当时特定社会历史条件下的课程所出现的问题，所以都有某种合理性，但同时也存在着某些局限性。[④] 本书将课程定义为学校课程，学校课程是按照党和国家的教育方针、学校的培养目标、学生的身心特点以及社会发展和时代背景，规定学生必须掌握的知识和技能、必须树立的思想和观点、必须形成的行为和习惯的总和。[⑤] 课程有广义狭义之分，广义的课程指为了实现学校培养目标而规定的所有学科（即教学科目）的总和，或指学生在教师指导下进行的各种活动的总和，如大学课程、中学课程、小学课程等；狭义的课程指某一门学科，如语文课程、历史课程、劳动课程等。本书研究的义务教育劳动课程"以丰富开放的劳动项

① 陈侠. 课程论[M]. 北京：人民教育出版社，1989：13-14.
② 陈侠. 课程论[M]. 北京：人民教育出版社，1989：14.
③ 施良方. 课程理论——课程的基础、原理与问题[M]. 北京：教育科学出版社，1996：3.
④ 施良方. 课程理论——课程的基础、原理与问题[M]. 北京：教育科学出版社，1996：3-10.
⑤ 陈侠. 课程编订：概念和原则[J]. 课程·教材·教法，1983，（5）：1-4.

目为载体，重点是有目的、有计划地组织学生参加日常生活劳动、生产劳动和服务性劳动"①。

二、乡村、乡村教育与乡村学校的概念界定

通过概念界定确定微观研究对象，从已有的概念界定来看，乡村教育往往与农村教育混用，在论及乡村和农村时，也往往混同，没有严格的概念区分，概念的模糊不利于深入研究。因此，有必要对相关概念进行梳理。②

（一）乡村

在古代中国，"乡"与"村"是两个不同的概念。《周礼·地官司徒·大司徒》有曰："五家为比，使之相保；五比为闾，使之相受；四闾为族，使之相葬；五族为党，使之相救；五党为州，使之相赒；五州为乡，使之相宾。"③④南宋毛晃、毛居正父子在《增修互注礼部韵略》中将"村"字解释为：聚落也，字从邑从屯，经史无"村"字，俗通用。⑤

喻谟烈在其《乡村教育》一书中提到："乡村"两字联用，是近代译名，别于城市。⑥赵质宸在《乡村教育概论》中认为："乡村"两字联用，在近代是名词，别于城市。⑦王先明认为"乡村是相对于城市的包括村庄和集镇等各种规模不同的居民点的一个总的社会区域概念"。⑧《现代汉语词典》（第7版）把"乡"解释为："乡村"（跟"城"相对）；家乡；我国行政区划的基层单位，由县一级行政单位领导。"乡村"指主要从事农业、人口分布较城镇分散的地方。⑨《中华人民共和国乡村振兴促进法》提出："乡村，是指城市建成区以外具有自然、社会、经济特征和生产、生活、生态、文化等多重功能的地域综合体，包括乡镇和村庄等。"⑩本书中讨论的乡村泛指乡村地区，包

---

① 教育部. 义务教育劳动课程标准（2022年版）[S]. 北京：北京师范大学出版社，2022：1.
② 李森，崔友兴. 社会变迁中的乡村教育[M]. 福州：福建教育出版社，2017：39.
③ 王绚. 传统堡寨聚落研究——兼以秦晋地区为例[M]. 南京：东南大学出版社，2010：78.
④ 董建辉. 明清乡约：理论演进与实践发展[M]. 厦门：厦门大学出版社，2008：33.
⑤ 王征兵，甫永民. 村干部职务行为研究[M]. 北京：中国农业出版社，2009：27.
⑥ 喻谟烈. 乡村教育[M]. 上海：商务印书馆，1927：4.
⑦ 赵质宸. 乡村教育概论[M]. 北京：京城印书馆，1933：1.
⑧ 王先明. 中国近代乡村史研究及展望[J]. 近代史研究，2002，（2）：259-289.
⑨ 中国社会科学院语言研究所词典编辑室. 现代汉语词典[M]. 7版. 北京：商务印书馆，2016：1426.
⑩ 中华人民共和国乡村振兴促进法[N]. 农民日报，2021-04-30（002）.

括地方政府行政区县辖区的城乡接合部，以及乡镇、行政村等。本书选取重庆市云阳县和巫溪县的郊区（城乡接合部）、乡镇、行政村的中小学，开展实证研究。

（二）乡村教育

从地域角度可以将教育形态划分为城镇教育和乡村教育。民国时期的乡村教育为 20 世纪中期以后乡村教育的发展奠定了基础。[①]1919 年余家菊在《中华教育界》上发表《乡村教育之危机》一文，最早提出乡村教育的危机，20 世纪二三十年代，中国掀起了乡村教育运动，陶行知、晏阳初、梁漱溟是乡村教育的实践者，他们推动了乡村教育思潮的形成与发展。[②]

乡村教育不是一个空间和区域概念，而是一种意义和价值的存在。乡村是一种社会形态，乡村教育是乡村社会实践形态。[③]乡村教育分为宏观乡村教育、中观乡村教育和微观乡村教育，宏观乡村教育是指旨在推动乡村建设和发展的一切教育，中观乡村教育是指乡村地区的教育，微观乡村教育是指乡村的学校教育。[④]本书中讨论的乡村教育特指中观层面的乡村教育。

（三）乡村学校

学校是专门进行教育的机构。本书中讨论的乡村学校是指郊区（城乡接合部）、乡镇、行政村的义务教育学校。本书选取重庆市云阳县天景初级中学、重庆市巫溪县先锋小学为个案开展实证研究。其中，重庆市云阳县天景初级中学是乡镇学校，重庆市巫溪县先锋小学是城乡郊区（城乡接合部）学校（大多数教师有在乡镇学校工作的经历，从农村进城教书；大多数学生是乡镇进城务工家庭的子弟，从农村进城读书。他们都出生在农村，在农村长大，熟悉农村生活）。

三、乡村学校劳动课程开发的依据、特质与任务

教育出现于人类社会发展之初，起源于社会劳动。教育与人类社会的进步

---

① 曲铁华. 民国时期乡村教育的基本特征论析[J]. 四川师范大学学报（社会科学版），2019，（3）：81-89.

② 曲铁华. 余家菊的乡村教育思想探析[J]. 东北师大学报（哲学社会科学版），2013，（6）：190-193.

③ 成尚荣. "超越"，引领乡村教育的"永远"[J]. 江苏教育，2011，（14）：30-32.

④ 李森，汪建华. 我国乡村教育发展的历史脉络与现代启示[J]. 西南大学学报（社会科学版），2017，（1）：61-69，190.

是息息相关的，教育一直为适应生产劳动和社会生活的需要而不断演进。课程是教育活动的主要工具和方法之一，"教什么""选择什么教育内容"属于课程研究的问题。①课程改革往往以适应文化、适应社会、适应科学、适应人的个体发展需求为出发点。为了增强课程适应社会变革、顺应时代发展及促进个体成长的教育功能，学校必须持续不断地开发课程、改进教育活动。2022 年，教育部印发《义务教育劳动课程标准（2022 年版）》，这是中华人民共和国成立以来，首次研制和发布的义务教育学校的劳动课程标准，该标准使劳动教育有了课程身份和育人目标，明确了新时代劳动课程的性质、劳动课程的理念、劳动课程的目标、劳动课程的内容、劳动素养的要求、劳动课程实施的建议等。乡村学校劳动课程既体现国家教育体制和教育方针，也体现学校课程决策的诸多优势和特色。在县级教育行政部门的宏观指导下，乡村学校劳动课程决策权更多地聚焦于学校层面，学校可以充分挖掘和利用地方文化和学校文化，建设具有乡村生产特色和乡村生活气息的校本劳动课程。②

（一）乡村学校劳动课程开发的依据

课程开发同课程一样，是一个较难把握的概念。有一种观点认为，课程开发包括所有形式的教育变化；还有一种观点认为，课程开发是制订某个学程的具体过程。这两种观点都是不恰当的，在课程开发的定义中相对折中的是：课程开发是指通过精心计划的活动设计出各种学程或教育活动方式，将它们提供给教育机构中的人们，并以此作为教育方案的过程。③预期的课程，必然蕴含从社会与时代的文化宝库中精心挑选的多元素材，同时深刻体现着对教育宗旨、知识价值、儿童发展、社会期望以及教学相长等基本理念的独到见解与深刻把握。参与课程开发活动的学术团体所持的教育观念和教育思想，对如何设计和制订学程、如何使这些学程为教师和学生所接受起着关键的作用。④

第一，校本课程开发的提出。1973 年 7 月，经济合作与发展组织所属教育科研机构"教育研究革新中心"在爱尔兰阿尔斯特大学举办了一场校本课程开发的国际学术研讨会，菲吕马克和麦克米伦两人在会上率先尝试界定校本课程

① 黄光雄，蔡清田. 课程发展与设计[M]. 台北：五南图书出版股份有限公司，2009：40-41.
② 车丽娜，傅琴. 乡村学校课程建设的空间悖论及其消解[J]. 课程·教材·教法，2021，（12）：33-39.
③ 菲利浦·泰勒，科林·理查兹. 课程研究导论[M]. 王伟廉，高佩译. 北京：春秋出版社，1989：38.
④ 菲利浦·泰勒，科林·理查兹. 课程研究导论[M]. 王伟廉，高佩译. 北京：春秋出版社，1989：38.

开发的意义。[①]1974 年，日本东京国际课程研讨会上提出了"校本课程开发"议题。之后，许多学者也纷纷提出了个人的学术观点。例如，菲吕马克提出，校本课程开发指参与学校教育工作的有关成员，如教师、行政人员、家长与学生，为改善学校的教育品质所计划和开展的各种活动。麦克米伦提出，校本课程开发是依赖学校的现有资源，以学校为基地的课程开发工作。[②]斯基尔贝克提出，校本课程开发是由学校教育人员进行的学生学习方案的规划、设计、实施和评价的过程。[③]张嘉育提出，校本课程开发是指学校为达成教育目的或解决教育问题，以学校为主体，由学校成员如校长、行政人员、教师、学生，乃至家长与社区人士参与的课程开发过程。[④]崔允漷提出，校本课程开发指的是学校根据本校的教育哲学，通过与外部力量的合作，采用选择、改编、新编教学材料或设计学习活动的方式，在校内建立以及实施内部评价机制的各种专业活动。[⑤]徐洁英指出，校本课程有广义和狭义之分，广义的校本课程指的是学校所实施的全部课程，既包括学校所实施的国家课程、地方课程，也包括学校自己开发的课程。而狭义的校本课程专指学校在实施好国家课程和地方课程的前提下，自己开发的适合本校实际的、具有学校自身特点的课程。[⑥]2001 年 6月，《教育部关于印发〈基础教育课程改革纲要（试行）〉的通知》指出："为保障和促进课程对不同地区、学校、学生的适应性，实行国家、地方和学校三级课程管理。""学校在执行国家课程和地方课程的同时，应视当地社会、经济发展的具体情况，结合本校的传统和优势、学生的兴趣和需要，开发或选用适合本校的课程。"[⑦]

　　第二，劳动课程设置的政策。《中共中央国务院关于全面加强新时代大中小学劳动教育的意见》指出："劳动教育是中国特色社会主义教育制度的重要内容，直接决定社会主义建设者和接班人的劳动精神面貌、劳动价值取向和劳动技能水平。""根据各学段特点，中小学劳动教育课每周不少于 1 课时，学

---

① 靳玉乐. 校本课程开发的理念与策略[M]. 成都：四川教育出版社，2006：2.

② 崔允漷. 校本课程开发：理论与实践[M]. 北京：教育科学出版社，2000：46-47.

③ 靳玉乐. 校本课程开发的理念与策略[M]. 成都：四川教育出版社，2006：3.

④ 崔允漷. 校本课程开发：理论与实践[M]. 北京：教育科学出版社，2000：48-49.

⑤ 崔允漷. 校本课程开发：理论与实践[M]. 北京：教育科学出版社，2000：56.

⑥ 徐洁英. 国家课程、地方课程和校本课程的含义、目的及地位[J]. 教育研究，2005，（8）：32-35，57.

⑦ 教育部. 教育部关于印发《基础教育课程改革纲要（试行）》的通知[EB/OL].（2001-06-08）[2024-08-05].
http://www.moe.gov.cn/srcsite/A26/jcj_kcjcgh/200106/t20010608_167343.html.

校要对学生每天课外校外劳动时间作出规定。"①《义务教育课程方案（2022年版）》指出："将劳动从综合实践活动课程中独立出来。""劳动课程在一至九年级开设，劳动每周不少于 1 课时。"②《义务教育劳动课程标准（2022年版）》指出："具体实施时，可根据学生年龄特点和任务群中的项目实践情况单节排课或 2—3 课时连排。""劳动周是指每学年设立的、以集体劳动为主的、具有一定劳动强度和持续性的课外、校外劳动实践时间。劳动周是劳动课程的重要组成部分，劳动周与每周至少 1 课时的劳动课不能相互替代。"③

第三，乡村学校劳动课程开发的必要性。乡村学校劳动课程开发基于过程哲学与中国文化融合的视角④，更加强调构建"文化育人、思想润人"课程价值观："文化育人"的课程价值观，重视对耕读文化的认同；"思想润人"的课程价值观，重视对耕读教育的传承。乡村学校劳动课程弘扬劳动精神、劳模精神和工匠精神，帮助学生树立正确的劳动观念，培养必备的劳动能力，培育积极的劳动精神，养成良好的劳动习惯和品质。乡村学校劳动课程开发要有意识地、自觉地、自信地把乡村认知和乡土情感贯穿在劳动实践活动中，突出乡土性和地域性，同时，乡村学校劳动实践基地建设应植根于当地的乡土文化，乡村教师应积极挖掘和利用当地的乡土劳动资源，体现当地人文风貌和乡土情结。⑤乡村学校劳动课程开发既有助于推动乡村学校教育质量的提升和乡村学生的健康成长，又有助于挖掘乡村社会的发展潜能、服务乡村振兴。⑥

本书实证研究中的乡村学校劳动课程开发具有系统性：立足我国基础教育的实际问题，与中华优秀传统文化相结合，始终坚持以中国文化、中国传统、中国实践为课程建设的出发点和落脚点，始终落实立德树人根本任务，始终解决培养什么人、怎样培养人、为谁培养人的根本问题。县级教育行政部门联合地方高校和乡村学校（个案研究学校），组建了乡村学校劳动课程开发科研队伍。由县级教育行政部门宏观指导，高校首席专家领衔学术团队，乡村学校校长带领骨干教师，依据国家劳动课程标准，传播中国耕读文化思想；坚持劳动

① 中共中央国务院关于全面加强新时代大中小学劳动教育的意见[N]. 人民日报，2020-03-27（001）.

② 教育部. 义务教育课程方案（2022 年版）[S]. 北京：北京师范大学出版社，2022：3，8，10.

③ 教育部. 义务教育劳动课程标准（2022 年版）[S]. 北京：北京师范大学出版社，2022：12，43.

④ 张晓瑜. 论"有根有翼"课程价值观的构建：基于过程哲学与中国文化融合的视角[J]. 教育研究，2013，（2）：120-124.

⑤ 刘佳，王玥玮. 学校劳动教育课程建设的"乡村思路"[J]. 中国教育学刊，2021，（6）：71-75.

⑥ 陈时见，刘雨田. 乡村学校在地化教育的价值与路径[J]. 湖南师范大学教育科学学报，2021，（5）：75-80.

课程育人导向，结合乡村学校办学定位和育人目标，积极营造耕读文化"大思政"氛围（本书研究观点：把"耕"解释为勤奋劳动，把"读"解释为刻苦学习）；有目的、有计划、有组织地开展劳动课堂教学、劳动课外活动、劳动社会实践。

通过系统研究，本书把乡村学校劳动课程开发界定为：乡村学校全面贯彻党的教育方针，坚持立德树人根本任务，遵循教育教学规律和学生发展特点，根据《教育部关于印发义务教育课程方案和课程标准（2022 年版）的通知》[①]和《教育部关于加强中小学地方课程和校本课程建设与管理的意见》[②]两个文件的精神与要求，在县级教育行政部门宏观指导和高校教育学专家学者的专业引领下，结合自身的办学定位、治学思想、基本条件以及可利用可开发的劳动课程资源，为满足乡村学生学习和发展需求而开展的一切形式的劳动课程实证研究或教育实践。另外，需要强调的是，乡村学校劳动课程开发应该是一个持续和动态的课程改进、调整、逐步完善与创新的过程。[③]

（二）乡村学校劳动课程开发的特质

乡村学校劳动课程开发应突出时代性和发展性、整合性和衔接性、文化性和实践性，应以辩证唯物主义和历史唯物主义为指导思想，以落实教育方针和实现学校培养目标为最终目的。乡村学校劳动课程开发要适应学生各阶段身心发展的需求，课程进度要适应学生认知发展的规律，遵循循序渐进原则。课程文化注重因地制宜。各学段之间的课程难度不同，要注意学段衔接，科学安排课程时间，既要丰富学生的学习生活，也要减轻学习负担[④]，要深刻把握劳动课程价值意蕴及基本特质。

第一，突出时代性和发展性。一是突出时代性，紧紧围绕培养担当民族复兴大任的时代新人的育人目标，教育学生树立正确的劳动价值观，形成基本的劳动意识，树立正确的劳动观念；发展初步的统筹思维，形成必备的劳动技能；养成良好的劳动习惯，塑造基本的劳动品质；培育积极的劳动精神，弘扬劳模精神和工匠精神。二是突出发展性，从宏观角度而言，就是要面向全体学生，

① 教育部. 教育部关于印发义务教育课程方案和课程标准（2022 年版）的通知[EB/OL]. （2022-04-08）[2023-03-25]. http://www.moe.gov.cn/srcsite/A26/s8001/202204/t20220420_619921.html.

② 教育部. 教育部关于加强中小学地方课程和校本课程建设与管理的意见[EB/OL]. （2023-05-09）[2023-05-17]. http://www.moe.gov.cn/srcsite/A26/s8001/202305/t20230526_1061442.html.

③ 徐玉珍. 校本课程开发：概念解读[J]. 课程·教材·教法，2001，（4）：12-17.

④ 陈侠. 课程论[M]. 北京：人民教育出版社，1989：250-255.

使每个学生都得到发展；从微观角度而言，就是要促进学生身体、情感、态度、知识、能力等方面的和谐发展。乡村学校劳动课程要尊重学生在发展水平、能力、经验、学习方式等方面的个体差异，满足学生多方面发展的需要，同时，要鼓励学生积极参与和主动探究，让学生在生动的环境中获得有益于身心发展的积极经验，为学生的终身发展奠定基础。[①]

第二，注重整合性和衔接性。一是注重整合性，乡村学校劳动课程注重推动学生全面发展，在课程目标上强调把情感、认知、行为、能力等结合起来予以综合考虑，在课程内容上强调整体优化组合，在课程资源上强调学校与家庭、社区间的密切合作，在课程实施上注重采取多种学习方式。[②]二是注重衔接性，本书在实践研究的过程中，构建生成了"三向衔接原则——纵向、横向、螺旋"。首先，纵向衔接，即课程理念一体化。在劳动课堂内讲述"耕读精神"，在课外活动中赞美"劳模精神"，在社会实践中践行"工匠精神"、培养"劳动精神"。其次，横向贯通，即课程要素一体化。课程目标、内容选择、实施方式、评价机制均实现一体化。最后，螺旋上升，即课程功能一体化。围绕核心素养目标，根据学生成长需求并结合学生年龄特点、心理发展和学习经验，依照教育基本规律，科学把握教育时机、课程难度、育人实效，注重学段间的点面联通，力求实现无缝对接。

第三，强调文化性和实践性。一是强调文化性。乡村学校劳动课程要重拾、传播耕读传统文化，打造"劳动+思政"耕读文化劳动课程。通过开展丰富多样的劳动思政教育活动，引导学生树立正确的劳动价值观，崇尚劳动、热爱劳动、辛勤劳动、诚实劳动，成为有理想、敢担当、能吃苦、肯奋斗的新时代好青年、好少年。二是强调实践性。青少年儿童的学习通常是建构性的，最好是通过劳动实践操作体验、社会互动和反省性思考进行学习。乡村学校劳动课程要注重学生的实际生活和实践体验，强调课程内容与学生实际生活及社会环境的紧密联系，强调学生实际的参与、体验和发现。学生在实际参与、亲身体验、主动探究的过程中兴趣逐渐增强，认识和体验不断加深，不仅能获取知识，提高相应的技能，而且还能获得积极的情感体验和正确的价值判断。[③]

---

① 陈时见. 幼儿园适应性课程的理论构建与实施策略[J]. 教育研究，2012，（4）：81-86.
② 陈时见. 幼儿园适应性课程的理论构建与实施策略[J]. 教育研究，2012，（4）：81-86.
③ 陈时见. 幼儿园适应性课程的理论构建与实施策略[J]. 教育研究，2012，（4）：81-86.

（三）乡村学校劳动课程开发的任务

可通过"开展项目研究""传播耕读文化""开发校本课程"等方式进行乡村学校劳动课程开发，探索具有中国特色的乡村学校劳动教育模式，推动乡村学校高质量转型发展。

第一，开展项目研究。在实践研究的过程中，笔者肩负服务乡村振兴的政治责任，肩负着劳动课程融入思政教育的学术重任，深入乡村学校课堂一线，坚持把论文写在乡村大地上，坚持把思想送到乡村学校里。走进乡村试点学校，详细查阅办学历史，住在乡村试点学校，深度研究办学定位。笔者通过前期调研、科学论证和个案研究，不断夯实研究基础，同时聚焦国家战略性和前瞻性的重大理论与实践问题，组建学术团队，积极申报项目，最终立项重庆市教育委员会 2022 年度人文社会科学类研究重点项目"重拾耕读：乡村振兴中耕读文化解释与耕读教育课程构建研究"（项目编号：22SKGH548）。

第二，传播耕读文化。在流传千年的农耕画卷中，耕读教育蕴含着"勤奋劳动、刻苦求知""劳动是幸福的源泉""劳动创造幸福"的深层内涵。笔者在实践研究过程中，注重文化育人和思想润人，通过几年来的理论创新与实践探索，提出了可以复制推广的"三层思想向度——文化指向、思想指向和育人指向"的耕读教育实践基地建设方案。在耕读教育实践基地营造"扣好人生的第一粒扣子"的动手实践、出力流汗的劳动育人氛围，打造"幸福是奋斗出来的，奋斗本身就是一种幸福"的接受锻炼、磨炼意志的劳动思政氛围，营造"咱们工人有力量""在希望的田野上"的劳逸结合、情满大地的劳动文化氛围。引导青少年儿童传承勤俭节约、兢兢业业、自力更生的优良传统，秉持精益求精、追求卓越、心怀世界的工匠精神，树立艰苦奋斗、百折不挠、奉献牺牲的革命精神，高扬砥砺奋进、踔厉奋发、团结奋斗的时代精神。

第三，开发校本课程。本书项目组成员组建学术团队深入乡村学校开展调研与教研活动，指导乡村学校校本劳动课程开发。[①]在课程开发过程中更加关注劳动育人取向，注重挖掘劳动在树德、增智、强体、育美等方面的育人价值，引导学生领会"劳动是一切幸福的源泉""幸福是奋斗出来的，奋斗本身就是一种幸福""中国人的饭碗任何时候都要牢牢端在自己手上"的深刻内涵和时代意义，继承勤俭节约、敬业奉献的优良传统，形成晴耕雨读、昼耕夜读的思维意识，养成勤奋劳动、刻苦学习的生活习惯。

---

① 李荣峰，宋生涛.高职如何助力乡村学校校本劳动课程开发[N]. 中国教育报，2024-06-18（007）.

　　通过实践研究的反复验证，笔者发现乡村学校劳动课程开发需要教师、学生家长和社会人士共同参与，这样才能更好地提高学校课程质量，才能获得社会认同。乡村学校劳动课程开发需要政策支持、学术支撑、人财物等资源支持。要真正发挥乡村学校劳动课程的实质性作用，需要深化以下几方面的认识：首先，教师是乡村学校劳动课程开发的关键，课程开发过程本身就为教师专业发展提供了契机，如果没有教师的专业发展，课程开发便无从谈起，单纯依靠学校行政命令是不行的，需要着重加强教师的专业伦理建设，拓宽其专业知识面，提升其专业技能水平。其次，教学活动是课程改革的重点。乡村学校劳动课程教学活动不应局限于课堂内，还应融入课外活动、社会实践等多个环节，要编制出既符合学校特色又能促进家庭和学校共同体融合的课程。家长与学生不仅是课程改革的受益者，更是积极的推动者与参与者。最后，以理论创新推动实践变革，激活理论与实践之间的应用对话。解读课程设计就是在解构文本，课程开发不在于传递基本知识，而在于诠释课程价值，关注理论与实践的对话。①

---

① 王鉴，宋生涛. 课堂研究价值定位：以理论创新推动实践变革[J]. 教育研究，2013，（11）：92-96.

第二章 乡村学校劳动课程开发的特性与作用

劳动是人类特有的基本社会实践活动，劳动过程是人类创造物质财富和精神财富的过程。劳动教育发挥独特育人作用，劳动课程是实施劳动教育的重要途径。乡村学校劳动课程始终秉持马克思主义劳动观，重视学生劳动兴趣的培养，让学生在劳动的过程中树立理想信念；更加强调劳动教育与社会生活、生产实践的联系，引导学生认识社会，不断增强社会责任感；鼓励学生积极参与、动手实践，从中感受劳动过程的艰辛、劳动丰收的喜悦及劳动创造带来的满足感。

第一节 乡村学校劳动课程开发的基本特性

乡村学校劳动课程是以劳动素养为核心，在尊重学生的个别差异、学习需求的基础上，秉持马克思主义劳动教育观，密切关心乡村学校劳动课程与日常生活、社会实践之间的联系，对学校、家庭、社区和地方性的劳动课程资源进行整合，以学生发展为中心开发的具有乡村文化元素的劳动教育校本课程。研究乡村学校劳动课程开发，首先应深入剖析它的基本特性，只有在深刻理解了其基本特性之后，方能更好地发挥其独特的育人价值。

一、方向性和思想性

方向性通常称为方针性。《孟子》中写道："不以规矩，不能成方圆。"[1]《义务教育劳动课程标准（2022年版）》强调，义务教育劳动课程应该借助日常生活或劳动生产中的劳动项目，有效组织学生参加各种劳动活动，以此培养学生正确的劳动价值观和良好的劳动品质。[2]《中华人民共和国教育法》第七条规

---

[1] 杨伯峻，杨逢彬. 孟子译注[M]. 长沙：岳麓书社，2021：133.
[2] 教育部. 义务教育劳动课程标准（2022年版）[S]. 北京：北京师范大学出版社，2022：1.

定："教育应当继承和弘扬中华优秀传统文化、革命文化、社会主义先进文化，吸收人类文明发展的一切优秀成果。"①2023 年 5 月，《教育部关于加强中小学地方课程和校本课程建设与管理的意见》指出："发展社会主义先进文化、弘扬革命文化、传承中华优秀传统文化，落实有理想、有本领、有担当的时代新人培养目标，遵循教育教学规律和学生成长规律，把培育和践行社会主义核心价值观融入课程建设全过程，强化课程管理，激发地方和学校课程建设活力，构建以国家课程为主体、地方课程和校本课程为重要拓展和有益补充的基础教育课程体系，增强课程适应性，实现课程全面育人、高质量育人。"②乡村学校劳动课程开发要构建以国家课程为主体、地方课程和校本课程为重要拓展和有益补充的课程体系，旨在增强课程适应性和学生适切性。既强化综合性，注重课程内容与学生经验、社会生活的联系；又强化实践性，加强课程与生产劳动、社会实践的结合，注重实践体验过程的设计和实施。

乡村学校劳动课程不仅指向"动手去做"和"亲手会做"，更为重要的是在劳动教育活动过程中关注学生的学习兴趣和劳动动机，重视学生内在的劳动体验和劳动感悟，指向学生劳动责任感的培养以及劳动情感的建立，让学生在劳动的实践中领悟劳动的意义和价值，获得劳动幸福感、劳动成就感、劳动荣誉感、劳动丰收感。同时，乡村学校劳动课程应致力于培养学生的主动性，使他们能够在劳动过程中敏锐地发现问题，勇于提出疑问，并创造性地解决问题。另外，乡村学校劳动课程要与学生的现实生活密切联系，致力于磨炼学生的劳动意志和塑造学生的劳动行为，引导学生形成健全的人格和良好的思想道德品质，促进学生全面发展，努力培养堪当民族复兴重任的时代新人。乡村学校劳动课程既要聚焦培养学生良好劳动素养的育人价值取向，也要实现促进学生德智体美劳全面发展的育人价值目标，无论如何诠释，其独特的育人价值始终是劳动课程价值的坐标原点，乡村学校劳动课程必须回归独特育人本质，它始终是思想育人、精神育人和实践育人的逻辑起点。③

---

① 教育部. 中华人民共和国教育法[EB/OL].（2021-07-30）[2024-08-06]. http://www.moe.gov.cn/jyb_sjzl/sjzl_zcfg_jyfl/202107/t20210730_547843.html.

② 教育部. 教育部关于加强中小学地方课程和校本课程建设与管理的意见[EB/OL].（2023-05-09）[2023-05-17]. http://www.moe.gov.cn/srcsite/A26/s8001/202305/t20230526_1061442.html.

③ 冯永刚，温晓情. 劳动课程育人的价值变迁、生成逻辑与实践进路[J]. 教育学报，2022，（6）：52-62.

二、社会性和生活性

在原始社会，人类的教育形式主要是言传身教，教育活动和日常生活紧密融合，可谓教育即生活，生活即教育，人类在劳动过程中不知不觉创造财富、传播文化、延续生命，劳动就是一种自在状态的教育。[①]自在，或曰客观存在是人类社会的一种最基本的存在形态，自在劳动教育是指一种客观存在的劳动教育，尤其是指一种未受到人们注意和认识，未注入人的能动精神的自然的劳动教育存在。随着生产力水平的提高、社会的转型与发展、人的主观能动性的增强，劳动的社会性和生活性逐渐占据主导地位。乡村学校劳动课程密切关注劳动教育与社会生活、生产实践之间的关系，学生在参与劳动实践的过程中了解社会、适应生活。另外，培养学生的劳动素养是劳动课程育人价值的集中体现，乡村学校劳动课程更加注重学生终身发展和社会发展需要，强调生产、生活与劳动的结合，学生通过在生产和生活中劳动，可以拓展做事格局，增强创新意识，建立团结思维。

要想最大化乡村学校劳动课程在社会和生活中的育人价值，就要确保劳动课程在学校教育中的重要地位，学校要开足劳动课时，同时家庭也要树立家风家教，使劳动教育成为家庭教育不可或缺的一部分。家庭日常劳动与学校劳动课程应将"劳动育人"作为共同的价值追求，这是实现教育与劳动紧密结合的有效渠道。

三、实践性和独特性

人们在长期的劳动和社会生活中不断积累和创造财富，劳动传播、传递的经验、知识、文化等日益丰富，劳动从自在教育转向自为教育。[②]人类对世界、自然、社会进行变革的所有活动，都需要在一定的时代观念指导下逐步开展，个体的思想观念的形成、发展以及成熟的整个过程深深植根于个体的日常生活实践。[③]因此，乡村学校的劳动课程应持续强化以促进学生发展为核心的参与性和实践性，鼓励学生在劳动的过程中和实际生活中追寻与感受生活及生命的意义。[④]在乡村学校劳动课程实施过程中，学生通过参加劳动实践活动，一方

---

① 胡德海. 教育学原理[M]. 3 版. 北京：人民教育出版社，2013：166.
② 胡德海. 教育学原理[M]. 3 版. 北京：人民教育出版社，2013：168.
③ 廖辉，汪菊. 劳动教育校本课程的理论与实践[M]. 北京：中国社会科学出版社，2023：4.
④ 刘力波，韦晰玄. 人的现代化视域下新时代劳动教育路径探索[J]. 教育科学研究，2022，（5）：5-10，31.

面真切体会了劳动过程中的艰辛，另一方面享受了劳动成果带来的喜悦与满足，在劳动实践体验中认识世界、认识生活，获取劳动产出的独特意义和教育价值，为建立理想信念提供价值遵循和思想动力。同时，倡导学生身体力行地实践、任劳任怨地劳动是乡村学校劳动课程的本质诉求和应然状态，学生在真实的劳动过程中掌握最为基本的劳动知识和劳动技能，学会使用最为常见的劳动工具，在动手操作、自主创新等实践活动中，学会运用自身所学解决生活中遇到的实际问题。乡村学校劳动课程给学生提供了在劳动实践过程中领会劳动价值、获取劳动经验的机会，在其课程实施过程中应把学生的亲自操作、亲身体验，动手实践、出力流汗，以及接受锻炼、磨炼意志等劳动过程放在第一位，正确处理好劳动教育理论和劳动教育实践之间的深层关系，弥补劳动实践育人存在的短板。另外，乡村学校劳动课程主题设计应与学生的年龄特征和现实生活相联系，应将家庭劳动教育大课堂和学校劳动教育小课堂联结起来，家庭要在劳动实践中融入家风家教教育，学校要在劳动实践中嵌入思想政治教育，让学生在真实的、现场的生产劳动、生活劳动和公益劳动中获取劳动知识、增长劳动见识、提高劳动能力、涵养劳动情怀。

就整个劳动教育体系（家庭劳动教育、学校劳动教育、社会劳动教育）而言，劳动、劳动教育、劳动课程作为育人过程中的必备环节，应以培养对社会有用的人为育人导向。乡村学校劳动课程既要体现劳动教育本身独特的育人价值，也承担着培养具有正确劳动价值观和良好劳动素养的学生的独特育人使命。培养具有良好劳动素养的全面发展的人，既是乡村学校劳动课程独特育人的思维起点，也是其逻辑终点。

四、情境性和生成性

劳动课程是面向真实世界和生活情境的教育实践活动。乡村学校劳动课程开发过程中，学校是思想和实践育人的主阵地，课堂是主渠道，学生通过在学校中学习规范的、有序的劳动课程（理论知识与实践技能），得以掌握劳动知识和技能，形成积极向上的劳动态度。与此同时，应坚持以社会劳动观念为支撑，构建劳动美德，坚定劳动信念，树立劳动观念，形成劳动氛围。此外，还应重视家庭劳动教育，强调情境性和生成性，使劳动实践育人走向常态化和生活化，让学生把劳动视为一种生活方式和生命存在方式。总之，乡村学校劳动课程开发更加突出情境性，让学生在真实的情境劳动中生成劳动价值，帮助学生树立劳动创造美好生活的意识，养成爱劳动、会劳动、勤劳动的良好劳动习惯。

另外，乡村学校劳动课程的生成性不只是劳动实践过程中的思想生成性，更侧重于劳动课程内容与实施方式的持续创新与优化，学校可以结合地方劳动教育资源和学校教育教学的基本现状，因地制宜、先立后破地将适合开展的劳动任务融入学校的课程体系。劳动课的教师要针对学校和学生的实际情况，对已有劳动课程资源进行循环利用和深度挖掘，以充分激发学生的主观能动性、学习兴趣和劳动意愿。

乡村学校劳动课程开发要坚持情境性和生成性的统一，弹性设置课程内容和实施方式，注重挖掘家庭、学校和社会中显性与隐性的课程资源，致力于构建全方位、立体化、浸润式的劳动教育课程育人大环境，让学生沉浸于真实的劳动场景中，在劳动中健康成长。

第二节　乡村学校劳动课程开发的独特作用

任何一门国家课程除了启迪智慧之外，都蕴含着一定的价值观念，课程建设与开发的过程也是课程育人价值的选择过程。[①]我国劳动课程建设过程漫长且曲折，在不同的历史时期呈现出不同的价值取向、教育目标和实践方式。尽管在不同的社会发展阶段劳动课程的作用和侧重点不同，但是"劳教结合""劳动育人"等[②]始终是劳动课程价值的理性主线，乡村学校劳动课程开发最为独特的作用也是为"教人"而创新，为"育人"而改革。

一、关注学生现实生活，促进学生全面发展

随着中国特色社会主义进入新时代，劳动课程育人也要实现迭代升级，实现教育与生产劳动实质性的、接地气的相互结合，培养具有良好劳动素养的时代新人。乡村学校劳动课程开发既要与学生的生活紧密相连，也要与社会转型乃至发展新质生产力密切结合。

从课程知识选择的视角分析，劳动课程知识源自生活，课程内容与生活世

---

① 冯永刚，温晓情. 劳动课程育人的价值变迁、生成逻辑与实践进路[J]. 教育学报，2022，（6）：52-62.
② 王新龙. 中华美德[M]. 北京：中国戏剧出版社，2009：34.

界同在，生活是劳动课程的根基，劳动课程是生活的血脉。从生活哲学的角度分析，个体通过对现实世界的直接感知获取关于这个世界的知识，个体在科技世界中获得理智的发现，但是这种发现只有回归生活世界、融入现实生活与社会实践之中才能展现其价值。因此，乡村学校劳动课程开发应将生活世界作为独特育人的源泉，既要与生活世界融为一体，又要高于生活世界。乡村学校劳动课程开发基于学生现实生活，同时也着眼于学生未来长远发展，在提升学生当前生活质量的同时，也为学生面对未来挑战奠定坚实基础。这一过程不仅关乎个体成长，更是推动国家乃至人类社会持续进步与发展的重要途径。

从课程建设与教学改革的角度来看，乡村学校劳动课程开发不仅要将学生的现实需求纳入课程开发的过程中，更要前瞻性地考虑学生未来发展所需的可能素养，并将其融入课程设计中。应潜移默化地让学生认识到，无论是当下的繁荣还是历史的辉煌，都是由劳动创造的，而未来美好生活的实现，同样离不开劳动。个体的一切价值体现与成就获取都要归功于劳动，劳动是通往幸福的必由之路。此外，乡村学校的劳动课程开发需注重校外与校内、课内与课外的有机结合，以展现课程独特育人价值的整合性和协调性。同时，还要激发乡村学校劳动课程建设的活力，在校本劳动课程的开发过程中，引导学生热爱劳动、勤奋劳动、崇尚劳动，进而促进学生德智体美劳全面发展。

二、聚焦课堂实践育人，关注教与学的融合

经过了 20 多年的理论研究和实践探索，我国新一轮基础教育课程改革已取得显著进展，课堂教学方式已从传统的讲授法逐步转变为自主化、合作性和探究式的学习方式，形成了围绕核心素养、倡导综合学习、采用主题或项目实践方式、注重因材施教或因人施教等的具有中国特色的实践育人模式。[①]马克思主义关于教育与生产劳动相结合的理论，为乡村学校劳动课程实践教学提供了理论基础，超越了其他学科的教学方法理论。马克思在《资本论》中指出："生产劳动同智育和体育相结合，它不仅是提高社会生产的一种方法，而且是造就全面发展的人的唯一方法。"[②]教育与生产劳动相结合的理论不仅是培养全面发展人才的根本途径，也是乡村学校劳动课程和教学加强与生产实践及生活实践联系的主要依据。劳动教育与生产实践及生活实践相结合，既体现了教育

---

① 王鉴. 我国基础教育课堂教学方法改革及体系建构[J]. 课程·教材·教法，2023，（3）：47-55.
② 吴兴人. 话说资本论[M]. 上海：上海人民出版社，2009：217.

与自然的共生关系，也体现了生活与学习的共存状态。在教学方法上，乡村学校劳动课程倡导与自然对话、与生活对话、与社会对话，强调回归自然与生活世界、回归生产劳动与耕读学习，旨在引导学生认识真实世界、解决现实问题。另外，马克思主义实践论的一个独特之处在于辩证地诠释理论与实践之间的关系。"通过拉近理论与实践之间的距离，以回归实践和切中实践的方式，以理论作为解释世界的依据，进而推动实践的创新与发展。"[①]乡村学校劳动课程教学活动采用操作示范法，使学生系统地学习和掌握间接经验，拉近了理论与实践之间的距离，同时，通过实践方式，促使学生在间接经验与直接经验间建立联系，从而获得直接经验。

　　真正的实践活动包括生活实践和生产实践，真正的课程实践育人，就是要让学生回归到生活实践和生产实践中去学习。[②]教育部印发的《义务教育课程方案（2022年版）》指出："加强课程与生产劳动、社会实践的结合，充分发挥实践的独特育人功能。"[③]乡村学校劳动课程就是把现实生活、生产劳动和社会实践相结合，有效地将教师的"教"和学生的"学"联系起来，通过组织项目、举办立志性的主题活动，使学生获得丰富的间接经验，积累足够的直接经验，生成知识与能力。

三、打破传统的讲授法，倡导新式的学习法

　　班级授课制是农业时代向工业时代转变过程中课堂教学的显著标识，但是随着观念的转变，我国应试教育持续改革，传统的教学模式也逐渐转型升级。新一轮基础教育课程改革的新理念，提出了转变学生的学习方式的任务，促进学生在教师指导下主动地、富有个性地学习。本次课程改革重点之一，就是要让学生的学习产生实质性的变化，提倡自主、探索与合作的学习方式，逐步改变以教师为中心、课堂为中心和书本为中心的局面，促进学生创新意识与实践能力的发展。[④]自此之后，教育理论研究者和教育实践工作者，都在"追赶"式倡导和践行自主的、合作的、探究性的新式学习方法，为教学方法的理论创新和实践变革注入新的世界观念和国际视野。

① 刘同舫. 马克思主义哲学面向实践的方式[J]. 哲学研究，2021，（12）：25-34.
② 王鉴. 我国基础教育课堂教学方法改革及体系建构[J]. 课程·教材·教法，2023，（3）：47-55.
③ 教育部. 义务教育课程方案（2022年版）[S]. 北京：北京师范大学出版社，2022：5.
④ 钟启泉，崔允漷，张华. 为了中华民族的复兴　为了每位学生的发展——《基础教育课程改革纲要（试行）》解读[M]. 上海：华东师范大学出版社，2001：247.

　　乡村学校劳动课程与教学不仅是一个特殊的认识过程，更是一个促进学生情感、态度和价值观发展的过程。其教学范式不仅涵盖了教师教的方法，还应包括学生学的方法，教师的"教法"要以学生的"学法"为基础。其中，自主式学习突出劳动课堂中学生学习的主体性，合作式学习强调在劳动课堂上学生之间的相互学习，探究式学习旨在推动学生在劳动课堂上实现直接经验与间接经验的相互融合。①同时，乡村学校劳动课程的实施过程是一个围绕问题和项目组织活动，旨在通过解决问题和项目创新来实现劳动课程独特育人功能的过程。学习的收获往往以一种内隐的方式存在于学生内心，难以以外显的方式呈现。学生通过大量的学习活动获得了深刻的内在体验，丰富了内心世界，享受到劳动所带来的情感满足。因此，乡村学校劳动课程实施者应重视对学生学习方法和学习能力的启发与训练，引导学生在劳动过程中掌握解决问题的方法，学会发现与探索，从而不断提升劳动能力。

四、培养学生劳动素养，满足学生劳动需要

　　劳动课程是国家课程，它以培养德智体美劳全面发展的人为教育指向，劳动课程又体现培养具有正确劳动价值观和良好劳动素养的人的独特价值。因此，培养具有良好劳动素养的全面发展的人成为乡村学校劳动课程独特育人的使命和终点。②然而，我国劳动教育的现状是："长期以来，各地区和学校坚持教育与生产劳动相结合，在实践育人方面取得了一定成效。同时也要看到，近年来一些青少年中出现了不珍惜劳动成果、不想劳动、不会劳动的现象，劳动的独特育人价值在一定程度上被忽视，劳动教育正被淡化、弱化。"③虽然我国在政策层面始终将劳动课程的独特育人目标放在重要位置，但在实际的学校课程与教学中仍不同程度地存在着教育与劳动、教育与生活之间的"两张皮"的问题，使得劳动课程独特的育人效果难以实现或者实施效果不佳。

　　乡村学校劳动课程开发一方面应致力于培养具有良好劳动素养的全面发展的人，另一方面还要解决劳动与教育之间"两张皮"的根本问题，应在培养学生劳动素养的同时，致力于满足学生劳动需要，把劳动的重心转移到育人目标上来。因此，可以认为，乡村学校劳动课程开发的核心关注点是劳动本身的

---

① 王鉴. 我国基础教育课堂教学方法改革及体系建构[J]. 课程·教材·教法, 2023, （3）：47-55.
② 冯永刚, 温晓情. 劳动课程育人的价值变迁、生成逻辑与实践进路[J]. 教育学报, 2022, （6）：52-62.
③ 中共中央国务院关于全面加强新时代大中小学劳动教育的意见[N]. 人民日报, 2020-03-27（001）.

育人价值，而非劳动生产本身，应将劳动过程视为育人的载体，只有这样才能真正培育学生的劳动素养。乡村学校劳动课程是一种以学生为主体的综合性、实践性的教育活动，能够帮助学生掌握生产技术和生活知识，培养学生的劳动态度和劳动价值观，引导学生树立科学的劳动观念与优秀的道德品质，传承中华民族吃苦耐劳、团结协作和勇于奉献的传统美德，提高学生的综合劳动能力。此外，乡村学校劳动课程还能帮助学生拓展学习空间，为学生提供实践学习的机会，有利于优化学生的认知结构，使学生形成良好的劳动素养，满足其身心发展需求。

第三章　乡村学校劳动课程开发的理论基础

劳动创造了文明，创造了美好生活。劳动教育可以塑造劳动品格、锤炼劳动人格、锻炼劳动意志，具有独特的育人价值。从哲学层面讲，劳动是一种价值观；从社会学层面讲，劳动是一种交往观；从心理学层面讲，劳动是一种创造观；从教育文化学层面讲，劳动是一种信仰观。理论研究是实证研究得以开展的依据和前提，理论研究的创新成果有力地推动实践变革与更新。①本书从哲学、社会学、心理学、教育文化学的视角分析乡村学校劳动课程开发的理论基础，旨在以理论研究为支撑，推动实践探索。

第一节　乡村学校劳动课程开发的哲学基础

劳动是人类特有的基本社会实践活动，是人类区别于动物的特有的存在方式。它既是对人类活动和人类实践的同时性结构进行抽象分析的终极结果，也是对人类历史的历时性结构进行追溯还原的终极结果。可以认为，劳动既是人类创造历史的开端，也是人类揭开历史篇章的工具。②人类在劳动中超越动物群体，以一种独特的方式存在于世界之中，并构建了丰富的精神世界。人类要想获得独特的生命价值，就不能仅仅停留于满足基本生存和生理需要层面，而是要促进个体的自由发展和价值观的提升。劳动教育在本质上就是让学生通过参与劳动领悟人应在劳动中追求幸福、向往美好生活的真谛。《中共中央国务院关于全面加强新时代大中小学劳动教育的意见》指出："劳动教育是中国特色社会主义教育制度的重要内容，直接决定社会主义建设者和接班人的劳动精神面貌、劳动价值取向和劳动技能水平。"③劳动教育不仅仅是让学生学会劳

---

① 王鉴，宋生涛. 课堂研究价值定位：以理论创新推动实践变革[J]. 教育研究，2013，（11）：92-96.
② 王江松. 劳动哲学概论[M]. 上海：上海交通大学出版社，2015：16.
③ 中共中央国务院关于全面加强新时代大中小学劳动教育的意见[N]. 人民日报，2020-03-27（001）.

动、热爱劳动，更为重要的是要引导学生追求幸福生活、创造美好生活、获得全面发展。①

劳动本身是一门哲学，研究劳动不仅要解释劳动的本质和其自相矛盾的特性，还要进一步思考劳动在社会生活和整个人类历史发展过程中的地位和作用。②首先，劳动为人类生存和发展提供物质保障。人类的实践活动主要包括物质资料生产、社会变革活动、文化产业活动和日常生活实践等，物质资料生产是人类的第一实践活动，它为人类的生存和发展奠定物质基础。其次，劳动是人类生活世界和社会结构的基础。人类的生活世界涵盖了生理活动、实践活动和精神活动，劳动是这一切活动的基石，人类一旦失去劳动能力，就很难维持生存。再次，劳动是人类历史的起点。劳动不仅创造了人本身，还成为开启社会历史之门的钥匙。从劳动中衍生出来的领域，如语言、宗教、政治、战争、科学、哲学、艺术等，都和劳动紧密相连，正是劳动使各个领域的产生和发展成为可能。最后，劳动是历史发展的动力源。劳动生产力的发展推动了科学技术、政治制度、意识形态等领域的变革，同时也使人们的社会心理、交往方式和生活方式发生转变。

一、马克思主义劳动价值观

马克思认为："劳动首先是人和自然之间的过程，是人以自身的活动来中介、调整和控制人和自然之间的物质变换的过程。人自身作为一种自然力与自然物质相对立。为了在对自身生活有用的形式上占有自然物质，人就使他身上的自然力——臂和腿、头和手运动起来。当他通过这种运动作用于他身外的自然并改变自然时，也就同时改变他自身的自然。他使自身的自然中蕴藏着的潜力发挥出来，并且使这种力的活动受他自己控制。""除了从事劳动的那些器官紧张之外，在整个劳动时间内还需要有作为注意力表现出来的有目的的意志，而且，劳动的内容及其方式和方法越是不能吸引劳动者，劳动者越是不能把劳动当做他自己体力和智力的活动来享受，就越需要这种意志。"③

第一，劳动创造了人本身，也滋养了人的心灵。恩格斯在《自然辩证法》

---

① 何云峰，齐旭旺. 论劳动教育的本质：基于劳动的属人性与非属人性及其关系的视角[J]. 南京社会科学，2023，（7）：125-132.

② 王江松. 劳动哲学概论[M]. 上海：上海交通大学出版社，2015：26-27.

③ 马克思. 资本论（第一卷）[M]. 中共中央马克思恩格斯列宁斯大林著作编译局编译. 北京：人民出版社，2018：207-208.

中系统深刻地阐明了劳动在人类社会演进和发展中的重要价值，他认为："政治经济学家说，劳动是一切财富的源泉。其实劳动和自然界一起才是一切财富的源泉，自然界为劳动提供材料，劳动把材料变为财富。但是劳动还远不止如此。它是整个人类生活的第一个基本条件，而且达到这样的程度，以致我们在某种意义上不得不说：劳动创造了人本身。"[①]人既是劳动的主体，也是道德的主体。比如，人类在大自然中获取物质能量的劳动过程中，手脚功能开始分化，学会直立行走，用双手制造和使用劳动工具。随着劳动范围的不断扩大和劳动技能的不断提升，人类之间开始进行交流，语言产生，信息沟通和交流的广度和深度不断扩展。人类在劳动中积累经验、总结规律、形成知识体系，同时又将这些技能熟练运用于各项劳动之中。在劳动中，人类摆脱了动物生存的局限，有了更多的创造。同时，随着生产力的发展，人类的精神生产能力不断提高，思想意识和思维形态有了显著发展，精神世界在劳动实践中不断丰富，政治、经济、文化、科学、艺术、法律、道德等领域也得以产生和发展。因此，劳动为人本身以及包括道德在内的社会意识的形成和发展提供了主体条件和可能条件。[②]

　　第二，人类社会物质生产劳动是人类精神文明形成和发展的前提。马克思指出，个体的思想意识、价值观念与物质生产和社会交往紧密相连。另外，道德、法律、宗教等精神领域的发展也由物质生产状况所决定，科学辩证地揭示了人类社会物质生产劳动为人类精神文明的产生和发展提供了物质基础。恩格斯认为："动物仅仅利用外部自然界，单纯地以自己的存在来使自然界改变；而人则通过他所作出的改变来使自然界为自己的目的服务，来支配自然界。这便是人同其他动物的最后的本质的区别，而造成这一区别的还是劳动。"[③]马克思、恩格斯分别从人类生存发展的需要出发，阐释了劳动是精神文明的源泉。劳动既可以满足人类的物质生活需要，也可以激发人类的精神文明需求；劳动既能实现人类的生存和繁衍，也能推动人类追求更高的价值和信仰。因此，可以认为，人类社会物质生产劳动是人类精神文明形成和发展的前提。劳动提升社会生产力水平，为人类的精神文明活动提供了广阔的空间和充足的时间。从

---

① 恩格斯. 马克思恩格斯选集(第三卷)[M]. 中共中央马克思恩格斯列宁斯大林著作编译局编译. 北京：人民出版社，1972：508.

② 任怡. 劳动德育研究[D]. 湖北大学博士学位论文，2022：58-59.

③ 恩格斯. 马克思恩格斯选集(第三卷)[M]. 中共中央马克思恩格斯列宁斯大林著作编译局编译. 北京：人民出版社，1972：517.

空间维度讲，随着社会的发展和科技的革新，生产工具和劳动手段日益丰富，人类的劳动能力和劳动质量显著提升，劳动活动的空间和范围得到拓展，劳动使人类与社会、人类与自然之间的关系更加和谐，这也为人类的道德伦理、宗教艺术等精神生活提供了灵感源泉。从时间维度讲，社会生产的发展带来劳动分工的不断细化，可供人类选择的劳动机会和劳动岗位日益多样化，人们可以根据自身的需要和特长选择性地从事劳动生产，节约了劳动时间，提高了劳动质量。另外，科学技术的进步推动了劳动生产效率的提升，缩短了劳动时间，为人们进行道德教育、开展文艺活动等创造了更多便利条件。[①]

第三，劳动分工为道德教育提供了现实的社会场域和职业条件。马克思、恩格斯在《德意志意识形态》中指出："分工只是从物质劳动和精神劳动分离的时候起才开始成为真实的分工。""因为分工不仅使物质活动和精神活动、享受和劳动、生产和消费由各种不同的人来分担这种情况成为可能，而且成为现实。""生活的生产方式以及与之相联系的交往形式是在这些束缚和界限的范围内运动着的。""当分工一出现后，每个人就有了自己一定的特殊的活动范围，这个范围是强加于他的，他不能超出这个范围。"[②]物质劳动与精神劳动的社会分离，标志着社会分工的真正形成。由于劳动分工出现，生产职业得以独立，这使社会职能和社会分工更加明确，物质生产和精神生活领域也因此变得更加丰富，这为社会道德的发展完善和道德活动的开展提供了专门场所和业务机构。劳动分工在主导物质生产的同时，也调控社会的精神生产，体力劳动与脑力劳动分化后，专门从事精神生产的群体产生，这为人类社会道德教育的形成和发展提供了社会场域和职业条件。

第四，教育与生产劳动相结合是实现人的全面发展的有力手段。"马克思恩格斯批判了资本主义教育与生产劳动相结合的虚伪性，并不只是强调'把初等教育同工厂劳动结合起来'，而是着眼于'工人阶级在不可避免地夺取政权之后，将使理论的和实践的工艺教育在工人学校中占据应有的位置'，将教育与生产劳动相结合这一教育原则同无产阶级解放和全人类解放的历史任务联系起来，找到了一条社会主义教育与生产劳动相结合的正确路径，为劳动教育思想赋予了彻底的革命性和严格的科学性。"[③]劳动教育作为社会主义教育的重

---

① 任怡. 劳动德育研究[D]. 湖北大学博士学位论文，2022：58-59.
② 马克思，恩格斯. 马克思恩格斯全集（第三卷）[M]. 中共中央马克思恩格斯列宁斯大林著作编译局编译. 北京：人民出版社，1960：35-37.
③ 吴潜涛，陈好敏. 马克思恩格斯劳动教育思想探析[J]. 中国高校社会科学，2023，（3）：58-69.

要方面，有着独特的教育使命和教育内容。教育与生产劳动相结合是社会主义教育的一项基本原则，这一原则在方针和理念层面规定了劳动教育的基本任务，为劳动教育实践提供了根本遵循。①

二、列宁的劳动认识观

列宁在领导苏维埃俄国进行社会主义革命和建设的过程中，面对国内外敌对势力和社会发展的迫切需要，从无产阶级劳动者的根本利益出发，充分论述了劳动生产对社会发展和个体发展的重要性。他在继承马克思主义劳动观的基础上，高度重视劳动本身的独特价值，形成了独具特色的劳动认识观。一方面，提出了劳动在苏维埃政权建设中的重要地位；另一方面，强调了劳动对个体思想教育的独特作用。

第一，提议开展共产主义星期六义务劳动。列宁强调："后方工人的英雄主义也同样值得重视。工人自己发起组织的共产主义星期六义务劳动确实具有极大的意义。""鉴于国内外形势的严重，为了对阶级敌人取得优势，共产党员和同情分子应当更加鞭策自己，从休息时间内抽出一小时，也就是把自己的工作日延长一小时，将这些时间集中起来，在星期六这天进行一次六小时的体力劳动，以便立即创造出实际的价值。我们认为，共产党员为保卫革命果实，不应吝惜自己的健康和生命，所以这项工作应该是无报酬的。提议在分局内实行共产主义星期六，一直干到完全战胜高尔察克。""'共产主义星期六义务劳动'所以具有巨大的历史意义，是因为它向我们表明了工人自觉自愿提高劳动生产率、过渡到新的劳动纪律、创造社会主义的经济条件和生活条件的首创精神。"②在当时严峻的革命斗争形势下，义务劳动与资本主义私有制的劳动有着本质的区别，列宁领导的苏维埃政权积极倡导义务劳动，极大地提高了广大工农群众团结奋斗的思想觉悟，增强了革命与建设的凝聚力和向心力，展现了苏维埃政权的英雄气概，打造了一支具有坚定共产主义理想信念、崇高思想道德境界、业务熟练的劳动者队伍，为苏维埃政权克服困难、取得胜利奠定了坚实的基础。③另外，列宁还对青年团员参加共产主义星期六义务劳动提出了要求："青年团员应当利用自己的每一刻时间去改善菜园工作，或在某个工厂

① 吴潜涛，陈好敏. 马克思恩格斯劳动教育思想探析[J]. 中国高校社会科学，2023，（3）：58-69.
② 列宁. 列宁全集（第三十七卷）[M]. 2版（增订版）. 中共中央马克思恩格斯列宁斯大林著作编译局编译. 北京：人民出版社，2017：1-2，15.
③ 任怡. 劳动德育研究[D]. 湖北大学博士学位论文，2022：61-62.

里组织青年学习等等。我们要把俄国这个贫穷落后的国家变成一个富裕的国家。因此共产主义青年团必须把自己的教育、训练和培养同工农的劳动结合起来，不要关在自己的学校里，不要只限于阅读共产主义书籍和小册子。只有在与工农的共同劳动中，才能成为真正的共产主义者。必须使大家都看到，入团的青年个个都是有文化的，同时又都善于劳动。"①列宁希望通过此举来塑造青年热爱劳动、勤于劳动、善于劳动的良好形象，充分发挥青年在社会中的先锋模范作用，培育青年自强奋斗的劳动精神，为国家的繁荣发展做出积极贡献。②

第二，主张进行艰苦卓绝的务实劳动，锻造坚强意志与团结品质。列宁认为，消灭资本主义、建设苏维埃政权并最终实现共产主义，是一项长期且艰巨的任务，需要进行艰苦卓绝的劳动，需要发扬坚忍不拔、百折不挠的劳动精神，强调社会各个战线劳动者应在各自的岗位上发光发热、无私奉献。③列宁指出："应该怎样同地主和资本家决裂而同劳动者一起前进，因为劳动使人联合起来，而私有制使人分离出来。把我们联合起来的正是劳动，劳动则使我们成为一种把一切劳动者团结起来的力量。"④社会广大青年和工农群众在长期的革命实践和劳动创造中形成了团结奋斗和勤奋劳动的良好道德品质，为夺取社会主义的胜利奠定了坚实的精神基础。

第三，劳动是衡量共产主义青年思想觉悟的重要标准，是实现社会主义自由、民主和平等的重要途径。列宁主张将"劳动"和"清党"工作有机结合，鼓励用"上前线"和参加"星期六义务劳动"的方式过滤并清理党内思想不纯、理想信念不坚定、投机取巧、安于享乐的堕落分子，从而识别"谁是忠诚老实的共产党员，谁是那些靠辛勤劳动过活、没有任何特权、根本不会'讨好领导'的人所厌恶的共产党员"⑤。列宁还强调："共产主义青年团要使大家从小就在自觉的有纪律的劳动中受教育。这样我们才有希望完成现在所提出的任务。""现在是 15 岁，再过 10—20 年就会生活在共产主义社会里的这一代人，应当这样安排自己的全部学习任务，青年每天都能实际完成共同劳动中的某种任务，

① 列宁. 列宁全集（第三十九卷）[M]. 2 版（增订版）. 中共中央马克思恩格斯列宁斯大林著作编译局编译. 北京：人民出版社，2017：345.
② 任怡. 劳动德育研究[D]. 湖北大学博士学位论文，2022：64-65.
③ 任怡. 劳动德育研究[D]. 湖北大学博士学位论文，2022：65.
④ 列宁. 列宁全集（第三十八卷）[M]. 2 版（增订版）. 中共中央马克思恩格斯列宁斯大林著作编译局编译. 北京：人民出版社，2017：201.
⑤ 列宁. 列宁全集（第四十二卷）[M]. 2 版（增订版）. 中共中央马克思恩格斯列宁斯大林著作编译局编译. 北京：人民出版社，2017：157.

哪怕是最微小、最平常的任务。"①动员青年一代与劳动群众共同劳动，克服困难，强化品格，为夺取革命胜利和促进社会发展团结奋斗。另外，在列宁看来："我们的任务是要使政治成为每个劳动妇女都能参与的事情。自从土地私有制和工厂私有制被消灭，地主资本家政权被推翻以后，政治任务对于劳动群众和劳动妇女，已经是一种简单明白、大家完全能参与的事情了。""在苏维埃共和国，政治活动是向女工开着大门的。"②列宁把通过劳动维护人权同巩固、建设与发展社会主义有机联系在一起，为实现社会主义自由、民主和平等提供了正确的思想遵循。

三、中华人民共和国领袖的劳动育人观

"中华人民共和国的成立，开创了中国历史的新纪元。共和国的领袖从一开始就对教育表现出极大的热情。""当代中国的教育话剧，在某种程度上就是共和国领袖的导演下展开的，也是共和国领袖教育理想的具体化过程。"③具有中国特色的马克思主义劳动观，始终坚持"教劳结合"育人方针和教育理念，形成了丰富多彩的劳动育人思想。

第一，毛泽东的劳动育人观。毛泽东灵活运用马克思主义基本原理，积极汲取中华民族优秀的劳动传统观念，结合他的"无产阶级应该是一个最有觉悟性和最有组织性的阶级，但是如果单凭自己一个阶级的力量，是不能胜利的"④论断，提出了具有创见性的劳动育人观。一是强调共同劳动观。毛泽东指出："所谓劳动人民，是指一切体力劳动者（如工人、农民、手工业者等）以及和体力劳动者相近的、不剥削人而又受人剥削的脑力劳动者。中国现阶段革命的目的，是在推翻帝国主义、封建主义、官僚资本主义的统治，建立一个以劳动者为主体的、人民大众的新民主主义共和国。"⑤同时，倡导营造良好的干群关系，动员领导干部深入基层同群众一起劳动，提倡劳动锻炼，极力主张妇女的劳动解放，他指出："最近农民运动一起，许多地方，妇女跟着组织了乡村女

---

① 列宁. 列宁全集（第三十九卷）[M]. 2版（增订版）. 中共中央马克思恩格斯列宁斯大林著作编译局编译. 北京：人民出版社，2017：346.

② 列宁. 列宁全集（第三十七卷）[M]. 2版（增订版）. 中共中央马克思恩格斯列宁斯大林著作编译局编译. 北京：人民出版社，2017：195.

③ 朱永新. 中国当代教育思想史[M]. 北京：中国人民大学出版社，2011：106.

④ 毛泽东. 毛泽东选集（第二卷）[M]. 2版. 北京：人民出版社，1991：645.

⑤ 毛泽东. 毛泽东选集（第四卷）[M]. 2版. 北京：人民出版社，1991：1287-1288.

界联合会，妇女抬头的机会已到。"①提出了共同劳动、劳动平等等进步主张，鼓励妇女走到劳动一线，在劳动中体现男女平等关系，在劳动中废除封建社会夫权对女性的人性束缚。二是强调团结劳动观。中国共产党自成立以来，团结广大群众消灭了剥削和压迫，凝聚了共识。毛泽东指出："我们共产党人好比种子，人民好比土地。我们到了一个地方，就要同那里的人民结合起来，在人民中间生根、开花。"②"如果我们单单动员人民进行战争，一点别的工作也不做，能不能达到战胜敌人的目的呢？当然不能。我们要胜利，一定还要做很多的工作。领导农民的土地斗争，分土地给农民；提高农民的劳动热情，增加农业生产；保障工人的利益；建立合作社；发展对外贸易；解决群众的穿衣问题，吃饭问题，住房问题，柴米油盐问题，疾病卫生问题，婚姻问题。总之，一切群众的实际生活问题，都是我们应当注意的问题。"③倡导广大无产阶级共同劳动，不断增强战斗力。同时，提倡在知识分子当中加强劳动思想改造，不断增强统一战线力量，培育劳动大军。三是主张自力更生劳动观。1945 年 1 月 10 日，毛泽东在陕甘宁边区劳动英雄和模范工作者大会上的讲话指出："我们不能学国民党那样，自己不动手专靠外国人，连棉布这样的日用品也要依赖外国。我们主张自力更生的。我们希望有外援，但是我们不能依赖它，我们依靠自己的努力，依靠全体军民的创造力。""不但要组织农民生产，而且要组织部队和机关一齐生产。""部队和机关，除利用战斗、训练和工作的间隙，集体参加生产之外，应组织专门从事生产的人员，创办农场、菜园、牧场、作坊、小工厂、运输队、合作社，或者和农民伙种粮、菜。"④同时，他表扬劳动英雄起到了带头作用、骨干作用、桥梁作用，"有许多的长处，有很大的功劳"⑤。

第二，邓小平的劳动育人观。邓小平劳动育人观既是对传统劳动观的继承，也是在改革开放过程中对传统劳动观的创新。他强调劳动是政治思想课。1958年 4 月 7 日，邓小平在中共中央书记处会议讨论教育工作时讲话强调："一般学校要给学生参加劳动的机会。劳动也是教学，是政治思想课。学生参加劳动，一是必须，二要适当，三看可能。学校要把劳动定到课程中，每周规定半天，

---

① 毛泽东. 毛泽东选集（第一卷）[M]. 2 版. 北京：人民出版社，1991：32.
② 毛泽东. 毛泽东选集（第四卷）[M]. 2 版. 北京：人民出版社，1991：1162.
③ 毛泽东. 毛泽东选集（第一卷）[M]. 2 版. 北京：人民出版社，1991：136-137.
④ 毛泽东. 毛泽东选集（第三卷）[M]. 2 版. 北京：人民出版社，1991：1016-1018.
⑤ 毛泽东. 毛泽东选集（第三卷）[M]. 2 版. 北京：人民出版社，1991：1014.

主要是使娃娃们养成劳动习惯，加强集体观念。"①强调在劳动中融入思想道德教育，在学校课程中增加劳动实践，重视劳动教育的独特育人价值，重视劳动教育对学生成长成才的重要价值。他还强调培养"又红又专"的劳动者。邓小平对毛泽东"又红又专"的理念做出了新的理解，他强调："专并不等于红，但是红一定要专。不管你搞哪一行，你不专，你不懂，你去瞎指挥，损害了人民的利益，耽误了生产建设，就谈不上是红。"②他一方面强调广大青年要将远大理想和劳动实干结合起来，另一方面希望广大青年把学习科学理论知识和掌握专业技能结合起来。1978 年 3 月 18 日，邓小平在全国科学大会开幕式上的讲话指出："毛泽东同志提倡知识分子又红又专，鼓励大家改造资产阶级世界观，树立无产阶级世界观。我们的科学事业是社会主义事业的一个重要方面。致力于社会主义的科学事业，作出贡献，这固然是专的表现，在一定意义上也可以说是红的表现。"③"红"和"专"是相辅相成的，"红"是劳动者的思想意识、价值立场，"专"是劳动者的文化素养和专业技能。只有"既红又专"的劳动者才堪当国家大任。他也强调劳动者要发扬"艰苦奋斗""吃苦在前，享乐在后"的优良传统。"现在的青年中有忘掉传统的倾向，劳动观念也不强了。我们的传统是艰苦奋斗的传统，我们要发扬这种优良传统。""现在有一股风气不好，就是总是不满足，不满足个人的享受。我们提倡艰苦奋斗。要学我们的先辈，学过去的青年，当然也要学过去的老年，学习他们为了革命是怎样艰苦奋斗的。为了建设社会主义，就要艰苦奋斗，就要顾全整体。""凡是思想问题，都是教育问题。要使青年有集体主义思想，有解放全人类的思想，也就是吃苦在前、享乐在后的思想。"④"劳动能改变人的思想。干部参加劳动，有了劳动的习惯就不会变懒，就能以普通劳动者的身份去工作和斗争，与群众的关系就会更加密切。实现领导与技术的结合，促进生产的迅速发展。"⑤他站在国家发展的战略高度，强调全党全国各族人民要克勤克俭，坚持艰苦奋斗，在国际竞争中寻找发展和创新机遇。他还强调脑力劳动和体力劳动相结合。一方面强调体力劳动的独特作用，另一方面强调脑力劳动的创造价值。他指出："为了创造社会主义的幸福生活，没有极艰苦的劳动，是不可能的。我们要参加

① 邓小平. 邓小平文选（第一卷）[M]. 2 版. 北京：人民出版社，1994：281.
② 邓小平. 邓小平文选（第二卷）[M]. 2 版. 北京：人民出版社，1994：262.
③ 邓小平. 邓小平文选（第二卷）[M]. 2 版. 北京：人民出版社，1994：92.
④ 邓小平. 邓小平文集（一九四九——一九七四年）（中卷）[M]. 北京：人民出版社，2014：268-270.
⑤ 邓小平. 邓小平文集（一九四九——一九七四年）（下卷）[M]. 北京：人民出版社，2014：217.

劳动，特别要积极参加工农业生产的体力劳动，因为体力劳动是社会存在和发展的基础，是最大多数人民都要担负的光荣义务。轻视体力劳动的剥削阶级思想的残余，是我们的新社会前进的障碍物。我们的青年团员要不愧成为共产主义的先进战士，就一定要向轻视劳动、特别是轻视体力劳动的思想作斗争，而且要以自己的模范行为带动广大青年群众投身到体力劳动的战线上去。我们要成为建设社会主义的劳动战线上一支值得人民信任的突击力量。""我们希望全国的青年学生努力学习，积极准备参加建设祖国的生产劳动，首先是体力劳动。从事脑力劳动的青年，也应该经过一段时间的体力劳动，这对于他们的德育、智育、体育的全面发展是必要的。"[①]"用艰苦的劳动建设我们的祖国！努力学习马克思列宁主义，学习科学和文化！""要在社会主义建设的胜利史上写下青年们的光辉一页，我们就一定要老老实实，勤勤恳恳，戒骄戒躁，克勤克俭，把一切可以团结的力量团结起来，用艰苦的劳动来创造我们的幸福生活。"[②]

　　第三，江泽民、胡锦涛的劳动育人观。改革开放以来，人民的生活水平逐渐提高，生产的积极性不断增强，江泽民和胡锦涛同志更加关注人在劳动中的主体作用，强调劳动在促进人的全面发展和可持续发展方面的独特作用。一是倡导尊重劳动、保护劳动、尊重人才、尊重创造。着力培养德才兼备的高素质人才队伍，优化劳动者的知识结构，提倡创造性劳动。例如，胡锦涛指出："劳动创造了世界。劳动是人类文明进步发展的源泉。在我们社会主义国家中尤其要使热爱劳动、勤奋劳动、尊重劳动、保护劳动蔚然成风。要尊重和保护一切有益于人民和社会的劳动，尊重和保护一切为我国社会主义现代化建设作出贡献的劳动，努力形成劳动光荣、知识崇高、人才宝贵、创造伟大的时代新风，不断增强全社会的创造活力。"[③]江泽民指出："必须尊重劳动、尊重知识、尊重人才、尊重创造，这要作为党和国家的一项重大方针在全社会认真贯彻。要尊重和保护一切有益于人民和社会的劳动。不论是体力劳动还是脑力劳动，不论是简单劳动还是复杂劳动，一切为我国社会主义现代化建设作出贡献的劳动，都是光荣的，都应该得到承认和尊重。"[④]二是强调劳教结合。江泽民指

　　① 邓小平. 邓小平文选（第一卷）[M]. 2 版. 北京：人民出版社，1994：276-277.

　　② 邓小平. 邓小平文选（第一卷）[M]. 2 版. 北京：人民出版社，1994：278-279.

　　③ 胡锦涛. 在二○○五年全国劳动模范和先进工作者表彰大会上的讲话[N]. 人民日报，2005-05-01（要闻）.

　　④ 江泽民. 全面建设小康社会，开创中国特色社会主义事业新局面——在中国共产党第十六次全国代表大会上的报告[N]. 人民日报，2002-11-18（要闻）.

出："进行教育创新，要坚持教育与社会实践相结合。"①广大青少年儿童不能封闭在书斋里，他们要将所学的科学文化知识应用于服务人民的实践中，要在勤劳奋斗中增长才干、磨炼意志、实现自我价值的提升。三是强调劳动荣辱观。胡锦涛提出"以辛勤劳动为荣"②，"成就任何一项伟业都离不开劳动。要实现全面建设小康社会、进而基本实现现代化的宏伟目标，必须依靠全体人民热爱劳动、勤奋劳动，必须依靠全社会尊重劳动、保护劳动，必须使通过诚实劳动创造美好生活成为亿万人民的共同追求"③。

第四，习近平的劳动育人观。习近平总书记关于劳动教育的相关论述，是对中国特色社会主义教育制度的创新，丰富了中国特色社会主义教育基本理论，为新时代学校劳动教育指明了方向。一是明确了新时代劳动教育的本质。④2013年，习近平在同全国劳动模范代表座谈时的讲话强调："人民创造历史，劳动开创未来。劳动是推动人类社会进步的根本力量。幸福不会从天而降，梦想不会自动成真。实现我们的奋斗目标，开创我们的美好未来，必须紧紧依靠人民、始终为了人民，必须依靠辛勤劳动、诚实劳动、创造性劳动。我们说'空谈误国，实干兴邦'，实干首先就要脚踏实地劳动。"⑤2015年，习近平在庆祝"五一"国际劳动节暨表彰全国劳动模范和先进工作者大会上的讲话强调："无论时代条件如何变化，我们始终都要崇尚劳动、尊重劳动者，始终重视发挥工人阶级和广大劳动群众的主力军作用。""'民生在勤，勤则不匮。'中华民族是勤于劳动、善于创造的民族。正是因为劳动创造，我们拥有了历史的辉煌；也正是因为劳动创造，我们拥有了今天的成就。中国特色社会主义事业大厦是靠一砖一瓦砌成的，人民的幸福是靠一点一滴创造得来的。"⑥2016年，习近平在知识分子、劳动模范、青年代表座谈会上的讲话强调："知识分子是工人阶级的一部分，劳动人民是国家的主人，青年是中国特色社会主义事业接班人、是国家的未来和民族的希望。""实现中华民族伟大复兴，必须依靠知识，必

---

① 江泽民. 在庆祝北京师范大学建校一百周年大会上的讲话[N]. 人民日报，2002-09-09（要闻）.

② 胡锦涛. 牢固树立社会主义荣辱观[N]. 人民日报，2006-04-28（001）.

③ 胡锦涛. 在2010年全国劳动模范和先进工作者表彰大会上的讲话[N]. 人民日报，2010-04-28（002）.

④ 王晓燕，杨颖东，孟梦. 全面加强新时代大中小学劳动教育：习近平总书记关于教育的重要论述学习研究之十三[J]. 教育研究，2023，（1）：4-15.

⑤ 习近平. 在同全国劳动模范代表座谈时的讲话[N]. 人民日报，2013-04-29（002）.

⑥ 习近平. 在庆祝"五一"国际劳动节暨表彰全国劳动模范和先进工作者大会上的讲话[N]. 人民日报，2015-04-29（002）.

须依靠劳动，必须依靠广大青年。"①2018 年，习近平在全国教育大会上的重要讲话强调："构建德智体美劳全面培养的教育体系是我国教育一直以来的努力方向。""要在学生中弘扬劳动精神，教育引导学生崇尚劳动、尊重劳动。"②2019 年，习近平在纪念五四运动 100 周年大会上的重要讲话指出："把青年一代培养造就成德智体美劳全面发展的社会主义建设者和接班人，是事关党和国家前途命运的重大战略任务，是全党的共同政治责任。"③二是深刻阐明了劳动教育的价值，为加强新时代劳动教育指明了方向。2013 年，习近平在同中华全国总工会新一届领导班子成员集体谈话并发表重要讲话时指出："实现中华民族伟大复兴的中国梦，根本上要靠包括工人阶级在内的全体人民的劳动、创造、奉献。"④习近平在同全国劳动模范代表座谈时的讲话指出："人世间的美好梦想，只有通过诚实劳动才能实现；发展中的各种难题，只有通过诚实劳动才能破解；生命里的一切辉煌，只有通过诚实劳动才能铸就。劳动创造了中华民族，造就了中华民族的辉煌历史，也必将创造出中华民族的光明未来。'一勤天下无难事。'必须牢固树立劳动最光荣、劳动最崇高、劳动最伟大、劳动最美丽的观念，让全体人民进一步焕发劳动热情、释放创造潜能，通过劳动创造更加美好的生活。"⑤2015 年，习近平在庆祝"五一"国际劳动节暨表彰全国劳动模范和先进工作者大会上的讲话时指出："我们所处的时代是催人奋进的伟大时代，我们进行的事业是前无古人的伟大事业，我们正在从事的中国特色社会主义事业是全体人民的共同事业。全面建成小康社会，进而建成富强民主文明和谐的社会主义现代化国家，根本上靠劳动、靠劳动者创造。"⑥2017 年，习近平在党的十九大报告中强调："建设知识型、技能型、创新型劳动者大军，弘扬劳模精神和工匠精神，营造劳动光荣的社会风尚和精益求精的敬业风气。"⑦2019 年，习近平在纪念五四运动 100 周年大会上指出：

---

① 习近平. 在知识分子、劳动模范、青年代表座谈会上的讲话[N]. 人民日报，2016-04-30（002）.

② 本报评论员. 努力构建德智体美劳全面培养的教育体系——二论学习贯彻习近平总书记全国教育大会重要讲话精神[N]. 光明日报，2018-09-14（001）.

③ 李立红. 认真学习宣传贯彻习近平总书记在纪念五四运动 100 周年大会上重要讲话精神[N]. 中国青年报，2019-05-08（001）.

④ 本报评论员. 唱响团结职工群众为实现中国梦而奋斗的时代主题[N]. 工人日报，2013-10-29（001）.

⑤ 习近平. 在同全国劳动模范代表座谈时的讲话[N]. 人民日报，2013-04-29（002）.

⑥ 习近平. 在庆祝"五一"国际劳动节暨表彰全国劳动模范和先进工作者大会上的讲话[N]. 人民日报，2015-04-29（002）.

⑦ 习近平. 决胜全面建成小康社会 夺取新时代中国特色社会主义伟大胜利——在中国共产党第十九次全国代表大会上的报告[N]. 人民日报，2017-10-28（001）.

"面对复杂的世界大变局，要明辨是非、恪守正道，不人云亦云、盲目跟风。面对外部诱惑，要保持定力、严守规矩，用勤劳的双手和诚实的劳动创造美好生活，拒绝投机取巧、远离自作聪明。面对美好岁月，要有饮水思源、懂得回报的感恩之心，感恩党和国家，感恩社会和人民。要在奋斗中摸爬滚打，体察世间冷暖、民众忧乐、现实矛盾，从中找到人生真谛、生命价值、事业方向。"[①]2022年，党的二十大报告中强调："尊重劳动、尊重知识、尊重人才、尊重创造"，"在全社会弘扬劳动精神、奋斗精神、奉献精神、创造精神、勤俭节约精神，培育时代新风新貌"，"使人人都有通过勤奋劳动实现自身发展的机会"[②]。2023年，习近平总书记在北京育英学校考察时指出："希望同学们从'学农'中感受到农作的艰辛和农民的不易，从小养成热爱劳动、珍爱粮食、尊重自然的良好习惯，为建设美丽中国作贡献。新时代生态文明建设要从娃娃抓起，通过生动活泼的劳动体验课程，让孩子亲自动手、亲身体验、自我感悟，让'绿水青山就是金山银山'的理念早早植入孩子的心灵。"[③]三是明确了新时代劳动教育的要求。2015年，习近平在庆祝"五一"国际劳动节暨表彰全国劳动模范和先进工作者大会上的讲话中强调："要教育孩子们从小热爱劳动、热爱创造，通过劳动和创造播种希望、收获果实，也通过劳动和创造磨炼意志、提高自己。"[④]2018年，习近平总书记在全国教育大会上又强调："要在学生中弘扬劳动精神，教育引导学生崇尚劳动、尊重劳动，懂得劳动最光荣、劳动最崇高、劳动最伟大、劳动最美丽的道理，长大后能够辛勤劳动、诚实劳动、创造性劳动。"[⑤]因此，应采取适应当前环境和条件的有效措施，加强劳动教育，组织好形式多样的劳动实践，让学生在实践中养成劳动习惯，学会劳动、学会勤俭。[⑥]2023年，习近平总书记在北京育英学校考察时强调："新时代中国儿童应该是有志向、有梦想，爱学习、爱劳动，懂感恩、懂友善，敢创新、敢奋斗，

---

① 汪晓东，王洲. 让青春在奉献中焕发绚丽光彩——习近平总书记关于青年工作重要论述综述[N]. 人民日报，2021-05-04（001）.

② 习近平. 高举中国特色社会主义伟大旗帜　为全面建设社会主义现代化国家而团结奋斗——在中国共产党第二十次全国代表大会上的报告[N]. 人民日报，2022-10-26（001）.

③ 新华社. 习近平在北京育英学校考察[EB/OL].（2023-05-31)[2024-09-04]. https://www.gov.cn/yaowen/liebiao/202305/content_6884003.htm.

④ 习近平. 在庆祝"五一"国际劳动节暨表彰全国劳动模范和先进工作者大会上的讲话[N]. 人民日报，2015-04-29（002）.

⑤ 本报评论员. 努力构建德智体美劳全面培养的教育体系——二论学习贯彻习近平总书记全国教育大会重要讲话精神[N]. 光明日报，2018-09-14（001）.

⑥ 朱之文. 全面落实立德树人大力推进基础教育公平优质发展[J]. 中国教育学刊，2018，（11）：1-7.

德智体美劳全面发展的好儿童。"[1]习近平总书记关于劳动教育的相关论述，开辟了马克思主义劳动教育理论中国化时代化的新境界，指明了新时代劳动教育创新发展的根本方向。[2]

综上所述，社会发展和课程变革往往基于一定的指导思想。乡村学校劳动课程开发中，开发主体会受到自身世界观和价值观的影响。实际上，它们也不可避免地受到哲学思想和社会环境的影响。从客观角度来看，世界各国的学校课程的兴起和发展与其国内有影响力的哲学思想、政治理念等有着密不可分的关系。

第二节　乡村学校劳动课程开发的社会学基础

课程与社会之间的关系非常密切，课程的建设受到社会发展的影响，课程改革也能在一定程度上促进社会发展。社会学理论同哲学理论一样，也可为乡村学校劳动课程带来启发：诠释学理论是一种行动研究理论，能够为乡村学校劳动课程的开发提供理论支撑和深度阐释；符号互动论解释个体与社会之间的互动，在乡村学校劳动课程开发的实践过程中发挥重要作用。[3]学生个体的成长与社会的进步是紧密相连的。人类在社会的每个发展阶段都有着普遍的文化需求，即把社会文化遗产传递给年轻一代。学校教育具有文化功能、政治功能、经济功能。在文化层面，学校教育致力于传递、保存和创新传统文化；在政治层面，学校教育致力于传播主流意识形态，以维护社会稳定、促进社会发展；在经济层面，学校教育致力于培养经济发展所需要的人才，并引导他们形成适应现代经济生活的观念、态度和行为方式等。[4]乡村学校劳动课程承载着保护和传承传统文化的使命，它在很大程度上增强了乡村学校课程的适应性，课程内容既贴近学生的现实生活，也关照学生的未来发展。

---

① 新华社记者. 争当德智体美劳全面发展的新时代好儿童——习近平总书记在北京育英学校的重要讲话引起热烈反响[N]. 人民日报, 2023-06-02（001）.

② 王晓燕，杨颖东，孟梦. 全面加强新时代大中小学劳动教育：习近平总书记关于教育的重要论述学习研究之十三[J]. 教育研究, 2023,（1）：4-15.

③ 靳玉乐. 校本课程开发的理念与策略[M]. 成都：四川教育出版社, 2006：69-75.

④ 施良方. 课程理论——课程的基础、原理与问题[M]. 北京：教育科学出版社, 1996：100.

一、诠释学（行动）理论

诠释学理论也称为行动理论，按照诠释学的思辨观点，在社会学、人类学、文化学研究领域，从行动者自身的观点出发至关重要，行动者就是研究者，研究者就是行动者，行动者自身的观点反映其信念、信仰和行为。诠释学理论最早起源于神学对圣经的解释，后来，欧洲历史学家狄尔泰和哲学家施莱尔马赫把诠释学看作人文学科探索和研究世界的主要工具，之后，诠释学被提升到哲学高度，狄尔泰和施莱尔马赫站在历史的角度理解历史，他们认为，理解不仅是把握文字的意义，还应创造性地诠释过去（历史）所表达的意义，诠释学的这种还原思维，展现了跨越时空的历史的视野。因此，在运用诠释学（行动）理论时，应将其与当下的生活世界联系起来，同时，也应将其与人类文明和历史经验联系起来。

诠释学（行动）理论应用于乡村学校劳动课程开发中，揭示了任何理解都发生在具体的情境中。[①]乡村学校劳动课程开发十分注重教师和学生在理解课程时的情境性，引导学生基于已有经验和现实经验，在生活中进行劳动、学习知识，这不仅可以提高学生学习和劳动的兴趣，而且有助于促进学生的自我成长。同时，基于诠释学（行动）理论，乡村学校劳动课程开发提倡对话式教学，即提倡课程开发者和课程实施者、教师和学生、教师和家长、学生和学生之间的劳动对话，其优势就是课程开发者和课程实施者处于相同的生活空间，或者课程开发者就是课程实施者，在这种情况下，课程开发和实施过程本身成为一个持续的劳动对话过程。这种模式同时促进了教师、学生和家长之间的频繁和深入交流。另外，诠释学（行动）理论主张先见的存在，乡村学校劳动课程引导学生在自己比较熟悉的生活情境中，整体性、沉浸式地感知和体验知识，学会通过劳动解决问题。乡村学校劳动课程实施的重点不在于单纯地教授学生劳动技能，而在于让学生基于先见的经验，在真实的生产劳动或生活劳动中进行体验、反思，并在此基础上建构知识。

二、符号（象征）互动论

符号（象征）互动论可以追溯到 19 世纪后期的哲学论争。康德、黑格尔和杜威等人首创性地开启了社会学的研究；后来社会学家米德创建了符号互动

---

① 靳玉乐. 校本课程开发的理念与策略[M]. 成都：四川教育出版社，2006：71.

论；赫尔伯特·布鲁默对符号互动论进行深化研究，成为符号互动论的集大成者。[①]在布鲁默看来，意识是理解意义的关键所在，人们只有认识到事物存在的意义，才会采取适当的行为，事物的意义是在个体间的互动中形成的，并且只有通过个体的解释和理解，这些意义才能被确定下来。布鲁默还指出，人对他人或者社会做出的反应，并不是一种行为主义的或者机械呆板式的反应，而是一个连续的反应过程，当遇到刺激时，自我会进行反射性诠释，然后才会作出反应，这种反应是社会性的，是一种有意义的交往和互动。

符号（象征）互动论为乡村学校劳动课程开发提供了理论基础，根据这一理论，学生只有意识到劳动课程对他们有意义，才有动力学习和劳动。乡村学校劳动课程开发是一个持续的自我互动和社会互动的过程。就自我互动而言，其课程开发者不可避免地基于自己的价值立场和生活经验确定行动方向；就社会互动而言，课程开发的意义通过自我与他人互动得以显现。在课程实施、评价和改进等阶段，个体互动、社会互动将不断扩展，从而形成更为广阔的思维空间。

第三节　乡村学校劳动课程开发的心理学基础

世界现代课程理论之父拉尔夫·泰勒建议，用教育哲学（办学宗旨）和学习理论（学习心理学）两把筛子对课程内容进行筛选。[②]世界公认的现代教育心理学、科学教育学专家约翰·弗里德里希·赫尔巴特把心理学引入教育学，使心理学成为教育科学的基础学科。心理学、教育学是课程论研究的基础理论，学校课程涉及学生学习什么和如何学习的理论，学生学习什么是教育哲学研究的范畴，学生如何学习是学习理论研究的问题，从这层意义上讲，学习心理学和发展心理学都和学校课程开发有着密切的联系。[③]具体地讲，学习动机理论、建构主义学习理论、多元智能理论等都为乡村学校劳动课程开发提供了理论支撑。

① 靳玉乐. 校本课程开发的理念与策略[M]. 成都：四川教育出版社，2006：72-75.
② 施良方. 课程理论——课程的基础、原理与问题[M]. 北京：教育科学出版社，1996：13.
③ 靳玉乐. 校本课程开发的理念与策略[M]. 成都：四川教育出版社，2006：75.

一、学习动机理论

学习动机理论在教育学领域的应用较为广泛，形成了诸多新理论，如马斯洛的动机理论和赫兹伯格的二因动机理论。一方面，马斯洛根据临床经验研究发现，一旦人的某种基本需求得到满足以后，就会更加注重自我实现的需求。另一方面，赫兹伯格在研究员工的劳动动机时发现，积极的情感跟工作经验和工作内容有关，消极的情感一般跟工作环境或工作背景有关。[①]

从学习动机理论来看，乡村学校劳动课程开发的第一个重要意义在于它让学生、教师和家长参与到课程开发过程中来，通过学校、家庭和社会的共同努力，劳动教育得以广泛推广，从而激发了教师教学的动机、学生学习的动机、家长参与教育的动机，有助于构建劳动学习共同体。乡村学校劳动课程开发的第二个重要意义在于，它给予教师和学生自我实现的机会，在劳动课程开发的过程中，教师和学生并不只是执行者和接受者，他们都是课程的开发者和参与者。乡村学校劳动课程开发为教师专业发展创造了条件，也拓展了学生学习的空间，对于推动教师专业技能的提升和学生全面发展具有重要意义。另外，赫兹伯格的二因动机理论对于乡村学校劳动课程开发也有重要意义，它为劳动课程开发提供了劳动动机理论支撑。在劳动课程开发的过程中，教师和学生体验到创造的乐趣，并得到家庭的支持，这些激励性因素可以有效地激发教师的育人动机、有效地激活学生的成才动机。

二、建构主义学习理论

学习是学生持续不断地主动构建已有知识的过程，乡村学校劳动课程开发与建构主义学习理论有着密切的联系。建构主义内部学派众多，不同学派有各自的观点，也存在一定的共性特征。一方面可以认为，学习不是机械性的反应，通常受到外部环境、学生个人的认知结构、学生的情绪、学生的知识建构能力等多种因素影响，学习不只是学生的感官参与的过程，更是其整个神经系统参与的过程。另一方面可以认为，个体思维发展的方向并不是由个体思维直接迈向社会思维，而是由社会思维向个体思维深化。智能的形成和发展根植于社会文化，而社会互动作为这一过程中的关键环节，为学生成长创造了平台。

建构主义学习理论从不同层面证实了乡村学校劳动课程开发对于学生当

---

① 靳玉乐. 校本课程开发的理念与策略[M]. 成都：四川教育出版社，2006：75-76.

下学习和未来成长的重要性。首先，学习是学生主动建构知识的过程，给学生提供的课程应该贴近他们的生活。乡村学校劳动课程开发正是从学生的现实生活出发，为学生搭建起理论联系实践的桥梁，因此，非常有利于学生知识的建构与经验的生成。其次，强调社会文化环境对学生学习的重要性。乡村学校劳动课程开发把学生的学习和劳动情境相结合，激发学生学习的兴趣，引导学生走近生活、面对现实、适应社会，避免简单的死记硬背和照本抄袭，给学生提供接触自然、参与劳动的机会，使学生快速成长。这跟建构主义提倡的学习和学习的知识应源于社会文化的观点不谋而合。[①]

三、多元智能理论

加德纳认为，智力的一元理论通常聚焦于数理逻辑智能，但是，人获得信息的渠道是多元的。加德纳通过对成功者的观察，以及对脑伤者的研究，认为人的发展至少受七种智能的影响，包括语言智能、数理逻辑智能、空间智能、音乐艺术智能、身体运动智能、人际关系智能、自我认识智能等，各种智能因素在每个人身上的表现程度不同。学校教育坚持立德树人，帮助学生开发和释放其智能，从而引导学生更好地适应生活和服务社会。[②]多元智能理论应用于课程开发的重要意义在于肯定了个体（教师、学生）多种发展和创新成功的可能。多元智能理论强调给予个体多元成功的可能性，乡村学校劳动课程开发为个体提供了这种机会。就教师而言，乡村学校劳动课程开发给予他们展示多元智能的机会，在课程开发的过程中，教师可以充分展现自己的长处和优势。

另外，苏霍姆林斯基强调："劳动具有强大的教育作用。可是，尽管少年的手在干活，但并不能显示出劳动的教育力量。离开了思想教育、智育、德育、美育、情感教育和体育，离开了创造、兴趣和需求，脱离了学生之间多方面联系，劳动就成了学生们的负担，他们想尽量逃避这种负担，以便留下更多的时间去干比较有趣的工作。""少年期形成劳动习惯的时候，同时认识到劳动是重要的精神需求这个作用。少年思考自己在生活中的地位，有意识地竭力表达自己的个性。在少年期，重要的不仅是一个人干了多少活，干得怎么样，重要的是他在想着劳动。""学校生活的智力财富大多取决于智力生活和体力劳动密切结合的程度。""劳动中培养美感的第一个源泉就是创造的美。""劳动

---

① 靳玉乐. 校本课程开发的理念与策略[M]. 成都：四川教育出版社，2006：78.
② 靳玉乐. 校本课程开发的理念与策略[M]. 成都：四川教育出版社，2006：79.

应当成为一种独特的锻炼意志的手段。""每个人都发现了自己的才能——爱劳动，体验到在心爱的工作中取得成就的欢乐，成了能工巧匠，成了创造者，成了真正的人。""我的学生已成为自己祖国的真正儿女：他们懂得，劳动的幸福和社会主义的物质上和精神上的福利是用多么昂贵的代价才给他们这一代换取到。他们珍惜祖国大地上的一草一木，他们准备为社会主义祖国献出自己的生命。这一切对我说来是对我的劳动、对我的那些兢兢业业的白昼和辗转不眠的黑夜的最高奖赏。"[①]通过劳动，学生锻炼了思考能力，提升了认知水平，深入探索世界的奥秘，进而能够改善现实生活。劳动教育是增强学生体质、维护学生身心健康的重要手段，在身体健康方面，劳动教育促使学生在劳动中全身心投入，通过身体各部位的协调运动，有效促进新陈代谢，从而实现强身健体的目标；在心理健康方面，劳动教育帮助学生养成良好的生活习惯，形成积极乐观的生活态度，实现身心协调发展。因此，就学生而言，乡村学校劳动课程开发致力于促进学生德智体美劳全面发展，同时关注学生个体的学习兴趣和实际需求。

第四节　乡村学校劳动课程开发的教育文化学基础

文化，广义上指人类在社会实践过程中所获得的物质、精神的生产能力和创造的物质、精神财富的总和。文化是一种社会现象，它与教育相伴而生，文化赋予教育以社会价值和存在意义，教育赋能文化以生存依据和生机活力。[②]用人类创造出来的文化来解释社会和历史，人类才会真正懂得自己所处的社会以及自己开创的历史。[③]人既是文化的生产者，也是文化的传承者；教育既是文化的一种表现形式，也是文化的重要组成部分。从一定意义上说，教育就是人有目的地传播文化的社会活动，它与文化生产和文化传播有着千丝万缕的联系。[④]我国耕读传家优秀传统文化，不仅是一种教育理念和学习方式，更是理性生活态度和文化修养的体现。耕读教育历史悠久、内涵丰富，它既是我国

---

① 瓦·阿·苏霍姆林斯基. 让少年一代健康成长[M]. 黄之瑞，张佩珍，姚亦飞，等译. 北京：教育科学出版社，1984：338-354.

② 郑金洲. 教育文化学[M]. 北京：人民教育出版社，2000：1.

③ 胡德海. 教育学原理[M]. 3版. 北京：人民教育出版社，2013：4.

④ 郑金洲. 教育文化学[M]. 北京：人民教育出版社，2000：95.

优秀传统文化的体现，也是人们追求理想生活的价值导向。2018 年 2 月，《中共中央　国务院关于实施乡村振兴战略的意见》指出："切实保护好优秀农耕文化遗产，推动优秀农耕文化遗产合理适度利用。深入挖掘农耕文化蕴含的优秀思想观念、人文精神、道德规范，充分发挥其在凝聚人心、教化群众、淳化民风中的重要作用。"①2021 年 2 月，《中共中央　国务院关于全面推进乡村振兴加快农业农村现代化的意见》指出："开展耕读教育。""深入挖掘、继承创新优秀传统乡土文化，把保护传承和开发利用结合起来，赋予中华农耕文明新的时代内涵。持续推进农村移风易俗。"②2022 年 2 月，《中共中央　国务院关于做好二〇二二年全面推进乡村振兴重点工作的意见》指出："启动实施文化产业赋能乡村振兴计划。""完善耕读教育体系。"③耕读教育植根于耕读传家思想，强调人们在追求物质生活满足的同时，进一步丰富精神生活、深化理性学识。耕读教育既是弘扬耕读传家文化的重要抓手，也是加强学校劳动教育的重要载体。本书通过深入分析乡村学校劳动课程开发，试图倾力讲好中国耕读传家故事，感悟耕读传家文化的存在形态和本质，准确把握耕读教育的深刻内涵和价值空间，积极探索新时代耕读教育的新模式和新路向，激发人们对耕读的热情和创造活力，为劳动教育注入丰富文化内涵，为乡村振兴提供文化源泉。

一、耕读教育的时代内涵

耕读传家，"耕"的本义是指犁田和农耕，意为勤奋劳动；"读"的本义是指读书和学习，意为刻苦求知。在中国古代，农耕与礼教交织，耕读传家不仅是一种生活方式，更是一种价值追求。它超越了简单的文化象征，成为一种深植人心、影响深远的精神信仰。耕读传家包含世界观，蕴含育人观，是古人治国理政、传家继世的智慧精髓。

重拾耕读传家理念，不仅是对传统文化的继承，也是对时代精神的回应与重塑。耕读教育是中华文明延续的文化符号，也是乡村学校劳动课程开发的思

---

① 新华社. 中共中央　国务院关于实施乡村振兴战略的意见[EB/OL]. （2018-01-02）[2018-02-04]. https://www.gov.cn/gongbao/content/2018/content_5266232. htm.

② 新华社. 中共中央　国务院关于全面推进乡村振兴加快农业农村现代化的意见[EB/OL]. （2021-01-04）[2021-02-21]. https://www.gov.cn/gongbao/content/2021/content_5591401.htm.

③ 新华社. 中共中央　国务院关于做好二〇二二年全面推进乡村振兴重点工作的意见[EB/OL]. （2022-01-04）[2022-02-22]. https://www.gov.cn/gongbao/content/2022/content_5678065.htm.

想遵循。耕读教育突出"耕"与"读"之间的彼此关联①，它是"耕"与"读"相互激发和共同创造的过程。耕读教育强调身体力行的劳动体验，旨在培养学生的实践动手能力以及吃苦耐劳和勤俭节约的品质。耕读教育有利于提升师生的道德认知和文化修养，它将知识技能传授和意识形态教育有机融合，以一种潜移默化的方式促进师生全面发展。

二、耕读教育的价值空间

耕读传家实践创造物质财富，是生产生活、社会发展和国家进步的经济源泉；耕读传家文化信仰生成精神财富，蕴含着古人见贤思齐和崇德向善的传统美德与思想源泉。耕读教育是弘扬耕读传家文化的抓手，不仅为劳动教育赋予文化内涵，而且也为乡村振兴提供精神动力，同时也是加强学校劳动教育的载体。

（一）耕读教育是弘扬耕读传家文化的抓手

农耕文明是中华民族的文化根基，耕读传家文化植根于农耕文明。耕读传家文化作为乡土中国的文化符号，已经深入人心、融入血脉。耕读传家文化是美丽乡村的生动写照，描绘了乡村淳朴自然、勤劳和谐、恬淡朴素的人文风貌；记录了春天播种、夏天耕耘、秋天收割、冬天储藏，日出而作、日落而息，晴天耕作、雨时读书的诗意生活。耕读传家文化不仅是一种既"耕"且"读"的生活方式，更是高尚情操、价值追求与文化修养的体现，至今仍对人们的生活产生积极的影响。②人类文化的传递与继承关乎人类的生存与发展，教育在传播和创造文化过程中扮演重要角色。耕读教育致力于实现立德树人的根本目标，注重文化传播与思想引领的有效衔接，引导师生树立知农、爱农的理想信念，激励师生肩负起强农、兴农的责任，为劳动教育赋予文化内涵，为乡村振兴提供精神动力。

耕读教育为劳动教育赋予文化内涵。耕读传统思想观念在春秋时期就已经存在，耕读教育形态在宋代确立。③乡村振兴战略为耕读教育赋予新的时代内涵，耕读教育为耕读传家文化注入了新的生机和时代活力。耕读教育将勤奋淳朴、刻苦求知等传统的耕读文化精神与现代劳动精神、劳模精神、工匠精神等

---

① 林万龙. 耕读教育十讲[M]. 北京：高等教育出版社，2021：前言.

② 丛立新. 课程论问题[M]. 北京：教育科学出版社，2000：272.

③ 程民生. 论"耕读文化"在宋代的确立[J]. 社会科学战线，2020，（6）：93-102.

结合起来，丰富和发展了劳动教育的文化内涵，推动了传统教育观念与现代育人方式的有机结合。

耕读教育为乡村振兴提供精神动力。就文化本身而言，耕读传家文化是一种精神意志的抽象表达，只有附着于一定的实践行为，才能彰显和洋溢它的时代活力。耕读教育实践不仅是耕读传家文化传承创新的外在表现形式，更是涵养乡土文明、淳化乡村民风、厚植乡村情怀的内生动力。耕读教育重新定义耕读传家文化的时代价值，为乡村振兴提供精神动力。具体地讲，即耕读教育推进乡村振兴、耕读传家文化赋能乡村振兴。

（二）耕读教育是加强学校劳动教育的载体

耕读教育的使命具有多元性，包括培养耕读观念和意识、养成耕读习惯和品质、塑造耕读情感和态度、传授耕读知识与技能、激发耕读思维与创造力等教育目标，以及耕读树德、耕读增智、耕读健体、耕读审美等育人指向。耕读教育有利于引导师生弘扬艰苦朴素的传统美德，帮助他们养成砥砺前行、积极进取的奋斗精神，鼓励他们树立远大的理想和抱负，投身乡村振兴的伟大事业。

要准确把握耕读教育的内涵。树立正确的劳动价值观念，是新时代劳动教育的核心内涵。耕读教育坚持立德树人的根本任务，继承并发扬中华民族勤奋淳朴、敬业奉献的优良传统，秉持勤俭奋斗、砥砺奋进的劳动精神，践行"亦耕亦读""勤耕重读"的思想观念，积极倡导"从课间到田间"[1]、"把学习从课堂延伸到自然"等耕读教育实践理念，鼓励中小学在田间地头开展劳动教育课程改革，让学生"在希望的田野上"倾听耕读文化故事、理解耕读精神，在祖国大地上做学问、长见识。

要掌握生产劳作的知识技能。知识是课程的文化基石，课程理论始终聚焦于探讨"什么知识最有价值"和"谁的知识最有价值"等问题。[2]随着以自然科学为体系的现代知识框架被解构，曾被遗忘的文化遗产成为可以筛选的课程资源。[3]课程是传播文化的重要载体，以及传授和学习知识技能的渠道。耕读教育将农业生产与文化教育相融合，使学生在了解耕读价值观念的同时，掌握一定的生产劳作知识技能，如学习和了解物候节气、农具农资、栽培技术、田间管理方法、种业振兴战略等，这既有利于提升师生知农、爱农的价值素养，

---

① 李全宏. 从课间到田间：山西农业大学推行耕读教育见闻[N]. 山西日报，2022-03-28（011）.

② 蒋建华. 知识·权力·课程——政策视野中的课程研究[M]. 北京：教育科学出版社，2010：103.

③ 石中英. 知识转型与教育改革[M]. 北京：教育科学出版社，2001：322.

也有利于增强师生生产劳作的实践能力。

要养成良好的耕读习惯。耕读习惯既是劳动教育的内在要求，也是耕读教育的外在表现。耕读习惯需要在劳动和求知的过程中内化生成，在实践反思中不断巩固。从内在逻辑上讲，耕读教育让师生在生活和学习的过程中养成耕读习惯，体会到耕读文化的意义，进而生成乡村情怀；从外在实践方面来看，耕读教育使师生的耕读习惯得以巩固，激发了师生劳动创造的热情，为他们投身"三农"事业提供了动力。总之，开展耕读教育实践活动，有利于师生养成良好的耕读习惯，把劳作的疲惫内化为精神营养，把理想信念转变为责任情怀。同时，良好的耕读习惯引导师生树立勤奋工作、努力学习的人生态度，激励师生追求潜心学问、静心读书的惬意生活，对促进教师专业发展和学生全面发展都具有重要的作用。

三、耕读教育理念的实践路向

重拾耕读教育理念是时代选题和教育指向。从文化学的角度讲，组织开展耕读教育实践活动，有利于推进乡村文化繁荣，为乡村振兴提供文化源泉和精神动力。从教育学的角度讲，耕读教育活动有利于净化学生心灵，促进学生身心健康成长、道德情感生成、人格养成。发展和完善耕读教育，至少需要从以下方面不断推进：一是讲述中国传统耕读文化故事或典型案例；二是挖掘和筛选耕读文化元素，开发耕读教育课程资源；三是建设耕读教育实践基地，拓展耕读教育课堂空间。

（一）讲述中国传统耕读文化故事或典型案例

课堂研究的价值不仅在于为原创性教育理论提供源头活水，而且在于以理论创新推动教育实践的不断变革。[①]翻转课堂是班级授课制的转型升级，拓宽了课堂空间，颠覆了教学结构。[②]在具体教学实践中，首先，可以树立学校课堂就是耕读论坛和讲堂空间的理念。耕读文化是课程思政元素，乡村振兴也是课程思政元素。在耕读思政课堂讲述中国传统耕读文化故事，显得更接地气、更为鲜活。其次，可以创办耕读课程思政论坛和讲堂，开展系列文化论坛和学

① 王鉴，宋生涛. 课堂研究价值定位：以理论创新推动实践变革[J]. 教育研究，2013，（11）：92-96.
② 宋生涛，杨晓萍. 翻转课堂的基本原理与教学形态[J]. 西北师大学报（社会科学版），2018，（2）：98-104.

术讲座活动。例如，可以在耕读思政课堂讲述这样的典型案例："培育'东方魔稻'的袁隆平、筑梦量子前沿科技的潘建伟、化作星辰伴'天眼'的南仁东……，让中国科技从'跟跑者'变为'同行者'甚至是'领跑者'。"[①] "袁隆平院士被誉为'杂交水稻之父'，一生致力于杂交水稻技术的研究、应用与推广，长期奋战在农业第一线。袁隆平常说自己有两个梦想，一是禾下乘凉梦，一是杂交水稻覆盖全球梦。如今，水稻高产的梦想变成现实，杂交水稻也在印度、越南、菲律宾、美国、巴西等国家大面积种植。面对外国人'21世纪，谁来养活中国人'的质疑，袁隆平决心向'饥饿恶魔'挑战；为了实现梦想，袁隆平从未停止探索的步伐，让外国人惊叹'引导我们走向一个营养充足的世界'。这是中国科学家对人类、对世界的贡献，也是对历史、对文明的贡献。" "科学家来自人民、植根人民，坚守着奉献国家、服务人民的底色。1953年，23岁的袁隆平立下誓言：'要解决粮食增产问题，不让老百姓挨饿'。这位'看上去更像农民'的科学家，'不在家，就在试验田；不在试验田，就在去试验田的路上'，真正把论文写在了祖国的大地上，让中国人的饭碗牢牢端在自己手中。"[②] 在耕读教育思政论坛和讲堂平台讲述和深描劳动模范、大国工匠、乡贤乡绅等人物事迹，宣讲在中华人民共和国成立、改革开放、脱贫攻坚和乡村振兴进程中涌现出的典型人物和生动故事，这有助于师生坚定耕读理想信念，明确耕读责任使命，勤奋工作、努力学习，唤起对乡村的深厚情感，从而积极投身于乡村振兴的伟大事业。这种耕读教育方式不仅有助于促进学术研究的繁荣，而且有助于弘扬传统文化。

（二）挖掘和筛选耕读文化元素，开发耕读教育课程资源

文化既是民族的血脉，也是人类智慧的结晶。[③] 耕读文化是中华优秀传统文化的重要组成部分，它是古人留给后人的文化遗产，是推动人类社会进步的教育智慧。耕读文化是我国几千年农耕文明的产物，是耕读教育的重要课程资源。课程资源并非课程知识本身，要经过哲学、教育学、心理学和文化选择工程的冶炼和加工。[④] 通过文化解释、科学论证、调查研究、知识选择等程序，

① 本报评论员. 为中国人民迸发出来的创造伟力喝彩——习近平主席2018年新年贺词启示录[N]. 人民日报，2018-01-02（001）.

② 李洪兴. 心中时刻装着国家和人民[N]. 人民日报海外版，2021-05-24（004）.

③ 于凌. 东北农耕文化[M]. 北京：社会科学文献出版社，2018：1.

④ 宋生涛. 传统文化学前教育课程开发的理论与实践[M]. 北京：民族出版社，2019：207.

不断挖掘耕读文化元素，筛选耕读教育课程资源，在开展耕读教育主题活动的实践中，选择耕读知识和技能，确立耕读文化研究选题和教育教学主题。其一，以"中国碗装中国粮"为主题，挖掘粮食安全课程思政元素。"2018 年 9 月，在黑龙江农垦建三江管理局七星农场的北大荒精准农业农机中心，习近平总书记双手捧着一碗大米意味深长地说道：'中国粮食！中国饭碗！'"①"洪范八政，食为政首。习近平总书记指出：'要牢牢把住粮食安全主动权，粮食生产年年要抓紧。''对我们这样一个有着 14 亿人口的大国来说，农业基础地位任何时候都不能忽视和削弱，手中有粮、心中不慌在任何时候都是真理'。"②粮食事关国运民生，粮食安全是国家安全的重要基础。粮食安全既是一个需要深刻思考的问题，也是日常生活中必须面对的现实问题。开展粮食安全教育活动，既是开展耕读教育的应有之义，也是完善耕读教育体系的时代要求，对提高师生知农、爱农价值素养，增强其强农、兴农使命感，都具有重要的时代意义和价值。其二，以"耕读传家"为主题，弘扬我国耕读传家优秀传统文化。例如：在"耕读传家"文化教育主题实践活动中，解释耕读传家文化，注重挖掘圣人先贤、劳动模范、大国工匠、农业科学家等耕读教育课程资源，讲述人物事迹，将"耕以致富，读能荣身"的生活理想和"胸怀天下，振兴中华"的崇高追求有效衔接，引导师生勤奋工作、努力学习，把劳动精神转化为价值追求，使师生准确把握耕读教育的本质和内涵。其三，以"在希望的田野上"为主题，唱出激情和活力。歌曲是艺术的表现方式，具有教化功能和审美价值。《在希望的田野上》这支时代赞歌内涵非常丰富，旋律极为优美，易于群众传唱，影响较为深远。③"《在希望的田野上》唱的是觉醒的新农村，实际上是歌颂了整个神州大地新的腾飞。这首'农村歌曲'应不同于以往那种常见的模式，单纯运用民歌小调已远远不够了，要找到 80 年代新农村的特点。""《在希望的田野上》唱出了改革开放新时期亿万人民的心声，激励着一代代中华儿女在这歌声中奋发进取，成为讴歌新中国历史成就最为精彩华丽的声乐经典和名垂史册的时代华章，是当之无愧的'20 世纪华人音乐经典'。"④因此，记忆和

---

① 于文静. "中国人的饭碗任何时候都要牢牢端在自己手上"——习近平重视粮食安全的故事[N]. 人民日报，2021-07-05（001）.

② 高云才，郁静娴. "手中有粮、心中不慌在任何时候都是真理"——今年夏粮再获丰收，预计单产提高 3 公斤，产量再创历史新高[N]. 人民日报，2021-07-13（011）.

③ 李欣. 略论爱国歌曲的社会功能[J]. 理论探索，2013，（1）：35-37.

④ 郭克俭. 希望在田野上萌发——歌曲《在希望的田野上》诞生记[EB/OL].（2019-09-30）[2019-09-30]. https://news.gmw.cn/2019-09/30/content_33199729.htm.

重唱《在希望的田野上》这首歌曲，可以激励师生树立勤耕重读理想信念，激发师生参与乡村振兴的热情，引领师生"在希望的田野上"成就人生、实现梦想、立志报国。其四，以"扣好人生的第一粒扣子"为主题，鼓励学生参与家庭劳动，培养学生的劳动观念和劳动素养。"《家庭要帮助孩子扣好人生的第一粒扣子》是 2016 年 12 月 12 日习近平同志在会见第一届全国文明家庭代表时讲话的一部分。指出，家庭是人生的第一个课堂，父母是孩子的第一任老师。家庭教育最重要的是品德教育，是如何做人的教育。广大家庭都要重言传、重身教，教知识、育品德，身体力行、耳濡目染，帮助孩子扣好人生的第一粒扣子，迈好人生的第一个台阶。"①劳动教育的本质在于弘扬勤奋精神、树立劳动观念、培育劳动素养。耕读教育为家庭劳动教育提供文化源泉。通过将耕读传家思想所蕴含的历史、文化和社会价值转化为耕读教育的生动教学内容，师生能更深刻地领悟耕读文化的内涵，从而端正劳动态度，养成劳动与阅读的习惯。

（三）建设耕读教育实践基地，拓展耕读教育课堂空间

任何教育活动都必须在一定的时空条件下进行，这个时空就是有形的和无形的特定的学习环境。②耕读教育将生产劳动与学习文化相结合，推动传统文化与时代精神有效衔接。把耕读教育实践基地当教室，把田间地头当课堂，师生在接受文化洗礼的同时，也能体验劳动的辛苦与快乐。例如："云阳县教委与重庆幼儿师范高等专科学校举行科研服务合作框架协议签字仪式，在云阳梨园校区成立了劳动教育研究中心，为 3 所学校（云阳县南溪中学校、云阳县天景初中、云阳县龙角小学）分别授牌'耕读教育劳动课程开发研究基地''云阳县劳动课程开发试点学校'。""云阳县南溪中学校结合书院文化，初步构建了'耕读书院'中国书院文化劳动课程……云阳县天景初中结合面坊文化，初步构建了'云阳面坊'地方文化劳动课程……云阳县龙角小学结合节气文化，初步构建了'农耕节气'校本文化劳动课程。"③建设耕读教育实践基地，有助于拓展中小学耕读教育课堂空间，营造勤耕重读氛围，以此引导学生勤奋劳动、刻苦读书，努力培养德智体美劳全面发展的社会主义建设者和接班人。

---

① 习近平同志《论党的青年工作》主要篇目介绍[N]. 人民日报，2022-06-22（002）.
② 李秉德，李定仁. 教学论[M]. 2 版. 北京：人民教育出版社，2001：12.
③ 陈冬梅，李保宣，吴丽霞，等. 把课堂搬到田间地头 把论文写在乡村大地——重庆幼儿师范高等专科学校携手云阳县教委共谱劳动教育新篇[N]. 重庆日报，2022-11-04（008）.

第四章　乡村学校劳动课程开发的目标确定

　　课程研究就是要研究课程的理论和方法，需要回答以下问题。一要回答：为什么教？课程研究者需要分析和制定教育目标。二要回答：教些什么？课程研究者需要针对教育目标，确定教学内容。三要回答：怎样选择要教的东西？课程研究者需要了解受教育者的身心发展情况和社会的现实需要，选择恰当的教材。四要回答：怎样组织才最为有效？课程研究者需要了解受教育者的学习心理，适当地排列教材。五要回答：根据什么标准和原则编订课程？课程研究者必须探讨课程编订的规律。六要回答：由谁来选择和编订课程？课程研究者应当根据教育科学研究的结果参与课程的编订。七要回答：怎样评价课程？课程研究者应当根据教育目标，针对现行课程，编制教育测量工具，对课程进行科学的评价。[①]泰勒在 1949 年出版的《课程与教学的基本原理》一书，被视为现代课程理论的奠基石，是现代课程研究领域最有影响力的理论著作之一。泰勒在该书中提出了课程开发的四个问题。即学校应该达到哪些教育目标？提供哪些教育经验才能实现这些目标？怎样才能有效地组织这些教育经验？我们怎样才能确定这些目标正在得到实现？这四个基本问题，通常被看作课程编制过程的四个步骤或阶段，即确定目标、选择经验、组织经验、评价结果。这就是"泰勒原理"。其中，确定目标最为关键，所以"泰勒原理"也被称为"目标模式"或"理性设计模式"。[②]泰勒认为："必须在考虑这个设计模式的其它部分之前，指定出或详细说明这样的目标（或者说，目标是提前指定的）""根据这些目标，对提供给学生的学习经验进行选择"[③]。教育目标通常有三个来源：一是对学生的研究；二是对当代社会生活的研究；三是学科专家的建议。泰勒建议，要使用教育哲学（办学宗旨）和学习理论（学习心理学）这两把筛子，对提议的教育目标进行过滤。泰勒课程研究范式至今在课程领域中仍占有

---

① 陈侠. 课程论[M]. 北京：人民教育出版社，1989：16.
② 菲利浦·泰勒，科林·理查兹. 课程研究导论[M]. 王伟廉，高佩译. 北京：春秋出版社，1989：47-48.
③ 菲利浦·泰勒，科林·理查兹. 课程研究导论[M]. 王伟廉，高佩译. 北京：春秋出版社，1989：48.

支配地位。①如果说"目标模式"植根于行为主义心理学，那么"环境模式"则植根于文化分析。②有研究认为，情境模式（或环境模式）立足于广阔的文化学视野。③本书参考"生境理性嵌套模式"开展实践研究。④

第一节　乡村学校劳动课程目标的含义、特点和功能

课程目标是课程开发的出发点和归宿，课程目标不仅制约着课程设计的方向，而且是选择和组织课程内容的依据，还是拟定课程评价准则和指标的参考，它在课程运行和建设过程中发挥着重要的取向、指向和导向作用。⑤

一、乡村学校劳动课程目标的含义

教育目标的术语较多，主要有教育方针、教育目的、培养目标、教学目标等。课程目标与之既存在密切的联系，又具有明显的差异。教育方针是国家或政党在一定历史阶段提出的有关教育工作的总的方向和总的指针，是国家教育基本政策的总概括，它既确定教育事业的发展方向，也是指导整个教育事业发展的战略原则和行动纲领，具有全局性和框架性的指导意义。2018 年 9 月 10日，习近平总书记在全国教育大会上指出："'培养德智体美劳全面发展的社会主义建设者和接班人'，在全国教育大会上，习近平总书记站在党和国家事业发展全局的战略高度，指明了教育工作的根本任务、教育现代化的方向目标，明确了培养社会主义建设者和接班人六个方面的重点任务，是坚持立德树人的重要认识论和方法论，为加快推进教育现代化、建设教育强国提供了根本遵循。"⑥党的二十大报告指出："教育是国之大计、党之大计。培养什么人、怎样培养人、为谁培养人是教育的根本问题。育人的根本在于立德。全面贯彻党的教育方针，落实立德树人根本任务，培养德智体美劳全面发展的社会主义

① 施良方. 课程理论——课程的基础、原理与问题[M]. 北京：教育科学出版社，1996：13-14.
② 菲利浦·泰勒，科林·理查兹. 课程研究导论[M]. 王伟廉，高佩译. 北京：春秋出版社，1989：61.
③ 李定仁. 西北民族地区校本课程开发研究[M]. 北京：民族出版社，2006：61.
④ 宋生涛. 传统文化学前教育课程开发的理论与实践[M]. 北京：民族出版社，2019：54.
⑤ 靳玉乐. 课程论[M]. 北京：人民教育出版社，2012：170.
⑥ 本报评论员. 全力培养社会主义建设者和接班人——论学习贯彻习近平总书记全国教育大会重要讲话[N]. 人民日报，2018-09-15（004）.

建设者和接班人。"①这一教育方针规定了我国教育的性质、目的、任务、功能及其实现路径，是新时代我国教育事业发展的指导思想。

　　教育目的是一定社会对教育所要造就的社会个体的质量规格的总的设想或规定，它反映一定社会对受教育者的要求，是教育工作的出发点和最终目标，也是制定教育目标、确定教育内容、选择教育方法、评价教育效果的根本依据。为了确保教育目的得到正确的贯彻落实，就需要根据各级各类学校的实际情况予以具体化，即要明确培养目标。培养目标是对各级各类学校的具体培养要求，是根据国家的教育目的和各级各类学校的性质及任务对培养对象提出的特定要求。为了确保培养目标的实现和课程编制工作的切实有效，还必须把培养目标落实到学校所设置的课程中，即要确定课程目标。②

　　课程目标是一定教育阶段的学校课程力图促进该阶段学生的身心发展所要达到的程度，是特定阶段的学校课程所要达到的结果。课程目标是指导整个课程编制过程最为关键的准则，它既是课程编制的起点，也是课程编制的终点，具体体现了课程开发与设计中的教育价值，但课程目标的实现仍然需要落实到具体的教育教学活动中，即要规定教育教学活动目标。通常情况下，教育教学活动目标也称为教学任务，是指教师教学和学生学习的目标，是每个单元、每一节课，以及每一个教学环节、每一次教学活动所应该达到的具体目标，它是课程目标的进一步具体化，是指导、实施和评价教学的基本依据。③

　　《义务教育劳动课程标准（2022年版）》指出："劳动课程是实施劳动教育的重要途径，具有鲜明的思想性、突出的社会性和显著的实践性，在劳动教育中发挥主导作用。"④乡村学校劳动课程以丰富开放的劳动项目为载体，重点是有目的、有计划地组织学生参加日常生活劳动、生产劳动和服务性劳动，让学生动手实践、出力流汗，接受锻炼、磨炼意志，培养学生正确的劳动价值观和良好的劳动品质。乡村学校劳动课程目标是学生通过劳动课程的学习所要达到的学习结果，是劳动课程育人价值的集中体现。

　　① 习近平. 高举中国特色社会主义伟大旗帜　为全面建设社会主义现代化国家而团结奋斗——在中国共产党第二十次全国代表大会上的报告[N]. 人民日报，2022-10-26（001）.
　　② 靳玉乐. 课程论[M]. 北京：人民教育出版社，2012：172.
　　③ 靳玉乐. 课程论[M]. 北京：人民教育出版社，2012：172.
　　④ 教育部. 义务教育劳动课程标准（2022年版）[S]. 北京：北京师范大学出版社，2022：4.

二、乡村学校劳动课程目标的特点

乡村学校劳动课程目标具有以下几个鲜明的、显著的特点。

（一）预设性和生成性

乡村学校劳动课程目标是学生发展状态的理想性规划，课程目标是可以预设的。学生的学习是有意识、有目的、有计划、有节奏、有阶段的行为，在乡村学校劳动课程实施之初，应有基本的规划和要求，这是每一个学生必须达到的，否则难以保证教育质量。学生具有主体性和创造性，学生的发展也会受到所处的环境与课堂情境的影响，所以课程目标也会随着课程的实施而自然出现和自主生成，形成个性化的目标体系。因此，乡村学校劳动课程目标是预设目标和生成目标的统一，预设目标为生成目标指明了方向，而生成目标是预设目标的拓展和延伸。在乡村学校劳动课程实施过程中，预设课程目标和生成课程目标是相辅相成的，二者共同促进学生的全面发展。[①]

（二）客观性和主观性

乡村学校劳动课程目标不是由个人随意构想和设计的，课程目标要反映社会的政治、经济、文化和科技发展的需要，要有现实的内容。因此，它具有客观性，即其内容是客观的，是对现实的反映。然而，课程目标是由课程编制者制定的，课程编制者的认知不同，所依据的标准不同，所持有的教育观和课程观不同，所制定的课程目标也会不同。因此，课程目标又具有主观性，即其形式是主观的。所以，乡村学校劳动课程目标是客观内容和主观形式的统一。[②]

（三）灵活性和稳定性

乡村学校劳动课程目标既是其课程编制和实施的出发点，也是其课程评价的尺度和参考标准，因此，课程目标一旦制定出来，在一定时期内就要保持稳定，以确保课程实施有明确的指导原则。但是，课程目标的稳定是相对的，随着社会的发展和课程理论与实践的不断丰富，课程目标的客观要求会不断提高，课程编制者对课程目标的主观认识也会不断深化，课程目标的客观内容和主观形式也相应地发生变化。因此，在乡村学校劳动课程实施过程中，课程目标会

---

① 靳玉乐. 课程论[M]. 北京：人民教育出版社，2012：173.
② 靳玉乐. 课程论[M]. 北京：人民教育出版社，2012：173-174.

随着社会的发展和课程编制者认识的深化而不断调整和更新。①

（四）系统性和层次性

乡村学校劳动课程目标要对学生的身心发展作出全面的规定，但学生身心发展是一个复杂且完整的系统，包括认知、情感和实践三个子系统。因此，乡村学校劳动课程目标不能是单一的，必须对学生身心发展的各个子系统作出明确且具体的规定，要具有系统整体性。另外，由于学生的身心发展情况不同，知识也有难易之别，乡村学校劳动课程目标系统中的各个子目标并不是都处在同一个层面，而是分层次的。较高层次目标的实现要以较低层次目标的实现为基础，较低层次目标则是较高层次目标的分解或者具体化。当然，也需要指明，乡村学校劳动课程目标的实现不是一蹴而就的，它是一个循序渐进的过程，总是要经历由低级到高级、由简单到复杂的发展过程，最终实现预设和生成的育人目标。因此，可以认为，乡村学校劳动课程目标不是一个"平面结构图"，而是一个"立体施工图"，具有显著的层次性。②

（五）时序性和操作性

乡村学校劳动课程目标要同特定的教育阶段相联系，指向一定的对象范围并需要在一定的时限内达成，具有年龄学段和学期学年的规定性。只有明确了时限规定，才能督促教师和学生按时完成教学和学习任务，如期完成课程目标。而且，需要说明的是，乡村学校劳动课程目标不同于教育目的，它不是一般性的规划，它所描述的学生身心发展的结果与学生所要达到的发展水平必须是明确的，并可以付诸实践。③在制定乡村学校劳动课程目标时，应注重给学生提供在学习和生活中动手实践、出力流汗、接受锻炼、磨炼意志的机会，注重培养学生正确的劳动价值观和良好的劳动品质。

三、乡村学校劳动课程目标的功能

"泰勒的课程建设原理是以目标为中心的。在他看来，课程目标不仅仅是对学生应该如何行为的方式的陈述，用最精确的方式陈述目标，也是为了更清

---

① 靳玉乐. 课程论[M]. 北京：人民教育出版社，2012：174.
② 靳玉乐. 课程论[M]. 北京：人民教育出版社，2012：174.
③ 靳玉乐. 课程论[M]. 北京：人民教育出版社，2012：174.

楚地告诉我们课程与教学成功与否。"①课程目标的各个维度有着共同的功能，即通过明确课程目标，提示旨在达到目标的内容与方法，并使这一目标成为课程评价的一种标准。②乡村学校劳动课程目标至少包括以下四个方面的功能。

（一）具有课程导向功能

乡村学校劳动课程目标是其课程设计与实施的方向和标准。可以认为，整个课程设计与实施过程都要受到课程目标的指导和支配，课程设计与实施也是为了达到课程目标而展开的。如果课程目标科学或合理，则有助于指导课程设计和实施，使教学活动更加高效和有针对性；相反，如果课程目标模糊或有误，将对课程设计和实施产生不利影响，可能导致教学活动偏离正确的方向。③

（二）具有课程调控功能

乡村学校劳动课程目标一经确定，就对课程的设计与实施产生调控作用。乡村学校劳动课程目标规范和引导课程设计者的思想行为，使之按照要求设计出理想和科学的课程。同时，乡村学校劳动课程目标制约着课程实施者和接收者的教学行为，使之取得理想的教学效果。另外，乡村学校劳动课程目标的调控作用还表现在总体目标对具体目标、学段目标的规范和制约上。④

（三）具有课程中介功能

乡村学校劳动课程目标的中介功能主要表现在以下两方面。一方面，其课程目标是学校课程同社会需要产生联系的纽带。社会有什么样的需要，就会对学校课程提出相应的要求，这些要求经过课程开发者的整理和加工成为课程目标的基本要素。例如：2020 年 3 月，《中共中央国务院关于全面加强新时代大中小学劳动教育的意见》指出："近年来一些青少年中出现了不珍惜劳动成果、不想劳动、不会劳动的现象，劳动的独特育人价值在一定程度上被忽视，劳动教育正被淡化、弱化。对此，全党全社会必须高度重视，采取有效措施切实加强劳动教育。"⑤因此，乡村学校劳动课程目标反映国家和社会需要，反映社

---

① 拉尔夫·泰勒. 课程与教学的基本原理[M]. 施良方译. 北京：人民教育出版社，1994：38-39.
② 钟启泉. 现代课程论（新版）[M]. 2 版. 上海：上海教育出版社，2006：349.
③ 靳玉乐. 课程论[M]. 北京：人民教育出版社，2012：175.
④ 靳玉乐. 课程论[M]. 北京：人民教育出版社，2012：175.
⑤ 中共中央国务院关于全面加强新时代大中小学劳动教育的意见[N]. 人民日报，2020-03-27（001）.

会政治、经济、文化等对学校课程的客观要求，并成为把这些客观要求转化为课程要素的中介。另一方面，乡村学校劳动课程目标是其课程系统内部各要素之间的联系点。课程目标能够将课程设计与课程实施活动中的各个要素有机地联系起来，构成一个复杂而有序的系统整体，从而不断提高乡村学校劳动课程的育人效果。[①]

（四）具有课程评价功能

乡村学校劳动课程目标作为课程本身所要达成的结果，可以为课程的测量、推进、调整、验证提供科学依据。通常情况下，课程目标包括行为侧面和内容侧面。乡村学校劳动课程评价，一方面以内容侧面为依据，主要评价学生是否已经掌握课程设计与实施过程中所选择的事实、技能和知识等；另一方面以行为侧面为依据，主要考查学生的心理能力、品质、行为方式等是否产生了预期的变化。可见，乡村学校劳动课程目标可以为其课程评价提供客观与主观依据，从而发挥评价作用。[②]

第二节　乡村学校劳动课程目标的来源、筛选和维度

确定课程目标是课程开发的关键环节，它把教育目的和培养目标转化为课程目标，以此指导整个课程编制过程，最终使课程内容成为学生的学习经验。

一、乡村学校劳动课程目标的来源

与其说是制定教育目标，不如说是选择教育目标。泰勒认为，要对教育目标作出明智的选择，必须研判三个方面的信息，一是对学生的研究，二是对当代社会生活的研究，三是学科专家的建议。单一的信息源无法为教育目标的选择提供充分的依据。学校教育的时间和资源有限，需要把精力集中在非常重要的目标上，这就要使用教育哲学（办学宗旨）和学习理论（学习心理学）这两把筛子，对大量的目标进行筛选、冶炼或过滤，剔除不重要或相互矛盾的目标。[③] 乡

---

① 靳玉乐. 课程论[M]. 北京：人民教育出版社，2012：175-176.
② 靳玉乐. 课程论[M]. 北京：人民教育出版社，2012：176.
③ 拉尔夫·泰勒. 课程与教学的基本原理[M]. 施良方译. 北京：人民教育出版社，1994：18.

村学校劳动课程参照"泰勒原理"确定课程目标,具体过程见图4-1。

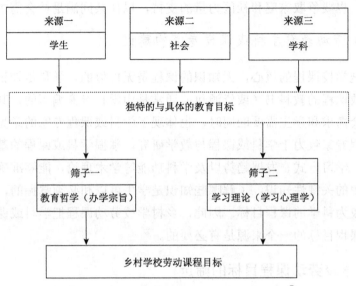

图4-1　乡村学校劳动课程目标确定过程图[1]

(一)对学生身心发展需要的研究

课程是给学生编制的,课程的基本功能是促进学生身心发展。因此,课程目标的制定需要关注对学生的研究。教育科学研究表明,对学生的研究主要包括三个方面的内容:一是了解学生个体的需要;二是了解学生的兴趣和个性差异;三是了解学生身心发展的状况。[2]

(二)对社会发展和时代背景的研究

学生既生活在学校,也生活在社会,学生的成长过程是一个不断社会化的过程。因此,对当代社会生活的研究理应成为课程目标的一个重要来源。通过对社会发展和时代背景的研究制定课程目标,是为了实现课程的社会价值,使课程与社会发展和时代变革相适应。当今世界经历百年未有之大变局,把对社会发展和时代背景的研究作为确定课程目标的来源时,应从以下三个方面深入思考。首先,乡村学校劳动课程目标既要有国际视野,也要有国家情怀。其次,在制定乡村学校劳动课程目标时,既要观照当今社会发展的需要,也要考虑未

① 拉尔夫·泰勒. 课程与教学的基本原理[M]. 施良方译. 北京:人民教育出版社,1994:18.
② 靳玉乐. 课程论[M]. 北京:人民教育出版社,2012:184.

来社会的发展趋势。最后，在制定乡村学校劳动课程目标时，既要明确学校承担的责任，也要争取家庭和社区力量的支持，以便共同满足社会需求。①

（三）劳动教育学科或课程专家的建议

知识是学校课程的核心，无知识的课程是无价值的，学科是知识的重要支柱。大多数课程的教科书（或资源包）通常是由学科专家编写的，其课程目标在反映社会需求和学生需要的同时，也体现了学科或课程专家的意见和观点。学科或课程专家致力于学科或课程与教学研究，掌握学科或课程的基本概念、逻辑结构、学习方式、发展趋势以及学科功能等学术理论，能够准确地选择本学科领域中的关键性知识，了解哪些知识是学生可以和必须掌握的，从而设计合理的和较为科学的课程目标。因此，乡村学校劳动课程把学科或课程专家的建议作为课程目标的一个来源是有必要的。②

二、乡村学校劳动课程目标的筛选

乡村学校劳动课程目标除了可以运用教育哲学或办学宗旨、学习心理学或学习理论这两把筛子筛选外，还可以通过课程理论和教学实践进行再次筛选。

（一）教育哲学或办学宗旨

通常情况下，从上述三个来源获得的课程目标是一些暂时性或尝试性的目标，由于达到课程目标（即改变学生的行为方式）需要一定的时间，因此，只能从中选择少量能够达到的、真正重要的目标，而且，各课程目标之间应该高度一致。学校的教育哲学或办学宗旨，涉及对美好生活的看法、课程建设所持的价值观，以及对适应社会、改造社会和社会分工等问题的态度。③同时，学校的教育哲学或办学宗旨决定了课程目标的性质和方向，不同的办学思想反映不同的价值取向。④

（二）学习心理学或学习理论

泰勒认为，学习理论"一方面可以有助于我们把'可能期望通过学习过程

---

① 靳玉乐. 课程论[M]. 北京：人民教育出版社，2012：186-187.
② 靳玉乐. 课程论[M]. 北京：人民教育出版社，2012：187-188.
③ 拉尔夫·泰勒. 课程与教学的基本原理[M]. 施良方译. 北京：人民教育出版社，1994：21.
④ 靳玉乐. 课程论[M]. 北京：人民教育出版社，2012：188.

使学生产生的变化'与'不可能期望产生的变化'区别开来；另一方面有助于我们把'在特定年龄阶段可行的目标'与'需要花费很长时间才能达到的目标'区分开来"①。乡村学校劳动课程目标通过学生的学习过程逐步达成，因此，它必须同学生学习的心理规律一致。学习心理学可以帮助课程编制者识别哪些课程目标是通过学习过程可以达到的，哪些是不能通过学习过程达到的。学习心理学有助于课程编制者把在特定年龄阶段可行的课程目标，与可能需要花费很长时间或几乎不可能达到的课程目标区别开来。学习心理学还有助于课程编制者确定特定年龄阶段的课程目标，以及通过努力所能达到的最近发展区的课程目标。②

（三）课程理论和教学实践

乡村学校劳动课程目标的选择是其课程理论的一个重要问题，应以课程理论为指导进行目标的筛选。课程理论能够明确地界定课程目标所包含的知识要求，并确保这些要求能够转化为具体可行的课程内容，同时，这些内容还需要被有效地组织和实施。另外，课程目标的实现必须借助于教学过程，乡村学校劳动课程通过课堂教学（理论与实践、室内与室外）、课外活动和社会实践等途径实现其课程目标。③

三、乡村学校劳动课程目标的维度

美国芝加哥大学布卢姆教授把教育目标划分为认知、情感和动作技能三大类。④2001 年 6 月 8 日，《教育部关于印发〈基础教育课程改革纲要（试行）〉的通知》提出了"知识与技能""过程与方法""情感态度与价值观"等三维课程目标体系。⑤我国三维课程目标体系是新课程改革基本理念的重要体现，表征着课程改革的价值追求。另外，教育部制定的《义务教育劳动课程标准（2022年版）》指出："劳动课程围绕核心素养，体现课程性质，反映课程理念，确立课程目标。"⑥因此，乡村学校劳动课程目标的维度包括"劳动课程核心素

① 拉尔夫·泰勒. 课程与教学的基本原理[M]. 施良方译. 北京：人民教育出版社，1994：21-22.

② 拉尔夫·泰勒. 课程与教学的基本原理[M]. 施良方译. 北京：人民教育出版社，1994：21-22.

③ 靳玉乐. 课程论[M]. 北京：人民教育出版社，2012：189.

④ 靳玉乐. 课程论[M]. 北京：人民教育出版社，2012：197.

⑤ 钟启泉，崔允漷，张华. 为了中华民族的复兴 为了每位学生的发展——《基础教育课程改革纲要（试行）》解读[M]. 上海：华东师范大学出版社，2001：6.

⑥ 教育部. 义务教育劳动课程标准（2022 年版）[S]. 北京：北京师范大学出版社，2022：4.

养目标"和"三维课程目标"。

（一）劳动课程核心素养目标

乡村学校劳动课程开发以创新为导向，其课程目标以培养学生的核心素养为中心。在确定课程目标时，还应兼顾学生当前的生活需求和未来的发展潜力，具体地说，就是让学生在学习和劳动实践的过程中，逐步形成个人终身发展以及社会发展所需的劳动观念、必备品格和关键能力。这是新时代劳动课程育人的集中体现。[①]

（二）劳动课程知识与技能目标

这里的知识是指个体在与环境互动的过程中获得的信息，技能是指个体通过训练或经验而获得的程序和方法。[②]知识与技能目标又被称为结果性目标，即通过一定时间的教学（包括课堂教学、课外活动和社会实践），学生学习行为产生变化所要达到的结果。换言之，指学生在完成某一课程的学习后，在知识掌握和技能提升方面应达到的水平。乡村学校劳动课程知识与技能目标，着眼于学生在学习过程中基础知识的掌握和基本技能的提高。这一目标维度是每个学科课程都要预设的基础性教学目标，也是开展有效教学的根本性目标，缺乏知识与技能目标，课程就会偏离育人宗旨，甚至与育人价值背道而驰。[③]

（三）劳动课程过程与方法目标

过程是指学生在体验、实践、探究的学习活动中，知识与技能形成的过程。方法是掌握各类知识与技能的学习策略与方式。乡村学校劳动课程教学活动，既要重视过程，也要强调方法。其实质是重视学生的学习经历、亲身体验和实践操作，激发学生的劳动热情和创造精神。"过程与方法"这一维度目标的实现是建立在"知识与技能"维度之上的，没有"知识与技能"学习，就没有"过程与方法"的思想感悟和认知提升。同时，过程与方法两者是辩证统一的关系，方法应当融入过程之中，要在过程中发现探究方法，只有把过程与方法进行有机结合，才能达到思考、学习和创新的目的，才能取得理想且具有实

[①] 教育部. 义务教育劳动课程标准（2022 年版）[S]. 北京：北京师范大学出版社，2022：4.
[②] 靳玉乐. 课程论[M]. 北京：人民教育出版社，2012：201.
[③] 靳玉乐. 课程论[M]. 北京：人民教育出版社，2012：201.

际意义的教育效果。①

（四）劳动课程情感态度与价值观目标

情感是人们对外界刺激肯定或否定的心理反应，在教育教学活动中，主要包括学习动机、学习兴趣、学习情绪以及内心的丰富体验等。态度是人们对于事物的看法以及由此产生的行为倾向性，既指学习态度、学习责任、学习精神，也指科学态度、生活态度和人生态度。价值观是指人们对个体生活、社会价值、家国情怀的系统理论和逻辑看法。在乡村学校劳动课程情感态度与价值观这个目标中，劳动情感决定并形成劳动态度，往往积极的劳动情感形成正确的劳动态度，劳动态度则体现劳动情感。情感、态度是价值观形成的基础，价值观是情感、态度的升华，没有积极的情感和正确的态度，就不可能形成科学的价值观。乡村学校劳动课程情感态度与价值观目标，通常可以称为体验性目标。它从根本上体现了社会主义教育的本质，突出了人文主义的课程文化观。乡村学校劳动课程实施旨在引导学生形成积极的劳动情感、正确的劳动态度、科学的劳动价值观，在劳动实践过程中，促进学生的全面发展。②

通过以上分析可以看出，劳动课程核心素养目标、知识与技能目标、过程与方法目标、情感态度与价值观目标四者构成了一个辩证统一的有机整体。劳动课程核心素养目标和三维课程目标完整地构成了课程改革的核心理念，旨在促进学生德智体美劳全面发展。只有正确把握劳动课程核心素养目标，科学构建三维课程目标的内涵和内在联系，并在劳动课程实施过程中，让学生自己动手实践，才能更好地达成劳动课程育人目标。

第三节　乡村学校劳动课程的主要目标

课程目标一旦确定，课程开发的方向就基本明确，课程内容的选择和组织就有了依据，课程实施和课程评价也会与课程目标保持一致，它们共同构成有机统一的整体。③课程目标在整个教育活动中具有多种功能，可以从垂直和水

---

① 靳玉乐. 课程论[M]. 北京：人民教育出版社，2012：202.
② 靳玉乐. 课程论[M]. 北京：人民教育出版社，2012：203.
③ 朱家雄，黄瑾，李召存，等. 幼儿园课程的理论与实践[M]. 上海：华东师范大学出版社，2012：143-144.

平两个角度对课程目标进行分类。[①]乡村学校劳动课程的主要目标包括总体目标、学段目标和内容目标。

一、乡村学校劳动课程的总体目标

乡村学校劳动课程要培养学生的劳动素养，劳动素养是劳动课程育人价值的集中体现，主要包括劳动观念、劳动能力、劳动习惯和劳动品质、劳动精神等。[②]

（一）形成基本的劳动意识，树立正确的劳动观念

"劳动观念是指在劳动实践中逐渐形成的，对劳动、劳动者、劳动成果等方面的认知和总体看法，以及在此基础上形成的基本态度和情感。"[③]有研究认为，劳动观念是学生在劳动活动中所形成的综合性认知，是学生劳动意识、劳动思想和劳动态度的表达。[④]劳动观念具有很强的抽象性，它是劳动知识体系中最为深层和最为本质的认识。[⑤]具体地讲，劳动观念主要包括劳动认识、劳动态度和劳动情感等内容。劳动认识是学生对劳动、劳动者、劳动成果等方面的认知和总体看法，既要了解马克思主义劳动观，也要体悟新时代劳动观。劳动态度是学生对劳动的评价、情感倾向以及行为准备的状态。劳动情感是学生在劳动的实践中生成的劳动体会。本书结合《义务教育劳动课程标准（2022年版）》中的"总目标"——"劳动观念"，将乡村学校劳动课程劳动观念总体目标确定为：首先，形成对劳动与人类生活、社会发展、个人成长之间关系的正确认识，懂得人人都要劳动、劳动创造财富、劳动创造美好生活等基本道理。其次，体验劳动的艰辛和快乐，形成劳动的效率意识和劳动的质量意识。再次，培育热爱劳动生产、热爱劳动人民、尊重普通劳动者的积极情感。最后，树立劳动最光荣、劳动最崇高、劳动最伟大和劳动最美丽的思想观念。[⑥]

---

① 敬世龙. 图解课程发展与设计[M]. 台北：五南图书出版股份有限公司，2016：12.
② 教育部. 义务教育劳动课程标准（2022年版）[S]. 北京：北京师范大学出版社，2022：4.
③ 教育部. 义务教育劳动课程标准（2022年版）[S]. 北京：北京师范大学出版社，2022：4.
④ 纪德奎，陈璐瑶. 劳动素养的内涵、结构体系及培养路径[J]. 天津师范大学学报（基础教育版），2021，（2）：16-20.
⑤ 顾建军. 义务教育劳动课程标准（2022年版）解读[M]. 北京：北京师范大学出版社，2022：47.
⑥ 教育部. 义务教育劳动课程标准（2022年版）[S]. 北京：北京师范大学出版社，2022：6.

（二）发展统筹性劳动思维，形成必备的劳动能力

"劳动能力是指顺利完成与个体年龄及生理特点相适宜的劳动任务所需的胜任力，是个体的劳动知识、技能、行为方式等在劳动实践中的综合表现。"[①]有研究认为，劳动能力是中小学生劳动知识、劳动技能以及劳动活动实践创新等多项内容的综合表现，是学生个体劳动观念、劳动精神以及劳动习惯等人格品质形成的坚实基础。[②]本书结合《义务教育劳动课程标准（2022 年版）》中的"总目标"——"劳动能力"，将乡村学校劳动课程劳动能力总体目标确定为：首先，能从劳动目标和劳动任务出发，系统分析可以利用的劳动资源和约束条件，制订具体的劳动方案，发展初步的统筹思维，培养基本的劳动创造和设计能力。其次，学会使用常用工具与基本设备，采用一定的技术、工艺与方法，完成劳动任务，形成基本的动手操作和动手实践能力。再次，能综合运用多学科知识和多方面经验解决劳动中出现的问题，发展创造性劳动能力。最后，在劳动实践过程中学会自我管理，形成劳动团队合作意识。[③]

（三）养成勤奋劳动习惯，塑造良好劳动品质

劳动习惯和劳动品质是指通过经常性劳动实践形成的稳定行为倾向和品格特征。[④]有研究认为，劳动习惯和劳动品质是随着学生成长而养成的人格品质，体现为日常的自觉化劳动行为与思考方式，是从个体内在思维、思想到外在行为的素养展现，也是学生劳动素养体系的关键内容。[⑤]本书结合《义务教育劳动课程标准（2022 年版）》中的"总目标"——"劳动习惯和劳动品质"，将乡村学校劳动课程劳动习惯和劳动品质总体目标确定为：首先，养成自觉自愿、安全规范和有始有终的劳动习惯。其次，在真实的劳动情境中体悟劳动成果的来之不易，养成珍惜劳动成果的习惯。最后，形成辛勤劳动、诚实劳动、协作劳动和创造性劳动的意识，逐步养成吃苦耐劳、持之以恒、责任担当的劳动品质。[⑥]

---

① 教育部. 义务教育劳动课程标准（2022 年版）[S]. 北京：北京师范大学出版社，2022：4.

② 纪德奎，陈璐瑶. 劳动素养的内涵、结构体系及培养路径[J]. 天津师范大学学报（基础教育版），2021，（2）：16-20.

③ 教育部. 义务教育劳动课程标准（2022 年版）[S]. 北京：北京师范大学出版社，2022：6.

④ 教育部. 义务教育劳动课程标准（2022 年版）[S]. 北京：北京师范大学出版社，2022：5.

⑤ 纪德奎，陈璐瑶. 劳动素养的内涵、结构体系及培养路径[J]. 天津师范大学学报（基础教育版），2021，（2）：16-20.

⑥ 教育部. 义务教育劳动课程标准（2022 年版）[S]. 北京：北京师范大学出版社，2022：6.

（四）涵养劳动精神，弘扬耕读、劳模、工匠精神

劳动精神是指在劳动观念、劳动能力、劳动习惯和劳动品质的培养过程中形成和发展的，在劳动实践中秉持的关于劳动的信念信仰和人格特质。[①]有研究认为，劳动精神是学生在劳动中展现出的精神风貌和人格气质，是学生劳动素养的核心内容。本书结合《义务教育劳动课程标准（2022 年版）》中的"总目标"——"劳动精神"，将乡村学校劳动课程劳动精神总体目标确定为：首先，通过持续性的劳动实践，培养勤俭、奋斗、创新、奉献的劳动精神。其次，激发继承中华民族勤俭节约、敬业奉献优良传统的积极愿望。再次，不断弘扬爱岗敬业、甘于奉献的劳模精神，以及精益求精和追求卓越的工匠精神。最后，形成不畏艰辛、锐意进取的劳动心态，培育勤奋劳动、刻苦学习的耕读精神，树立辛勤劳动、砥砺前行的奋斗精神。[②]

二、乡村学校劳动课程的学段目标

获得知识和经验是一个循序渐进的过程。核心素养、知识与技能、过程与方法、情感态度与价值观这些课程目标并非孤立存在，而是相互联系构成一个有机整体。它们相互交织，相互影响，内容上并行不悖，不存在固定的先后顺序，旨在最大限度地满足学生对知识的直接感知需求，注重获得经验的过程，并促进学生全面发展。本书参照《义务教育劳动课程标准（2022 年版）》学段目标，确立了乡村学校劳动课程的学段目标。

（一）第一学段（1～2 年级）目标

本书结合《义务教育劳动课程标准（2022 年版）》中的"学段目标"——"第一学段（1～2 年级）"，将乡村学校第一学段劳动课程目标确定为：第一，懂得人人都要劳动、劳动成果来之不易的基本道理。初步感知劳动本身的艰辛与劳动过程中的乐趣，学会尊重他人的劳动付出和劳动成果。最为重要的是要热爱劳动，具有主动劳动和热情、积极参加劳动的愿望。第二，能够完成比较简单的个人物品整理与清洗，家庭居室和学校教室等卫生保洁、整理与收纳，以及垃圾分类等基本的劳动任务，积极参与简单的家庭烹饪劳动，逐步形成"自己的事情自己做"的意识，具有初步的个人生活自理能力。第三，关心、照顾

---

① 教育部. 义务教育劳动课程标准（2022 年版）[S]. 北京：北京师范大学出版社，2022：5.
② 教育部. 义务教育劳动课程标准（2022 年版）[S]. 北京：北京师范大学出版社，2022：6.

身边常见的植物和小动物，初步形成关爱生命、热爱自然的行为意识。主动参与简单的手工制作活动，初步学会规范使用手工制作工具，对工艺制作具有一定的好奇心，喜爱工艺品制作。第四，积极参与班级集体劳动，主动维护教室内外环境卫生，初步形成以自己的辛勤劳动服务他人生活的意识。第五，在劳动过程中遵守劳动纪律，不怕脏、不怕累，初步形成劳动安全意识，初步养成踏踏实实、认认真真、有始有终、尽其所能的劳动习惯。①

（二）第二学段（3～4年级）目标

本书结合《义务教育劳动课程标准（2022年版）》中的"学段目标"——"第二学段（3～4年级）"，将乡村学校第二学段劳动课程目标确定为：第一，懂得"一分耕耘，一分收获"的道理，要明白无论成功与否，付出本身就是个人经验积累的重要过程。在劳动的过程中深刻体会劳动是光荣的、劳动没有高低贵贱之分的道理，真正认识到美好生活离不开各行各业的劳动者。学会尊重劳动，尊重普通劳动者，初步形成热爱劳动的积极态度。第二，养成良好的个人清洁卫生习惯。认识常用家用器具，掌握家用小器具的使用方法，具有家用电器使用安全意识和初步的器具保养意识。主动分担家务，协助参与家庭环境卫生清洁，能制作简单的日常饮食，初步学会简单的家务劳动技能，形成生活自理能力。第三，初步体验简单的种植、养殖、手工制作等生产劳动，能规范地使用常用的劳动工具，了解常用材料的作用与特征，对劳动过程中遇到的问题具有好奇心和探究欲望。第四，参加校园卫生保洁、垃圾分类处理、绿化美化等劳动，适当参加社区环保、公共卫生维护等力所能及的公益劳动，初步体验简单的现代服务业劳动，初步形成公共服务意识。第五，懂得在劳动中遵规守约，初步学会与他人合作劳动。珍惜劳动成果，初步养成有始有终的劳动习惯以及专心致志的劳动品质。第六，在日常生活中能够做到勤俭节约、艰苦朴素，在劳动过程中能够做到敢于吃苦、不怕困难。②

（三）第三学段（5～6年级）目标

本书结合《义务教育劳动课程标准（2022年版）》中的"学段目标"——"第三学段（5～6年级）"，将乡村学校第三学段劳动课程目标确定为：第一，

---

① 教育部. 义务教育劳动课程标准（2022年版）[S]. 北京：北京师范大学出版社，2022：7.
② 教育部. 义务教育劳动课程标准（2022年版）[S]. 北京：北京师范大学出版社，2022：7-8.

懂得劳动创造财富、劳动不可虚假、"业精于勤荒于嬉"等基本生活道理。认识到劳动者是国家的主人，"三百六十行，行行出状元"，深刻体会普通劳动者的光荣与伟大。初步树立劳动最光荣、劳动最崇高、劳动最伟大、劳动最美丽的思想观念。第二，掌握家庭生活中常用的清洁与卫生、整理与收纳基本技能。了解家庭常用器具的功能特点，规范、安全地操作与使用。初步掌握基本的家庭饮食烹饪技法，制作简单的家常餐，具有食品安全意识。进一步增强生活自理能力和家务劳动能力，具有初步的家庭责任感。第三，进一步体验种植、养殖、手工制作等生产劳动，能根据劳动任务选择合适的材料和工具、技术与方法，安全、规范、有效地开展劳动，初步养成持之以恒的劳动品质。第四，主动参加校园卫生保洁和环境美化等劳动，积极参加社区环保、公共卫生维护等力所能及的公益劳动，进一步体验新技术支持下的现代服务业劳动，形成关爱他人、积极参与社区建设的劳动意识和能力，增强公共服务意识，初步形成社会责任感。第五，根据劳动目标确定劳动任务，制订劳动计划，并根据劳动过程的进展情况适时优化调整，初步形成劳动效率意识和劳动质量意识，初步形成爱岗敬业、乐于奉献的精神。第六，在集体劳动中团结协作，提升与他人合作劳动的能力。在劳动过程中自觉遵守劳动纪律，形成诚实劳动和合法劳动的意识。第七，在劳动中主动克服困难，初步形成不怕辛苦、积极探索、追求创新、专注质量的劳动精神。[①]

（四）第四学段（7～9 年级）目标

本书结合《义务教育劳动课程标准（2022 年版）》中的"学段目标"——"第四学段（7～9 年级）"，将乡村学校第四学段劳动课程目标确定为：第一，懂得劳动创造人的基本道理，认识到劳动是推动人类社会进步的根本力量，深入理解"劳动托起中国梦"的重要意义。深刻领会"劳动是一切幸福的源泉""幸福是奋斗出来的"的道理。牢固树立劳动最光荣、劳动最崇高、劳动最伟大、劳动最美丽的思想观念。第二，主动承担一定的家庭清洁、烹饪和家居美化等日常生活劳动，进一步加强家政知识和技能的学习与实践，理解劳动创造美好生活的道理，提高生活自理能力，增强家庭责任意识。第三，根据个人兴趣，体验金工（金属加工）、木工、电子、陶艺、布艺等项目的劳动过程，体会其中蕴含的独特智慧和人类创造力。尝试进行家用器具的简单修理，参与种植、

---

① 教育部. 义务教育劳动课程标准（2022 年版）[S]. 北京：北京师范大学出版社，2022：8-9.

养殖等生产劳动，体会运用所学知识分析和解决实际问题的过程。获得初步的职业体验，形成初步的职业意识和生涯规划意识。第四，定期参加校园包干区域的保洁和美化，以及助残、敬老、扶弱等公益劳动，体验以自己的劳动服务他人、服务社区的自豪感和幸福感，初步形成对学校、社区负责任的态度。体验融合一定智能技术的现代服务业劳动，提升现代服务技能，充分认识现代服务业劳动的性质、特征与独特的社会价值。进一步增强公共服务意识，提升以自己的劳动创造美好生活的社会责任感。第五，根据个体、家庭、学校、社区的发展需要，提出具有一定创造性的解决方案，制订合理的劳动计划，并安全规范地加以实施，能对劳动过程与劳动成果进行反思和总结，进一步提高创造性劳动能力、合作能力。第六，强化诚实劳动的劳动习惯和品质，形成劳动效率意识和劳动质量意识。第七，初步具有为社会发展和国家建设付出辛勤劳动的意愿，形成不畏艰辛、锐意进取、精益求精、不断创新的劳动精神。[①]

三、乡村学校劳动课程的内容目标

本书参照《义务教育劳动课程标准（2022 年版）》内容目标，确立了乡村学校劳动课程的内容目标。

（一）第一学段（1~2 年级）内容目标

本书结合《义务教育劳动课程标准（2022 年版）》中的"课程内容"——"第一学段（1~2 年级）"的要求，确立、拓展和阐明乡村学校第一学段劳动课程内容目标，主要涵盖"清洁与卫生""整理与收纳""烹饪与营养""农业生产劳动""传统工艺制作"等五个任务群。

第一，清洁与卫生。掌握清扫地面、清洗小件衣物等简单劳动的方法，养成讲究个人卫生的意识和习惯。养成不随便乱扔垃圾的习惯，初步建立垃圾分类的意识和维护公共卫生的意识。在清洁地面、清洗衣物、擦拭桌椅等劳动过程中，感受劳动的快乐，愿意参加劳动。

第二，整理与收纳。初步掌握简单整理与收纳的基本方法，初步养成及时整理与收纳的习惯，初步具有管理自己的生活用品、学习用品的能力，初步感知劳动的辛苦和乐趣。

第三，烹饪与营养。能在家庭烹饪劳动中进行简单的配菜，掌握日常简单

---

① 教育部. 义务教育劳动课程标准（2022 年版）[S]. 北京：北京师范大学出版社，2022：9-10.

烹饪工具、器皿的使用方法和注意事项。具有安全劳动意识，以及"自己的事情自己做"的生活自理意识。初步具有科学处理果蔬、制作饮品的意识和能力。

第四，农业生产劳动。具有种植和养护常见植物或养殖小动物的意愿，初步了解身边常见动植物的养护方法，知道种植、养殖活动与自然界的紧密关系。能表达参与农业劳动后收获的快乐，初步具有关心、照顾身边常见动植物的责任心和农业生产安全意识，知道劳动需要长期坚持的道理。

第五，传统工艺制作。能简单表达自己的方案构想，并使用常用工具制作简单的传统工艺作品。感受传统工艺的奇妙，初步养成认真劳动、合理利用材料的良好劳动习惯，形成乐于动手的劳动态度。①

（二）第二学段（3~4年级）内容目标

本书结合《义务教育劳动课程标准（2022年版）》中的"课程内容"——"第二学段（3~4年级）"的要求，确立、拓展和阐明乡村学校第二学段劳动课程内容目标，主要涵盖"清洁与卫生""整理与收纳""烹饪与营养""家用器具使用与维护""农业生产劳动""传统工艺制作""现代服务业劳动""公益劳动与志愿服务"等八个任务群。

第一，清洁与卫生。能正确使用简单的卫生工具和日常消毒物品，具有打扫卫生的劳动能力和个人防护能力。具有通过劳动创设洁净的生活、学习环境的意识和公共卫生安全意识，养成良好的个人卫生习惯，具有热爱劳动的态度，初步学会与他人合作劳动。

第二，整理与收纳。掌握居室、教室内物品整理与收纳的方法，理解及时整理与收纳能让生活、学习环境变得整洁、美好的道理，初步形成热爱劳动的态度。逐步养成及时收纳、分类存放的好习惯。初步具有做事有条理、整理有方法、收纳有规律的生活能力。

第三，烹饪与营养。能通过简单的凉拌、蒸、煮等烹饪方法，满足自己基本的饮食需求。形成生活自理能力，初步建立健康饮食的观念。具有初步的食品安全意识。能正确认识烹饪劳动的价值，形成热爱劳动、尊重普通劳动者的观念。

第四，家用器具使用与维护。初步掌握家庭常用小电器的使用方法，会根据需要选择和使用，初步具有家用电器使用安全意识和器具保养维护意识，形

---

① 教育部. 义务教育劳动课程标准（2022年版）[S]. 北京：北京师范大学出版社，2022：13-15.

成生活自理能力。养成用后及时清理、收纳到位的良好劳动习惯。

第五，农业生产劳动。掌握1～2种当地常见蔬菜的种植方法，或1～2种家禽饲养方法。初步形成关爱生命、尊重自然，遵循动植物生长规律和季节特点进行科学劳动的观念。初步学会与他人合作劳动，在种植、饲养过程中不怕困难，养成有始有终的劳动习惯，懂得"一分耕耘，一分收获"的道理。

第六，传统工艺制作。能设计并制作简单的传统工艺作品，感受传统工艺技术的精湛，以及劳动的艰辛和收获的快乐，形成传承并发扬传统工艺的意识。初步养成专心致志的劳动品质。

第七，现代服务业劳动。获得参与现代服务业劳动的初步体验，对服务性劳动的类型与特征具有初步认识。体悟现代服务业劳动对于创造便利、美好生活的重要意义，形成尊重现代服务业劳动、劳动者、劳动成果的观念，以及积极参与现代服务业劳动的态度。体验服务性劳动中的创造性及其带来的挑战与乐趣。

第八，公益劳动与志愿服务。认识到学校、社区中存在多种公益劳动和志愿服务的需求与机会，初步具有以自己的劳动服务学校、服务社区的信心与能力。初步形成主动关心他人的意识和公共服务意识，体悟以自己的服务性劳动为他人创造便利的自豪感与幸福感。初步学会与他人合作劳动，形成尊重劳动和普通劳动者的态度，以及感恩他人劳动付出的劳动情感。[①]

（三）第三学段（5～6年级）内容目标

本书结合《义务教育劳动课程标准（2022年版）》中的"课程内容"——"第三学段（5～6年级）"的要求，确立、拓展和阐明乡村学校第三学段劳动课程内容目标，主要涵盖"整理与收纳""烹饪与营养""家用器具使用与维护""农业生产劳动""传统工艺制作""工业生产劳动""新技术体验与应用""现代服务业劳动""公益劳动与志愿服务"等九个任务群。

第一，整理与收纳。具有较高的整理与收纳的能力，懂得有依据地整理与取舍，建立及时整理、清洁，以及清除学习和生活环境中的病原微生物的意识。体悟劳动对于创造美好生活的意义，具有初步的劳动筹划思维和家政能力。

第二，烹饪与营养。能进行家庭餐食的设计和营养搭配，并掌握简单的烹饪方法。初步养成营养搭配和健康饮食的习惯，具有食品安全意识。树立乐于为家人服务的劳动观念，初步形成家庭责任感。

---

① 教育部. 义务教育劳动课程标准（2022年版）[S]. 北京：北京师范大学出版社，2022：16-20.

第三，家用器具使用与维护。掌握家庭常用电器的功能特点和使用方法，在学习和操作过程中养成耐心、细心的劳动品质，形成运用现代科技参与日常生活劳动的能力。初步养成良好的家用电器使用习惯。感受家用电器对提高家务劳动效率、提升生活品质的作用。养成在劳动中勤于观察、乐于思考的品质。

第四，农业生产劳动。能种植与养护 1～2 种当地常见植物，或饲养 1～2 种常见家畜。感受持续性劳动的艰辛和不易，懂得珍惜劳动成果，养成持之以恒的劳动品质。形成热爱自然、热爱土地的情感态度。

第五，传统工艺制作。能根据劳动需要，设计并制作简单的传统工艺作品，说明传统工艺的价值，感受传统工艺劳动的智慧，初步形成传承中华优秀传统文化的意识。感受工匠精神，初步形成追求创新的劳动精神。

第六，工业生产劳动。掌握某项工业生产项目工具、设备的操作方法。能依据简单技术图样，规范地使用常用生产工具、设备加工制作产品的模型或原型。理解日用产品的来之不易，懂得爱惜日用产品，初步形成安全规范地进行工业生产劳动的意识。初步形成产品质量意识和精益求精的劳动品质。

第七，新技术体验与应用。掌握某项新技术的使用方法。能根据需要，应用某项新技术制作简单的产品模型或原型。初步具有亲近新技术的情感和使用新技术进行劳动的意愿，具有进行创造性劳动的热情。

第八，现代服务业劳动。理解 1～2 项现代服务业劳动的过程与特征，以及智能技术等对于服务行业发展的促进作用。增强公共服务意识、与他人协同劳动的意识。对现代服务业劳动中所涉及的个人信息安全问题具有初步认识。初步感知服务性劳动中的契约精神，形成诚实劳动的品质。感知爱岗敬业、乐于奉献的劳模精神。

第九，公益劳动与志愿服务。了解公益劳动与志愿服务中的调查、准备、组织、实施、反思等环节，在服务性劳动过程中形成发现问题、关注他人需要与服务他人的意识与能力，进一步发展筹划能力。形成积极主动参与学校公共事务管理的劳动态度。体会服务社区的意义，增强公共服务意识，初步形成社会责任感。①

（四）第四学段（7～9 年级）内容目标

本书结合《义务教育劳动课程标准（2022 年版）》中的"课程内容"——

① 教育部. 义务教育劳动课程标准（2022 年版）[S]. 北京：北京师范大学出版社，2022：21-26.

"第四学段（7～9 年级）"的要求，确立、拓展和阐明乡村学校第四学段劳动课程内容目标，主要涵盖"整理与收纳""烹饪与营养""家用器具使用与维护""农业生产劳动""传统工艺制作""工业生产劳动""新技术体验与应用""现代服务业劳动""公益劳动与志愿服务"等九个任务群。

第一，整理与收纳。能对家庭居室和学校教室的美化提出具有一定创造性的解决方案，制订科学合理的实施方案，并能安全规范地加以实施，发展自我管理与缜密筹划的能力。可以理解劳动对于个人生活和社会发展的意义，懂得劳动创造美好生活的道理，养成认真细致地进行整理与收纳的习惯和品质。

第二，烹饪与营养。能够根据家庭成员实际需求设计食谱、合理搭配饮食，在制作家庭菜肴的过程中进一步掌握日常烹饪技能，形成健康生活的思想理念和基本能力。理解劳动对于个人生活和家庭幸福的意义，懂得劳动创造美好生活的基本道理。

第三，家用器具使用与维护。掌握家庭常用电器使用过程中简单的保养和维修方法，提升家政技能和实践操作能力，养成科学、规范地使用家用电器和勤于保养家用电器的良好习惯。增强劳动过程中安全保护意识和劳动质量意识，养成在劳动中不畏艰难、勇于创造和敢于突破的劳动精神。

第四，农业生产劳动。初步掌握根据当地条件和需求，规划设计种植、养殖劳动活动并加以实施的基本技能，形成热爱农业生产、关心农业发展，以及注重农业安全、食品安全的意识，形成辛勤、诚实、合法劳动及进行创造性和发明性劳动的劳动品质。

第五，传统工艺制作。能够根据劳动需要设计和制作传统工艺作品。感受传统工艺作品中蕴含的人文价值和工匠精神。树立传承中华优秀传统文化的观念，初步养成精益求精和追求卓越的劳动精神。

第六，工业生产劳动。掌握某项工业生产项目工具和设备的操作方法，以及加工材料的要求。能根据生产和生活需求，设计、制作和加工简单的产品模型或者原型。养成安全、规范地进行工业生产劳动的良好劳动习惯，养成合理利用材料和环保节约的劳动意识，形成中国制造和磨杵成针的劳动精神。

第七，新技术体验与应用。掌握某项新技术的使用方法，并知道其工作原理。能根据现实生产或日常生活需要，使用某项新技术设计制作简单的产品模型或原型，并独立完成产品的技术测试或应用。在劳动创造的过程中不断追求品质、精益求精。树立劳动光荣、技术宝贵和创造伟大的观念。

第八，现代服务业劳动。积极参与现代服务业劳动，提升现代服务技能，充分认识现代服务业劳动的特征，感知现代服务业劳动独特的社会价值。深入了解现代服务业劳动所具备的优势和面临的挑战，能够比较清楚地说明现代服务业劳动的革新与发展趋势。能在劳动过程中认真履行职责，养成规范劳动和安全劳动的习惯与品质。进一步增强公共服务意识，形成通过劳动创造美好生活的社会责任感。

　　第九，公益劳动与志愿服务。熟悉公益劳动与志愿服务的筹备、组织和实施过程，具有运用相关的劳动知识与技能服务他人、学校和社区的基本能力。经历服务性劳动的付出过程，理解个体劳动与学校和社区发展之间的直接关系，形成对学校和社区发展负责任的态度，提升通过自己的劳动关心他人和服务他人的公共服务意识与社会责任感，体会和认识到参与学校建设、协同社区建设的自豪感，养成参与公益劳动和志愿服务的思维习惯。[①]

---

① 教育部. 义务教育劳动课程标准（2022 年版）[S]. 北京：北京师范大学出版社，2022：27-33.

第五章　乡村学校劳动课程开发的内容选择

课程内容是构成课程的基本要素，它与课程目标之间有着内在的逻辑联系，影响着课程实施中教和学的方式。课程内容质量的好坏关系到课程目标能否顺利实现以及教育质量能否得到全面的提高。[①]1859 年，英国哲学家、社会学家、教育学家斯宾塞提出了"什么知识最有价值"的著名命题。[②]知识价值之所以能够引起教育专家和学科专家的重视，是因为知识和教育之间有着内在的联系，教育筛选知识、教育传播知识、教育分配知识、教育积累知识、教育创新知识、教育发展知识；知识是教育的重要内容，离开了知识元素，教育就如同无米之炊，学校教育目标就难以实现。[③]课程知识来源于社会文化、学科知识和学生经验（从多次实践中得到的知识或技能或个体的亲身经历）。[④]课程内容是课程内部结构的一个重要部件。更为确切地说，课程内容是由间接经验和直接经验组成的用以构成学校课程的文化知识体系，它是课程的主体部分。[⑤]本书所探讨的乡村学校劳动课程资源筛选和课程知识选择集中体现劳动教育本身的育人价值。

第一节　乡村学校劳动课程知识的选择

课程知识的选择，简称"课程选择"，是根据特定的教育价值观及相应的课程目标，从学科知识、当代社会生活经验或学习者的经验中选择课程要素的过程。这些课程要素包括概念、原理、技能、方法、价值观，等等。课程知识选择是课程开发的基本环节之一。斯宾塞提出的"什么知识最有价值"，是课

---

① 靳玉乐. 课程论[M]. 北京：人民教育出版社，2012：205.
② 蒋建华. 知识·权力·课程——政策视野中的课程研究[M]. 北京：教育科学出版社，2010：103.
③ 石中英. 知识转型与教育改革[M]. 北京：教育科学出版社，2001：1.
④ 拉尔夫·泰勒. 课程与教学的基本原理[M]. 施良方译. 北京：人民教育出版社，1994：18.
⑤ 靳玉乐. 课程论[M]. 北京：人民教育出版社，2012：206-207.

程与教学论发展史上第一次明确提出的课程知识选择论点。1949 年，泰勒在《课程与教学的基本原理》一书中提出了"如何选择可能有助于达到这些目标的学习经验"①的课程编辑逻辑问题。从根本上讲，课程知识选择取决于特定的课程价值观和课程目标。课程知识选择的基本取向是课程价值观和课程目标在课程内容上的反映和体现。课程知识选择需要遵循课程目标来源的基本原理，即应从学科知识、当代社会生活经验、学习者的经验中进行筛选。②

一、乡村学校劳动课程知识选择的取向

课程知识的选择包括以下环节：确定课程价值观，其核心是回答"什么是受过教育的人"；确定课程目标，是课程价值观的具体化；确定课程知识选择的三种基本取向的关系，即确定学科知识、当代社会生活经验、学习者的经验三者之间的关系，对这种关系的认识取决于特定的课程价值观；确定课程知识，即筛选出与特定课程价值观和课程目标相适应的课程要素。③

（一）知识本位取向

当课程目标的来源倾向于学科发展的时候，学科知识就成为主要的课程知识。在知识本位的课程知识选择取向中，课程体系以学科课程为主体，同时融入一定的技术与实践训练，形成了一种综合培养模式，内容涵盖了自然科学知识与人文社会科学知识。这种取向认为，学科是传递社会文化遗产的最系统、最经济有效的形式，各门学科所承载的知识具有强大的认知功能和实践功能。乡村学校劳动课程在选择和组织知识时，强调知识的系统性、顺序性和完整性，在课程实施过程中，重视教师、课程资源与课堂（课堂教学、课外活动和社会实践）三中心，关注教师对教学活动的调控。④

（二）社会本位取向

当课程目标的来源倾向于当代社会生活的需求时，当代社会生活经验便成为主要的课程知识。社会本位的课程知识选择取向认为，社会价值高于个人价值，教育应该从社会的需求出发，根据社会的需求来做决定，教育的目的就在

---

① 拉尔夫·泰勒. 课程与教学的基本原理[M]. 施良方译. 北京：人民教育出版社，1994：49.
② 张华. 论课程选择的基本取向[J]. 外国教育资料，1999，（5）：25-31.
③ 张华. 论课程选择的基本取向[J]. 外国教育资料，1999，（5）：25-31.
④ 靳玉乐. 课程论[M]. 北京：人民教育出版社，2012：215.

于使受教育者社会化，以保证社会生活的稳定和延续。①在社会本位的课程知识选择中，选择的标准不是"什么知识最有价值"，而是什么社会经验最有价值。乡村学校劳动课程基于社会本位的教育价值观或围绕劳动课程核心素养进行知识选择，其目的在于向受教育者传授能够帮助其更好地适应社会的生活经验，以及社会需要个体具备的生活技能。②

（三）学习者本位取向

当课程目标的来源倾向于学习者的时候，学习者的经验就成了主要的课程知识。在学习者本位的课程知识选择中，学习者本身就是课程的主体，他们不仅是课程内容的接受者，也是课程内容的开发者以及社会生活经验的创造者。③在学习者本位的课程价值取向中，乡村学校劳动课程知识的选择应考虑以下几个方面的问题。首先，乡村学校劳动课程知识应符合社会文化发展需求。社会文化通常以社会生活经验的形式融入社会环境之中，并影响社会的发展方向。乡村学校劳动课程的学习者不仅是知识的接受者，也是文化的创造者。为了帮助学习者更好地适应社会以及提高创造文化的能力，所选择的课程知识就要符合社会文化发展需求。其次，乡村学校劳动课程知识应有助于促进学习者个体发展。学习者本位的课程知识取向是以尊重学习者的个体差异为前提的，旨在使每个学习者在其内在目标的指引下获得发展，充分展示了学习者自身独特的潜能和价值。在这种课程取向背景下，乡村学校劳动课程开发者要给学习者创设学习环境和学习条件，提供学习帮助和学习指导，使劳动学习完全转变为学习者个人主动性的发挥过程。最后，乡村学校劳动课程知识应与学习者发展水平相适应。如果选择的课程知识超出学习者的自身发展水平，则学习者不能在规定时间内达到课程目标的要求，难以完成学习任务；而如果所选择的课程知识落后于学习者的自身发展水平，则学习者的学习能力不能得到有效提升。

总之，以上三种基本取向从不同层面揭示了影响乡村学校劳动课程知识选择的因素，由于价值立场不同，三种基本取向之间具有明显差异。在现实的课程知识选择过程中，三种基本选择取向同时存在，它们之间相互交叉、相互影响。因此，乡村学校劳动课程知识既应体现学科知识的最新成果，也应反映当

① 刘宇文. 论社会本位思潮对教育的影响[J]. 高等教育研究, 2005, （9）: 40-45.
② 靳玉乐. 课程论[M]. 北京: 人民教育出版社, 2012: 215.
③ 靳玉乐. 课程论[M]. 北京: 人民教育出版社, 2012: 216-217.

代社会生活的经验，更应与学习者的学习经验相结合。[①]

二、乡村学校劳动课程知识选择的原则

泰勒认为，学习是通过学习者具有的经验而发生的，教育的手段是学习者已有的教育经验。选择学习经验的第一条原则是为了达到某一目标，学生必须具有使他有机会实践这个目标所隐含的那种行为的经验；第二条原则是学习经验必须使学生由于实践目标所隐含的那种行为而获得满足感；第三条原则是学习经验所期望的反应，是在学生力所能及的范围之内的；第四条原则是有许多特定的经验可用来达到同样的教育目标；第五条原则是同样的学习经验往往会产生几种结果。[②]借鉴泰勒的选择学习经验的一般原理，本书将乡村学校劳动课程知识选择的原则概括为：目的性原则、适切性原则、协同性原则、多样性原则和量力性原则。[③]

（一）目的性原则

课程知识的选择必须符合既定的课程目标，既要为实现育人目标服务，也不能违背其课程目标所设定的价值体系，课程知识的选择必须和其课程目标所设定的价值体系相一致。乡村学校劳动课程在育人框架内，致力于为学生提供多样化的课堂内外劳动活动，在选择课程知识时坚持育人导向，注重劳动本身的育人价值，将培养学生的劳动观念、劳动精神贯穿于课程实施全过程，引导学生树立正确的劳动价值观。[④]

（二）适切性原则

乡村学校劳动课程知识的选择应与乡村学生的身心发展阶段保持一致。课程知识既要符合乡村学生群体的普遍发展水平，同时也要兼顾群体内部个别学生的发展差异，尽可能确保每个学生都能在适合自己的节奏中学习和成长。

（三）协同性原则

课程知识的选择要确保各要素之间保持适当的比例，例如，国际性和民族

---

① 靳玉乐. 课程论[M]. 北京：人民教育出版社，2012：217-218.
② 拉尔夫·泰勒. 课程与教学的基本原理[M]. 施良方译. 北京：人民教育出版社，1994：49-52.
③ 靳玉乐. 课程论[M]. 北京：人民教育出版社，2012：218-220.
④ 教育部. 义务教育劳动课程标准（2022年版）[S]. 北京：北京师范大学出版社，2022：2.

性之间、知识性和技能性之间、脑力劳动和体力劳动之间、五育并举和全面发展之间、课内和课外之间、学校和家庭之间、校内和校外之间、理论性和实践性之间等。要考虑课程知识的协同性与一致性，同时，还要注意各个要素之间的有机组合，应建立劳动课程开发的共同体，避免课程评价与反馈中的思想分歧或价值偏移。

（四）多样性原则

尽管课程目标是选择课程知识的决定性因素，课程知识必须符合课程目标，但这并不意味着一项目标只能通过一种知识去实现。一种价值取向的课程目标可以通过学习多种多样的课程知识去实现，课程知识越是丰富多样，就越有助于这项课程目标的实现。有研究认为，将多样化学习环境（如设施、设备、场所或材料）进行合理安排，可以大大提高教学内容的生动性和趣味性，调动学生学习的热情和积极性，从而更加有效和更加充分地实现既定的课程目标。乡村学校劳动课程在知识的选择过程中应坚持多样性原则，这既是满足乡村学校学生个性化发展需要的关键，也是实现因材施教和促进学生全面发展的重点。单一的课程知识无法满足所有学生的需求，每位学生都有自己偏好的学习方式和风格。只有提供多样化的课程知识，才能更好地适应不同学生的特定需求。

（五）量力性原则

课程知识选择的量力性原则是指所选择出来的课程知识应当是学生经过努力可以理解和掌握的。如果课程知识难度太大，或者超出了学生当前的知识储备范围，学生就无法学习和掌握，课程目标就难以实现。因此，在选择乡村学校劳动课程知识时，要把握好量力性原则，要符合学生发展实际，应使学生通过努力就能完成课程目标，如果课程目标较高，应重新选择或者调整课程知识。

第二节　乡村学校劳动课程内容的组织

课程知识一旦选定，接下来的主要任务就是组织课程内容。组织是指根据一定的目的、任务或形式对各部分进行安排，使之形成有序有效的整体的过程。课程内容组织是课程编制过程中的一个重要环节。采取何种逻辑形式对乡村学校劳动课程内容进行编排和组织，将直接影响课程内容结构的性质，并制约课程实施的方式。另外，乡村学校劳动课程内容的组织是课程评价的基础和前提，如果课程组织不合理，不但达不到教育效果，甚至还可能产生负面影响。可以认为，课程内容的组织水平反映的是课程结构的不同层次之间的划分以及各个层次之间的关联性。通常情况下，课程内容组织有三种水平：在最高层面，课程组织结构反映的是学校课程的总体构成；在中间层面，课程组织结构按顺序编排，通常反映以学期或学年为单位的学习进程或学校进度；在最低层面，课程组织结构指教学单元，每个单元一般包括持续几天或几周的课程内容要素。

一、乡村学校劳动课程内容的组织原则

课程内容组织原则是指对各种课程类型所包含的事实、原理、情感、经验以及学习环境中非预期性的知识、价值观念、态度等方面进行组织时所坚持的准则。乡村学校劳动课程内容组织是开放的和变化的，而不是封闭的和僵死的，需要在实践中予以更新和补充。乡村学校劳动课程结合课程实践需要，在组织课程内容时遵守连续性、顺序性、统整性、灵活性原则。[①]

（一）连续性原则

这一课程内容的组织原则，要求直线式地陈述主要的课程组织要素，并将需要学习的课程要素在不同的学习阶段予以重复，便于学生学习和巩固。乡村学校劳动课程在课程内容的安排上，既应为学生提供持续学习和锻炼的机会，也要为学生提供反复实操和巩固创新的机会。

（二）顺序性原则

顺序性原则是指将选出的课程要素根据学科的逻辑体系和学生的身心发展水平，按由浅入深和由简到繁的顺序组织起来。乡村学校劳动课程内容组织强调学习应从已知到未知、从具体到抽象，这是符合人的认知和成长规律的。顺序性与连续性相互联系，但顺序性又超越了连续性。仅仅在同一水平上重现

---

① 靳玉乐. 课程论[M]. 北京：人民教育出版社，2012：223-225.

某一主要的课程要素，这虽然确保了课程内容的连续性，但不能保证学生在技能、态度和其他某些因素方面获得实质性的发展。因此，乡村学校劳动课程只有在连续性的基础上保持其课程内容组织的顺序性，才能真正使课程要素在不同水平上逐步深化，从而促进学生的全面发展。

（三）统整性原则

统整性原则是指打破学科之间的界限和传统的知识体系，找到各种课程内容之间的内在联系，并将其整合为一个有机的课程整体。乡村学校劳动课程内容组织体现统整性原则，这一原则有利于消除将学生的经验、社会生活以及知识内容割裂开来的弊端，有利于把学生既有经验和新的需要、兴趣、经验等整合在一起，从而使学生形成完整的人格。统整性原则既有利于打破学科间的孤立状态和壁垒，通过拓展知识的广度来深化知识的深度，进而产生知识的最大程度累积效应。此外，它还有利于建构家庭生活、学校生活和社会生活等各方协同的课程共同体。同时，需要思考的是，乡村学校劳动课程无论是以学生经验为中心的整合，还是以学科知识为中心的整合，亦或是以社会生活经验为中心的整合，都要求课程内容组织者精通学科或课程的主要内容。

（四）灵活性原则

灵活性原则也叫弹性原则，是指在组织课程内容时，既要强调统一性，也要强调灵活性。乡村学校劳动课程内容组织的统一性是指指导思想的统一，是以教育目的、学校培养目标和课程目标为归宿的统一。乡村学校劳动课程内容组织的灵活性是指在参照国家课程标准的前提下，加强课程内容与学生生活和社会实际的联系，坚持因地制宜，宜工则工，宜农则农。[①]

二、乡村学校劳动课程内容的组织方法

乡村学校劳动课程内容的组织方法有以下几类：打通纵向组织和横向组织，畅通直线式组织和螺旋式组织，联通逻辑顺序组织和心理顺序组织，贯通渐进性组织和跨越性组织。[②]

① 教育部. 义务教育劳动课程标准（2022 年版）[S]. 北京：北京师范大学出版社，2022：2-3.

② 靳玉乐. 课程论[M]. 北京：人民教育出版社，2012：225-228.

（一）打通纵向组织和横向组织

纵向组织又称序列组织，是指按照某些准则，以从具体到抽象、从已知到未知、从简单到复杂的顺序编排课程内容。横向组织是指依据一致性原则，将学科间相近的内容、方法、原理进行统整而形成课程内容。乡村学校劳动课程内容组织要综合运用纵向和横向组织方法。纵向组织强调课程逻辑结构的严密性和独立性，以及课程知识的关联性和递进性；横向组织强调培养学生的综合思维能力和创造能力，帮助学生提升劳动兴趣，激发学生劳动热情。

（二）畅通直线式组织和螺旋式组织

直线式组织就是将一门学科的内容按照逻辑顺序排列，使之形成一个连贯的序列。螺旋式组织要求课程内容在不同阶段反复出现，但要逐渐扩大范围和加深程度。直线式组织的优点在于能够较完整地反映一门学科的逻辑体系，能够避免不必要的课程内容的重复，而且有利于培养学生的逻辑思维能力。螺旋式组织的优点在于既能紧密结合学生的心理发展特点，将学科发展的前沿成果融入课程内容中，又能使学生对学科知识的理解更加深入，有助于培养学生的创造性思维，以及劳动品质和劳动精神。

（三）联通逻辑顺序组织和心理顺序组织

乡村学校劳动课程内容的组织既要考虑逻辑顺序，也要考虑心理顺序。逻辑顺序组织是指按照学科本身的系统和内在联系组织课程内容。心理顺序组织则是指按照学生心理发展特点组织课程内容。一方面，乡村学校劳动课程具有内在逻辑性，只有把握了相关逻辑关系才能有针对性地进行课程内容组织。另一方面，乡村学校劳动课程内容是为学生安排的，如果不符合学生的心理发展特点，就难以被接受或认同。

（四）贯通渐进性组织和跨越性组织

渐进性组织强调渐进过程，不仅要求按照知识的难易程度和逻辑顺序排列课程内容，也要求考虑学生心理发展的顺序。跨越性组织强调知识之间的联系。乡村学校劳动课程内容的组织应当兼顾渐进性与跨越性，使学生在日常劳动学习中逐步提高对知识综合应用的能力。

第三节　乡村学校劳动课程的内容要点

乡村学校劳动课程内容以日常生活劳动、生产劳动和服务性劳动为主，以10个任务群为基本单元。[①]

一、乡村学校第一学段的劳动课程内容

乡村学校第一学段（1~2年级）的劳动课程内容应该至少涵盖"清洁与卫生""整理与收纳""烹饪与营养""农业生产劳动""传统工艺制作"等五个任务群，其他任务群不做要求，有条件的乡村学校可结合实际情况开展。

（一）清洁与卫生

"敬畏自然、讲究洒扫"是中华民族优秀的家风家教传统。甲骨文中就已经出现"洒"和"扫"字。《鄘风·墙有茨》有云："墙有茨，不可扫也。"《唐风·山有枢》有云："子有廷内，弗洒弗扫。"《豳风·东山》有云："洒扫穹窒，我征聿至。"在古代中国，"洒"和"扫"是生活的一个方面。朱熹将洒扫纳入私塾的学规中，在《童蒙须知》中专设"洒扫涓洁"一章，要求："凡为人子弟，当洒扫居处之地，拂拭几案，当令洁净。"清末《修身教科书》中有"清洁"一课，要求："几案必整齐，堂室必洁净。"《新国文》第2册第25课提到："天方明，人已醒，披衣下床，日光满窗。梳洗完，至窗前，取帚扫尘，取布拭几。"[②]1949年9月通过的《中国人民政治协商会议共同纲领》第四十二条指出："提倡爱祖国、爱人民、爱劳动、爱科学、爱护公共财物为中华人民共和国全体国民的公德。"[③]徐特立随后撰文道："建立新的劳动观点，把劳动看为高尚的、光荣的。"1950年版《初级小学国语课本》第1册第34课提到："我在家里，天天扫地，房里院里，都扫得很干净。"第2册第8课提到："大家的事大家做，昨天你们扫地，今天我们扫地，明天他们扫地，

---

① 顾建军. 义务教育劳动课程标准（2022年版）解读[M]. 北京：北京师范大学出版社，2022：60.

② 张礼永. 教育与洒扫的千秋之变：最简单的劳动教育形式及其应注意的问题[J]. 全球教育展望，2020，（6）：16-20.

③ 中国人民政治协商会议共同纲领[EB/OL]. （1949-09-29）[2024-08-15]. http://www.cppcc.gov.cn/2011/12/16/ARTI1513309181327976.shtml.

轮流值日，大家都要扫地。"1951年版《初级小学国语课本》第1册第13课提到："弟弟洒水，洒好了，哥哥扫地。哥哥扫地，扫好了，地上很清洁。地上很清洁，大家都欢喜。"1955年版《初级小学课本·语文》第1册关于"洒扫"的课文提到："哥哥洒水，我和妹妹扫地。"[①]同年，教育部公布的《小学生守则》第十条规定："好好当值日生，积极参加课外活动。"[②]1961年版《十年制小学课本·语文》第1册的"爱劳动""值日要认真"部分都配了洒扫的插图，课文《值日》提到："今天是我们小组值日，我们一到学校就洒水、扫地、擦黑板、擦桌子椅子。做完了，我们看教室很干净，桌子椅子很整齐，心里真高兴。"1978年版《全日制十年制学校小学课本·语文》中也有洒扫插图。1993年版《九年义务教育六年制小学教科书·语文》"看图说话"部分有洒扫插图。2001年，全国新一轮基础教育课程改革启动，2001年版《义务教育课程标准实验教科书·语文》第1册保留了在家庭之中洒扫的内容，在学习拼音和识字部分配有洒扫插图。[③]

2022年教育部印发《义务教育劳动课程标准（2022年版）》，把"清洁与卫生"列为第一个任务群。[④]乡村学校第一学段劳动课程的"清洁与卫生"任务群包括以下三方面内容。

第一，引导学生在学校和家庭中参加简单的清洁劳动。一是学习使用卫生工具。正确握拿笤帚，能够清扫干净地面；正确使用拖把，能够拖洗干净地板；正确折叠抹布，能够擦拭干净桌面。另外，要提醒学生沾湿笤帚和拧干拖把，扫地的时候不能扬起灰尘，拖地的时候不能把水溅到墙壁上，抹布要冲洗干净等，了解清洁过程中的注意事项。在清洁劳动结束后，还要引导学生把笤帚清洗干净，把拖把清洗甩干，把抹布冲洗拧干，把所有卫生工具归类摆放到固定的位置，养成良好的劳动习惯和生活习惯。二是了解常见的洗涤用品。通常情况下，常见的洗涤用品主要有个人护理用品、家居清洁用品和餐食洗洁用品。要了解牙膏、香皂、洗手液、洗发水、沐浴液、洁面乳等个人护理用品；要了解肥皂、洗衣粉、洗衣液、洁厕液、除垢剂等清洁用品；要了解洗洁精、碱面水、食盐水、白醋水等洗洁用品。三是学会一般的洗涤流程。通过淘洗拖把、

① 张礼永. 教育与洒扫的千秋之变：最简单的劳动教育形式及其应注意的问题[J]. 全球教育展望，2020，（6）：21.

② 何东昌. 中华人民共和国重要教育文献[M]. 海口：海南出版社，1998：416.

③ 张礼永. 教育与洒扫的千秋之变：最简单的劳动教育形式及其应注意的问题[J]. 全球教育展望，2020，（6）：21-23.

④ 教育部. 义务教育劳动课程标准（2022年版）[S]. 北京：北京师范大学出版社，2022：12.

清洗碗筷、手搓红领巾、手洗袜子等实践劳动，了解、学会和掌握一般的洗涤流程，在洗涤的过程中能够根据实际需要正确选择和适量使用洗涤用品，在使用洗涤用品去除污渍后，要用清水把物件上残留的洗涤液冲洗干净。

第二，引导学生了解垃圾分类投放知识。在日常生活中，垃圾可分为厨余垃圾、可回收物、有害垃圾、其他垃圾四类。[①]厨余垃圾是指在家庭中产生的菜帮菜叶、瓜果皮核、剩菜剩饭、废弃食物等易腐性垃圾；从事餐饮经营活动的企业和机关、部队、学校、企业事业等单位集体食堂在食品加工、饮食服务、单位供餐等活动中产生的食物残渣、食品加工废料和废弃食用油脂；农贸市场、农产品批发市场产生的蔬菜瓜果垃圾、腐肉、肉碎骨、水产品、畜禽内脏等。其中，废弃食用油脂是不可再食用的动植物油脂和油水混合物。可回收物是指在日常生活中或者为日常生活提供服务的活动中产生的，已经失去原有全部或者部分使用价值，回收后经过再加工可以成为生产原料或者经过整理可以再利用的物品，主要包括废纸类、塑料类、玻璃类、金属类、电子废弃物类、织物类等。有害垃圾是指生活垃圾中的有毒有害物质，主要包括废电池（镉镍电池、氧化汞电池、铅蓄电池等），废荧光灯管（日光灯管、节能灯等），废温度计，废血压计，废药品及其包装物，废油漆、溶剂及其包装物，废杀虫剂、消毒剂及其包装物，废胶片及废相纸等。其他垃圾是指除厨余垃圾、可回收物、有害垃圾之外的生活垃圾，以及难以辨识类别的生活垃圾。

垃圾分类投放不仅是为了清洁与卫生，更为重要的是可以减少环境污染，营造绿色环保的生活环境。垃圾分类投放活动能够有效帮助学生养成良好的生活习惯，树立环保意识，这是防止环境污染、加快绿色发展和建设美丽中国的真实课堂与鲜活教材。

第三，引导学生掌握科学的洗手方法，能够独立完成与个人卫生有关的日常劳动，养成良好的生活习惯。在家庭教育和学校教育中，"七步洗手法"是公认的科学的洗手方法，主要包括洗手掌、洗背侧指缝、洗掌侧指缝、洗指背、洗拇指、洗指尖、洗手腕和手臂等环节。在幼儿园"幼小衔接"和"生活习惯"课程中，学生已经掌握了"七步洗手法"，幼儿园更加注重习惯的培养，而小学在注重生活习惯培养的同时，更加注重个人素养的提升。

与个人卫生有关的日常劳动主要指的是早晚刷牙漱口、洗手洗脸、洗澡换

---

① 2020 年 9 月 25 日，北京市十五届人民代表大会常务委员会第二十四次会议通过《关于修改〈北京市生活垃圾管理条例〉的决定》。修改后的《北京市生活垃圾管理条例》对生活垃圾分类提出更高要求，2021年 4 月 6 日起施行。

衣等。家长和教师可以通过协同方式引导与指导学生，让学生认识到讲究卫生和整洁着装的重要性，并学会保持个人卫生和合理搭配衣物，逐步养成良好卫生习惯，提高独立生活的能力。

（二）整理与收纳

整理是指将物品有序地排列和分类，以达到清晰、有条理的状态；收纳是指将物品妥善地存放起来，确保它们既安全又易于取用。乡村学校第一学段劳动课程的"整理与收纳"任务群包括以下两方面内容。

第一，初步掌握简单整理和收纳的基本方法。主要包括以下内容：一是写完家庭作业后，要准备第二天的学习用品，将这些用品整齐地放入书包，并将书包放置在书桌上或其他固定的地方，以便第二天早上携带。二是将第二天要穿的衣服按照从里到外的顺序折叠好，放在自己卧室固定的位置，便于第二天早上起床穿着。三是上课前要准备好课本和学习用品，下课后要收拾整齐。四是午餐后，要把餐具收拾到餐包里或放到餐具回收处。五是放学时要把自己的书本、文具和餐包等有序装进书包，并清理干净课桌桌面、抽屉以及课桌下面的杂物或垃圾。

第二，初步形成及时整理与收纳的意识。主要包括以下内容：一是探索书本的分类整理方式，可以根据大小规格分类，也可以根据学科门类分类。二是探索文具的分类整理方式，既可以根据学习用途、形状大小、体积规格分类，也可以根据是否常用分类。三是懂得整理和收纳的顺序，首先要分门别类地整理，然后再进行收纳。四是通过开展整理和收纳劳动活动，使学生养成做事和生活有条理、有计划的好习惯。

（三）烹饪与营养

烹饪是人类社会最为基本的劳动内容。烹饪是指做饭做菜；营养是指人体为了维持正常的生理、生化、免疫功能及生长发育、代谢、修补等生命活动而摄取和利用食物养料的生物学过程。乡村学校第一学段劳动课程"烹饪与营养"任务群包括以下两方面内容。

第一，参与简单的家庭烹饪劳动。乡村学校第一学段学生年龄小、身心发展尚未成熟，独立承担家庭烹饪劳动还较为困难。但是，帮助家长烹饪，从最简单的烹饪劳动开始做起，符合这个学段学生发展特点。一是参与拣择芹菜、韭菜、蒜苗、大葱、生姜、大蒜等简单的配菜劳动，在这一劳动过程中，学会取舍的标准。二是学习清洗黄瓜、西红柿、辣椒、鱼腥草等，知道生食蔬菜在食用前要清洗干净，防止表面残留农药和细菌。三是认识到吃水果有利于营养均衡和身体健康，学会自己动手冲洗水果，会用水果刨刀削剃果皮。四是养成良好的饮水习惯，口渴时能自己烧水、自己冲饮，知道烧水时的用火与用电注意事项。

第二，初步了解食物的营养价值和食用方法。一是通过参与家庭或学校组织的烹饪劳动，了解水果蔬菜在补充人体所需的维生素和其他营养方面的重要性，能够认识到多吃水果蔬菜有益于身体健康。二是了解不同饮品对人体的各种正面和负面的影响，能够认识到牛奶对身体发育的重要作用，知道过量饮用碳酸饮料是一种不健康的饮食习惯，可能会损害身体健康。

（四）农业生产劳动

乡村学校第一学段劳动课程的"农业生产劳动"任务群要突出体验性劳动。本书课题组在实践研究的试点学校（重庆市巫溪县先锋小学）建设了"庄稼书院"。针对乡村学校第一学段学生的劳动能力，试点学校在"庄稼书院"开辟了二十四节气农业劳动区，第一学段学生通过观察的方式参与针对第二学段和第三学段学生的农业生产劳动，在参与的过程中了解农业生产劳动本身的实践性和可操作性，养成热爱农业劳动的意识。乡村学校第一学段劳动课程的"农业生产劳动"任务群包括以下两方面内容。

第一，种植常见蔬菜，饲养小动物。一是可以以班级为单位，在学校耕读教育实践基地种植常见的蔬菜，如萝卜、白菜、土豆等。二是可以由学校组织，在学校耕读教育实践基地养殖鹦鹉、鸽子等；由家庭组织，饲养土鸡、土鸭等。

第二，观察植物生长规律，了解动物生活习性。一是通过种植常见蔬菜，学会使用铲子、锄头等农具；通过养殖小动物，学会使用水温计、增氧泵等饲养工具。二是在种植和养殖的过程中，知道生物与自然的密切关系，培养精耕细作的劳动精神。三是在种植和养殖的过程中，培养养护植物和照顾动物的责任心，认识到植物、动物和人类一样，在成长和发展的历程中需要关心和爱护。

（五）传统工艺制作

中国剪纸、中国陶瓷、中国竹编等传统工艺是中华优秀传统文化的组成部分。乡村学校第一学段劳动课程的"传统工艺制作"任务群包括以下两方面内容。

第一，体验传统工艺制作过程。了解传统工艺制作主要包括纸工、泥工和编织等形式。一是在教师的指导下，学会叠纸、剪纸。二是在教师的指导下学习泥塑。三是在教师的指导下学做编织。学生在剪纸、泥塑和编织的体验过程中，了解中国传统工艺制作的基本特点、文化内涵和人文价值，感受中华优秀传统文化的魅力，培养审美能力。

第二，评析工艺作品。需要关注四个要素，即所选材料、设计图纸、制作过程、成品等。

二、乡村学校第二学段的劳动课程内容

乡村学校第二学段（3～4 年级）的劳动课程内容涵盖"清洁与卫生""整理与收纳""烹饪与营养""家用器具使用与维护""农业生产劳动""传统工艺制作""现代服务业劳动""公益劳动与志愿服务"等八个任务群，其他任务群不做要求，有条件的乡村学校可结合实际情况开展。

（一）清洁与卫生

乡村学校第二学段劳动课程的"清洁与卫生"任务群包括以下四方面内容。

第一，清洗自己的鞋袜、内衣和书包。教师引导学生经常清洗自己的鞋袜、内衣、书包，鼓励学生养成良好的生活习惯和卫生习惯。

第二，参与打扫教室卫生、摆放桌椅。教室卫生打扫主要包括扫地、拖地，擦门窗、擦黑板、擦玻璃，收拾讲台等。从年龄特征和身心发展情况来看，乡村学校第二学段学生已经具有打扫教室卫生的能力，已经懂得桌椅摆放的方法，知道纵列对齐和横行对齐，也知道第一排桌子与黑板之间应留出至少 2 米的距离，最后一排凳子与教室后墙壁之间应留出人行通道。

第三，分类投放垃圾。了解常见垃圾的类别（厨余垃圾、可回收物、有害垃圾、其他垃圾），有意识地进行科学分类，并能准确投放到垃圾收集点。不管是在家庭、学校还是社会，都能分类投放垃圾，养成垃圾分类的好习惯。

第四，自己动手创设洁净舒适的生活和学习环境。正确使用清洁和消毒用品，在打扫、清洗和消杀的实践中，创设干净、卫生、有序的生活环境和安静、适宜的学习环境。

（二）整理与收纳

乡村学校第二学段劳动课程的"整理与收纳"任务群包括以下两方面内容。

第一，能够定期抽空整理家里的书柜、衣橱和鞋柜，主动随手整理教室里的图书角、卫生工具存放角、讲台桌面。在整理的过程中，学会对物件进行分类规整和有序摆放，如书柜里的书按照学科或尺寸摆放，衣橱里的衣服按照大小或薄厚摆放，教室里的卫生工具按照类别摆放。在整理物件的同时，还要做好相应区域的清洁工作。

第二，不但能将物品摆放整齐和归类收纳，还能做到有条有序、美观合理，并且便于随手取用。家庭或教室里存放的物品，一般都比较常用，因此，在整理这些物品时，既要确保摆放整齐，也要考虑到便于随时取用，不能因为追求整理的美观性，而忽视了使用的便捷性。这就要求在整理与收纳劳动实践中，培养和训练学生的统筹思维。例如，衣橱中的衣服按照季节定期整理，把当季和常穿的衣服放在上面；书柜里经常翻阅的图书放在容易取放的地方，理论性或工具性图书放在藏书区；教室讲台上的教具归类摆放，便于教师取用。

（三）烹饪与营养

乡村学校第二学段劳动课程的"烹饪与营养"任务群包括以下两方面内容。

第一，能够简单配菜，动手制作凉拌菜和水果拼盘，学习运用蒸和煮的方法加工食材。学习简单的家常菜配菜方法；学习使用食用油、食盐、酱油、醋等调料，制作凉拌黄瓜、凉拌豆芽、凉拌三丝等凉拌菜，学习苹果、橘子、葡萄等常见水果的清洗或去皮方法，制作水果拼盘；学习蒸和煮的基本方法，加热馒头、加热包子、煮鸡蛋、煮水饺等。从乡村学校第二学段学生年龄特征和身心发展情况来看，以上内容是其参加烹饪与营养劳动实践的开始。在这一过程中学生要认识到葱、姜、蒜是常用的调味食材，食用油、食盐、酱油、味精、白糖、红糖、冰糖、花椒、胡椒等是常见的调味品。在加热馒头和包子的动手实践过程中，要学习使用蒸锅，学习使用天然气。在学习煮鸡蛋、煮水饺的劳动实践过程中，了解蒸煮的火候和正确操作方法，保证鸡蛋和饺子的熟度和口感。

第二，在学习烹饪加工初期应时刻注意安全和讲究卫生。通常情况下，凉拌菜和拼盘以生食为主，在加工的过程中一定要注意食品卫生，生食食材一定要清洗干净，切菜的砧板和刀具都要用开水消毒。在蒸煮食品的时候，要注意用水和用电安全。在使用刀具切蔬菜和水果时，要学会两手协调配合，时刻防止割伤或剁伤手指。

（四）家用器具使用与维护

乡村学校第二学段劳动课程的"家用器具使用与维护"任务群包括以下两方面内容。

第一，学习小家电使用方法。随着社会的发展、科技的进步和人们生活水平的不断提高，各种小家电进入千家万户，成为家庭中不可或缺的用品，给人们的生活带来了极大的便利，有效提升了人们的生活质量。乡村学校第二学段学生已经具有使用吹风机、吸尘器、台灯等的经验，也能够学习使用厨房小家电，如电饭煲、微波炉、烧水壶、电磁炉等。学生对这些常见小家电不陌生，通过学习正确的使用方法，有助于形成科技创新思维，从而有效完成家庭日常劳动任务。

第二，正确使用小家电。在使用小家电的过程中，掌握正确的操作流程和操作规范，确保使用过程的安全性和小家电的有效运行。如在使用吹风机、吸尘器等小家电时要注意防火，在使用电磁炉、电饼铛等厨房小家电时要防止烫伤。在使用小家电劳动的过程中，逐步形成安全劳动意识，提高劳动质量，增强生活能力。

（五）农业生产劳动

乡村学校第二学段劳动课程的"农业生产劳动"任务群包括以下两方面内容。

第一，种植常见的蔬菜。大多数乡村学校已经建立了耕读教育实践基地，大多数乡村家庭都会种植常见的蔬菜，因此，教育和实践活动可以从以下两个方面展开。一是在学校耕读教育实践基地种植蔬菜。学校教育通常是有目的、有计划和有组织的，学校可以组织学生，根据常见蔬菜的生长习性，分季节、分时段进行种植。二是在家庭的菜园种植。家庭菜园往往根据家庭成员喜好种植蔬菜，这样的菜园为学生提供了动手实践的机会。无论是在学校耕读教育实践基地种植，还是在家庭菜园种植，种植活动本身只是手段，育人才是根本。例如，通过参加学校和家庭的种植劳动活动，学生学会了耕地、播种、施肥、育苗、移栽、除草、浇水、采摘等实践技能，明白了要敬畏自然、遵循植物生长规律，形成了科学的种植观念，真正懂得了"一分耕耘，一分收获""劳动创造美好生活""人与自然和谐共生"的基本道理。

第二，养殖常见的小动物。乡村学校和乡村家庭都有养殖小动物的条件。学校可以养鸽子、鹦鹉等，家庭可以养土鸡、土鸭等。通过定期请兽医进行健康防疫，参与饲养给水、清洁卫生等劳动实践活动，学生能更好地了解鸽子、鹦鹉、土鸡、土鸭等的生长特点和生活习性，从而树立尊重生命、关爱生命的意识，养成不怕困难、不怕挫折的劳动精神，形成有始有终、坚持到底的劳动品质。

（六）传统工艺制作

乡村学校第二学段劳动课程的"传统工艺制作"任务群包括以下两方面内容。

第一，了解传统工艺制作技能技巧和方法。学习纸工、泥工、布艺、编织等传统工艺制作知识和技能，学会使用剪纸工具、制陶工具、裁缝工具和编织工具等，体会传统工艺制作技术的精湛之处。

第二，学习设计和制作简单的工艺作品。学习和掌握工艺作品制作流程，设计和制作简单的工艺作品。例如，学校可以选择春节、端午节、劳动节、中国农民丰收节、国庆节等重大节日，开展剪纸、编织、书画等劳动主题活动，学生动手设计和制作喜庆窗花、编织国旗、制作灯笼、撰写对联等。在设计和制作工艺作品的过程中，感受传统工艺的文化魅力，理解劳动创造美好生活的深刻道理。

（七）现代服务业劳动

乡村学校第二学段劳动课程的"现代服务业劳动"任务群包括以下三方面内容。

第一，到邮局邮寄信件和包裹，体验邮递服务。随着网络信息化和快递物流业的发展，学生到邮局邮寄信件、包裹的机会越来越少，通过参与现代邮政服务业劳动，学生能够了解国家邮政邮递业务基本流程和邮寄规范。

第二，到银行办理存取现金业务，体验 24 小时自助银行服务。随着微信支付、支付宝支付、银联支付等数字支付业务的快速发展，学生到银行柜台和24 小时自助银行办理业务的机会越来越少，通过参与现代银行服务业劳动，学生能够体会到现代服务业劳动对创造便利生活和美好生活的意义。

第三，到医院办理自助挂号，体验智慧医院缴费方式。随着国家公共卫生事业和智慧医疗的发展，医院挂号、缴费等业务逐渐信息化，自助挂号和自助缴费已经基本普及。通过参与现代医疗服务业劳动，学生能够掌握自助挂号、自助缴费的知识和技能，从而对现代服务业劳动的类型与特征有初步的认识。

（八）公益劳动与志愿服务

乡村学校第二学段劳动课程的"公益劳动与志愿服务"任务群包括以下两方面内容。

第一，参与校园公益劳动与志愿服务。适合乡村学校第二学段学生的校园公益劳动与志愿服务岗位主要有校史讲解员、学校运动会志愿者等。学生担任校史讲解员，有助于其了解学校办学历史，培养热爱学校的意识，养成公益劳动习惯。学生担任学校运动会的志愿者，有助于其了解奥运会、亚运会志愿者的体育情怀，激发志愿服务热情。

第二，参与社区公益劳动与志愿服务。适合乡村学校第二学段学生的社区公益劳动与志愿服务岗位主要有社区宣传员、社区少儿志愿者等。学生要积极担任社区宣传员、社区少儿志愿者，争当耕读传家、孝老爱亲的新时代"懂事""爱劳"的好少年。

三、乡村学校第三学段的劳动课程内容

乡村学校第三学段（5~6年级）的劳动课程内容涵盖"整理与收纳""烹饪与营养""家用器具使用与维护""农业生产劳动""传统工艺制作""工业生产劳动""新技术体验与应用""现代服务业劳动""公益劳动与志愿服务"等九个任务群，其他任务群不做要求，有条件的乡村学校可结合实际情况开展。

（一）整理与收纳

乡村学校第三学段劳动课程的"整理与收纳"任务群包括以下两方面内容。

第一，学会整理、保存、取舍自己的书籍、衣服和学习用品。例如，定期整理并妥善保管自己的书籍，培养藏书和存书的爱好和习惯；根据季节性气候特征，整理、取舍和保养衣服；根据学习进度和学习需要，整理、取舍、购买

学习用品。

第二，勤于清洁和整理居室，创设舒适的学习和生活环境。通过清洁和整理居室劳动实践，学会整理和收纳的方法，养成勤于和乐于整理和收纳的习惯，为自己、家人和他人创设整洁、舒适的学习环境和生活环境。

（二）烹饪与营养

乡村学校第三学段劳动课程的"烹饪与营养"任务群包括以下三方面内容。

第一，学习制作简单的家常菜。学习使用炒、煎、炖等烹饪方法，独立制作2～3道家常菜，例如炒土豆丝、煎鸡蛋、炖排骨汤等。在制作家常菜前，应向家长学习制作方法，并通过网络查找烹饪技巧，不仅要把菜烧熟，还要讲究色香味俱全，要适合家庭成员口味，不能浪费食材。

第二，参与家庭烹饪全过程。利用周末时间，学生可以参与家庭烹饪全过程。一是参与做菜，包括买菜（或从自家菜园摘菜）、择菜、洗菜、烧菜、盛菜、装盘等完整做菜过程。二是参与蒸饭，包括取米、淘米、蒸米、盛饭等完整蒸饭过程。三是参与做面，包括取面、和面、揉面、擀面、切面、煮面、捞面等完整做面过程。

第三，设计一份家庭营养食谱，根据食谱和父母一起制作一桌家常菜。一是设计一份家庭营养食谱，既要考虑家庭成员的饮食爱好和习惯，也要考虑家庭成员的身体状况，兼顾有特殊饮食需要的成员。二是和父母一起制作一桌家常菜，既要考虑食材的丰富性，也要考虑营养结构的均衡性，讲究凉菜和热菜搭配、荤菜和素菜搭配、主食和汤类搭配。另外，要根据家庭成员的食量，科学和适量制作，避免剩菜，拒绝浪费。

（三）家用器具使用与维护

乡村学校第三学段劳动课程的"家用器具使用与维护"任务群包括以下三方面内容。

第一，掌握家用电器的规范和科学操作方法。通过查询或阅读产品说明书，了解家庭常用电器的功能特点，掌握基本的操作方法。通常情况下，大多数家庭在使用家用电器的时候，并没有充分挖掘和利用其所有功能。通过"家用器具使用与维护"劳动课程的专门学习和实践，学生要熟练掌握电视机、电冰箱、洗衣机、电风扇、空调等的功能特点，掌握其基本的操作方法。另外，由于家用电器使用时间通常较长，而更新换代速度又很快，学生除了在家庭中熟悉和掌握家用电器的基本功能和操作方法之外，还应利用假期和社会实践时间，到家用电器营业场所或售后服务点考察和学习，学习中国制造精神、了解中国制造速度。

第二，使用洗衣机的不同功能洗涤不同材质的衣物。学生通过阅读洗衣机的产品说明书，了解其性能和功能，并初步建立程序性思维。例如：要求学生区分外套、毛衣、内衣等不同材质的衣物，分层分类选择洗衣机上的按键，科学规范地进行洗涤，养成良好的洗涤习惯。

第三，使用烹饪电器的各项功能满足食品制作的不同需求。电饭煲、电煮锅、高压锅、电烤箱等不同的家庭烹饪电器，通常具有蒸、煮、炖、烤等不同的功能。通过了解家庭烹饪电器的基本功能，学习家庭烹饪电器的使用方法，学生能够进一步提高生活自理能力，逐步形成对家庭生活的认同感和责任感。

（四）农业生产劳动

乡村学校第三学段劳动课程的"农业生产劳动"任务群包括以下两方面内容。

第一，种植常见的蔬菜粮食、盆栽花卉和各类果树。乡村学校或家庭可以为学生提供一定的便利条件。学生可以种植韭菜、大葱、大蒜、香菜、辣椒、茄子、西红柿、土豆、萝卜、白菜，以及小麦、高粱、玉米等家庭常见的蔬菜和粮食，通过亲手种植，掌握常见农具的使用方法，亲身体验从播种到收获的整个过程，体验丰收时的喜悦。学生可以种植蝴蝶兰、文竹、丁香花、百合花等家庭和教室宜养可赏的常见花卉，通过栽培盆栽花卉，体验劳动创造美好生活的过程，享受自然之美。另外，学生可以在家庭院落或学校里移栽一些樱桃树、李子树、杏树、苹果树、柑橘树、核桃树、葡萄树等，通过移栽果树，树立春天植树的意识，体验秋天时家园或校园里硕果累累的美景，形成亲近自然、亲近土地的情感态度。

第二，饲养常见的家畜和家禽。乡村学校耕读教育实践基地或家庭饲养圈为学生提供了饲养条件。学校可以组织学生开展饲养活动，在乡镇兽医的指导下，在耕读教育实践基地饲养鸽子、金鱼和兔子等。家庭可以在乡村兽医的指导下，让学生在饲养圈饲养猪、羊、牛、狗、鸡、鸭、鹅、鱼等。通过参与学校组织的饲养活动和家庭的饲养活动，学生能够掌握家畜和家禽的饲养方法，了解它们的生活习性，见证它们的成长过程，从而激发对动物的爱护之情和对自然的亲近感。

（五）传统工艺制作

乡村学校第三学段劳动课程的"传统工艺制作"任务群包括以下两方面内容。

第一，了解传统工艺特点和发展历史，初步掌握制作技能和方法。研读地方历史文化，考察地方非物质文化遗产，了解我国传统陶艺、纸工、布艺、编织、印染、皮影、版画等工艺的特点和发展历史，从中选择1～2项传统工艺项目，学习和掌握其制作技能和方法，感受我国传统工艺劳动中蕴含的智慧，传承传统工艺所承载的优秀传统文化，不断提升自身审美和鉴赏能力。

第二，设计工艺制作方案，选择合适的材料和工具制作简单作品。读懂和参考传统工艺图样，结合自身生活和学习需要，设计工艺制作方案，根据原始图样和设计方案选择合适的材料和工具制作自己可以用得到的传统工艺品，增加生活情调，弘扬工匠精神，初步形成精益求精、精耕细作的劳动创造精神。

（六）工业生产劳动

乡村学校第三学段劳动课程的"工业生产劳动"任务群包括以下四方面内容。

第一，选择工业生产项目，体验工业生产劳动过程。木工、砖工、金工、水电工是工业生产劳动中最为常见的工种。乡村学校可以共建共享共用科学实验室和劳动实验室，如建设木工科学与劳动实验室、砖工科学与劳动实验室、金工科学与劳动实验室、水电工科学与劳动实验室等，为学生体验工业生产劳动过程创造条件。在木工生产劳动体验中，学生可以制作木头板凳、木头书架等；在砖工生产劳动体验中，学生可以建造小房子等；在金工生产劳动体验中，学生可以学习焊接技术，维修学校的桌椅板凳，制作农业生产劳动工具等；在水电工生产劳动体验中，学生可以学习水电工技术，维修学校水电设施设备等。通过参与工业生产劳动，学生能更好地树立工程意识，提高动手操作的能力，提升工业劳动创造思维，传承中国工业制造精神。

第二，了解工艺技术、熟悉工业生产工具和材料。通常情况下，在工业生产劳动中，生产和制作一种产品，需要用到工具、设备、材料，需要学习工艺技术，熟悉加工流程。首先要了解工艺技术。工艺技术是劳动者利用各种工具，对各种工业原材料或各种工业半成品进行加工和处理，最终制作出可以使用的成品的工业劳动方法与过程。根据工业生产目的和用途的不同，可以将工艺技术分为木工工艺、钳工工艺、机械加工工艺、电焊气焊焊接工艺等。材料是工业生产的基础，工具是工业生产的条件。在乡村学校工业生产劳动课程中，教师应尽量选择常见的工具和材料，给学生提供参与工业生产劳动的机会，让学生体验工业制造为生活带来的便利。

第三，动手完成产品模型或原型组装与测试。了解产品的外观尺寸、零部件规格、产品结构组成以及部件之间的连接关系等，根据图样组装产品模型或原型，并测试组装后的运行效果，体验工业生产劳动的过程，收获工业生产劳动的结果。例如，制作一个木头板凳，首先设计木板凳结构图，然后根据结构图确定各结构的尺寸，并准备和制作各个部件，接着按照安装步骤为各个部件编号，最后独立完成组装和安装。通过这一制作过程，学生能够体验劳动带来的幸福感，增强自信心。

第四，体验工业生产劳动创造物质财富的成就感。在常见的产品模型或原型的生产实践过程中，学生可以了解和学习日常生活用品的制作技术，更加直观地认识工具、材料和设施，体验工业生产劳动过程和物质财富创造过程。教师应鼓励学生探索运用各种生产技术、工艺技术和制作方法，解决现实生活中的工业生产问题；引导学生正确使用工具，合理利用资源，节约耗材，学会维护和保养设备；引导学生传承敬业、精益、专注、创新的工匠精神，在实践中获得成就感，逐步培育追求卓越品质的精神。

（七）新技术体验与应用

乡村学校第三学段劳动课程的"新技术体验与应用"任务群包括以下两方面内容。

第一，参观智慧农田和现代农业基地。学校组织学生参观集物联网、大数据、智能控制、卫星遥感等为一体的现代化智慧农田和现代农业基地，在学生的心中种下现代农业科技梦想的种子。

第二，学习智能农机和现代农具的使用方法。智能农机和现代农具形式多样，在不同的应用场景中，借助大数据、人工智能等科技手段，使用相应的农机和农具，可以完成除草、采摘、分拣、包装等工作，覆盖了耕、种、管、收全过程。学校组织学生到田间动手实操智能农机和现代农具，能够使学生了解未来如何运用科技手段实现无人化、智能化耕作，让学生深刻体会科学技术是第一生产力的真理论断，培育学生的农业强国梦想。

（八）现代服务业劳动

乡村学校第三学段劳动课程的"现代服务业劳动"任务群包括以下两方面内容。

第一，了解乡村电子商务和快递物流配送体系。《中共中央　国务院关于做好二〇二三年全面推进乡村振兴重点工作的意见》指出："全面推进县域商业体系建设。加快完善县乡村电子商务和快递物流配送体系，建设县域集采集配中心，推动农村客货邮融合发展，大力发展共同配送、即时零售等新模式，推动冷链物流服务网络向乡村下沉。"①乡村学校可以联合乡村电子商务和快递物流配送机构，为学生提供了解乡村电子商务和快递物流配送体系的机会，培养学生的乡村振兴意识。

第二，了解乡村旅游、乡村养老等现代服务业。《中共中央　国务院关于做好二〇二三年全面推进乡村振兴重点工作的意见》指出："加快发展现代乡村服务业"，"发展乡村餐饮购物、文化体育、旅游休闲、养老托幼、信息中介等生活服务"②。乡村学校可以联合乡村旅游和乡村养老机构，为学生提供了解乡村旅游、乡村养老等现代服务业的机会，培养学生的现代服务意识。

（九）公益劳动与志愿服务

乡村学校第三学段劳动课程的"公益劳动与志愿服务"任务群包括以下两方面内容。

第一，参加校园绿化与卫生公益性劳动。学校组织学生全面学习和深刻领会"这十年，总书记带领我们一起植树"③的思想内涵，系统讲解"绿水青山就是金山银山"的理念，为学生提供校园绿化与卫生公益劳动岗位，带领学生一起建设干净明亮的校园环境，营造舒适的校园文化氛围。

---

① 中共中央　国务院关于做好二〇二三年全面推进乡村振兴重点工作的意见[N]. 人民日报，2023-02-14（001）.

② 中共中央　国务院关于做好二〇二三年全面推进乡村振兴重点工作的意见[N]. 人民日报，2023-02-14（001）.

③ 杜尚泽，贺勇. 这十年，总书记带领我们一起植树[N]. 人民日报，2022-03-29（001）.

第二，争做乡村精神文明宣传的志愿者。根据《中办印发〈关于在全党大兴调查研究的工作方案〉》[①]的要求，学校应制定农村精神文明志愿者调研方案，为学生提供精神文明志愿者岗位。学生要争做乡村精神文明宣传的志愿者，可以通过调研的方式，协助村委会了解乡村家风家教、家庭收入、家庭遇到的困难等情况，为乡村振兴贡献力量。

四、乡村学校第四学段的劳动课程内容

乡村学校第四学段（7～9年级）的劳动课程内容涵盖"整理与收纳""烹饪与营养""家用器具使用与维护""农业生产劳动""传统工艺制作""工业生产劳动""新技术体验与应用""现代服务业劳动""公益劳动与志愿服务"等九个任务群，其他任务群不做要求，有条件的乡村学校可结合实际情况开展。

（一）整理与收纳

乡村学校第四学段劳动课程的"整理与收纳"任务群包括以下三方面内容。[②]

第一，灵活运用整理与收纳的方法，从整体上完成对家庭各居室和教室内部物品的整理与收纳。第四学段的学生已经步入初中，整理与收纳的劳动任务在不断增加，其难点是家庭各居室的整理和收纳。通常情况下，家庭各居室的衣柜、鞋柜、书柜、壁柜，以及厨房里的橱柜、冰箱等，都需要进行整理和收纳，这是一项系统的打理工程。

第二，与他人合作对居室、教室进行适当的装饰和美化，设计有特色、易操作的环境美化方案。对居室的装饰和美化指的是根据居室功能或家风家教，适当添加装饰品或做一些简单的视觉调整，让生活空间更有文化气息。对教室进行装饰和美化时，可以根据励志文化、耕读文化、书香文化等主题来布置。

第三，独立整理与收纳外出远行的行李箱，依据行程安排和天气状况准备衣物和生活用品。外出远行所用的行李箱空间非常有限，却需装入个人衣食住行所需物品，这就要求学生进行统筹规划和有序布置。在规划和布置时，需要综合考虑行程、天气及个人需求等多方面因素。

---

① 中办印发《关于在全党大兴调查研究的工作方案》[N]. 人民日报，2023-03-20（001）.
② 顾建军. 义务教育劳动课程标准（2022年版）解读[M]. 北京：北京师范大学出版社，2022：72-73.

（二）烹饪与营养

乡村学校第四学段劳动课程的"烹饪与营养"任务群包括以下三方面内容。[1]

第一，根据家庭成员身体健康状况、饮食特点等设计一日三餐的食谱，注意三餐营养的搭配。科学设计家庭一日三餐的营养食谱，了解每餐对身体健康和能量补充的不同作用，合理搭配荤素，确保饮食均衡。一般情况下，早餐要确保提供一天所需的营养和能量，午餐应满足下午活动的能量需求，晚餐则应适量，避免营养过剩。

第二，独立制作3~4道家常菜。既要有凉菜，也要有热菜；既要有荤菜，也要有素菜。独立烹饪时，应注意用具、用火、用电和用水的安全，了解相关的常识和注意事项，要提防热油溅伤、开水烫伤和灶火烧伤等意外的发生。

第三，了解科学膳食与身体健康的密切关系，增进对中华饮食文化的了解，尊重从事餐饮工作的普通劳动者。深入了解和掌握中国八大菜系的主要特点和分布地域，感受中华饮食文化的丰富内涵和文化特质，乐于学习和传承家中长辈的传统烹饪方法，提倡创新探索和精心加工，制作适合家庭成员口味的美味佳肴。同时，通过烹饪的实践和对饮食文化的深入了解，更深刻地理解饮食学问，体悟家庭烹饪的辛劳，懂得感恩父母长辈，尊重从事餐饮工作的普通劳动者，养成吃苦耐劳的烹饪劳动习惯和乐于奉献的劳动精神。

（三）家用器具使用与维护

乡村学校第四学段劳动课程的"家用器具使用与维护"任务群包括以下两方面内容。[2]

第一，通过阅读产品说明书，了解家用器具的基本结构、工作原理和保养方法。可以选取家庭常用电器，正确规范使用并了解其内在结构、工作原理，学会保养，从而培养中国制造精神。

第二，使用工具对家用器具进行简单的拆卸、清理和维修等。认识常见的工具，如螺丝刀、扳手、尖嘴钳等，使用这些工具拆卸家用器具，并进行简单的日常清理，同时，能够根据说明书上的提示判断家用器具的小故障，并进行简单的维修，如空调滤网的清洗，饮水机的清洗与消毒，电风扇小故障的判断与维修等。

---

[1] 顾建军. 义务教育劳动课程标准（2022年版）解读[M]. 北京：北京师范大学出版社，2022：77-78.
[2] 顾建军. 义务教育劳动课程标准（2022年版）解读[M]. 北京：北京师范大学出版社，2022：82-83.

（四）农业生产劳动

乡村学校第四学段劳动课程的"农业生产劳动"任务群包括以下两方面内容。[①]

第一，选择 1～2 种优良种植或养殖品种，开展系列化种植或养殖劳动实践，让学生体验农业生产劳动过程。首先，根据乡村学校第四学段学生的认知特点，选择当地 1～2 种优良种植或养殖品种，开展系列化种植或养殖劳动实践。例如，组织家庭组合盆栽、农副产品保鲜与加工、水产养殖、稻田养殖等活动，让学生体验先进的种植和养殖的方式与方法。其次，以服务教学、科学管理、高效运行为原则，做到统筹规划、合理设置，切实提高校内耕读教育实践基地的投资效益。同时，结合"农业生产劳动"任务群的项目特点，选择本地能够满足劳动实践教学需要的与园艺、农副产品保鲜与加工、水产养殖等相关的劳动教育社会资源，建设校外劳动教育基地，为学生提供参与农业生产劳动的场所或平台。最后，引导学生学习校内外园艺、农副产品保鲜加工和水产养殖等知识。让学生了解修剪锯子、整枝剪刀、环割剪刀、嫁接剪刀、锹铲、花耙子、花叉子等常见的园艺农具，清洗机、烘干机、包装机等农副产品保鲜加工设备，增氧机、投放饲料机、水质检测仪、水温计、捞鱼筛子、装鱼网箱等水产养殖设备的使用方法。

第二，帮助学生了解中国传统农业的特点，分析现代农业与传统农业的区别，理解种植、养殖与生活及经济的关系。在充分观察和分析本地气候特点、土壤条件、饲养条件等农业生产条件的前提下，有计划、有目的地组织和开展种植、养殖学习与实践活动。可以通过组织多样化的花卉盆栽设计与创作活动，激发学生的创造力；通过开展农副产品保鲜与加工活动，引导学生学习冷藏和保鲜技术；通过开展养殖活动，引导学生深入理解人与动物的关系，领悟人与自然和谐共生的重要性，树立环境保护和生态文明的意识。

（五）传统工艺制作

乡村学校第四学段劳动课程的"传统工艺制作"任务群包括以下两方面内容。[②]

第一，选择 1～2 项传统工艺制作项目，了解其基本特点，熟悉制作的基

---

① 顾建军. 义务教育劳动课程标准（2022 年版）解读[M]. 北京：北京师范大学出版社，2022：89.
② 顾建军. 义务教育劳动课程标准（2022 年版）解读[M]. 北京：北京师范大学出版社，2022：93-94.

本技能与方法。学生可以根据自己的喜好，从陶艺、纸工、布艺、木雕、刺绣、篆刻、拓印、景泰蓝、油漆、烙画等中进行选择，了解所选传统工艺的特点和制作方法。

第二，绘制传统工艺制作示意图，进行工艺作品制作，既要突出创造性，也要符合传统工艺的制作要求。根据传统工艺制作的劳动需要，综合运用工艺知识进行创造性的设计；通过绘制规范的传统工艺制作示意图，表达设计方案和基本构想，并合理选择相应技能制作工艺作品；感受传统工艺作品中蕴含的人文价值和工匠精神，初步养成精益求精和追求品质的劳动精神。

（六）工业生产劳动

乡村学校第四学段劳动课程的"工业生产劳动"任务群包括以下三方面内容。[①]

第一，选择一些工业生产项目，进行产品设计和加工，体验工业生产劳动过程。例如可以选择木工、金工、电子、服装、造纸、纺织等工业生产项目，根据实际需要，设计和加工制作简单的产品。

第二，熟悉所选工业生产项目的工具特点、设备用途和加工材料要求。知道木工主要是对木材进行加工，包括画线、锯割、刨平、凿空、连接、表面处理和花纹制作等加工过程。知道金工主要是对金属材料进行加工，包括画线、锯割、锉削、钻孔、打铁、砸制银饰、镶金等加工过程。知道电子主要涉及焊接工艺，包括焊件表面处理、预焊接头、焊接等加工过程。知道布艺主要包括服装制图、布料裁剪、缝纫等过程。

第三，理解工业生产劳动在人类生产和生活中的重要作用。学生通过实践，理解工业生产劳动对人类生产和生活的重要意义，了解科技发展、产品数字化、中国制造升级换代的进程，形成参与工业生产劳动的积极态度，以及遵守安全操作规范的良好劳动习惯。同时，在工业生产劳动过程中，初步形成精益求精和追求卓越的工匠精神，感知普通工业生产劳动者爱岗敬业和甘于奉献的劳动精神等。

（七）新技术体验与应用

乡村学校第四学段劳动课程的"新技术体验与应用"任务群可以从乡村学

① 顾建军. 义务教育劳动课程标准（2022 年版）解读[M]. 北京：北京师范大学出版社，2022：99-100.

校与乡村现代农业产业园的合作方面选择内容。^①乡村振兴的关键是产业振兴。近些年，随着乡村振兴的发展，无土栽培等现代农业技术在乡村不断推广，乡村学校可以与乡村现代农业产业园加强合作，拓展产业园的育人功能，组织学生了解现代农业生产的技术和方法，形成尊重新技术生产劳动、新技术劳动者和新技术劳动成果的观念，建立积极参与新技术生产劳动的态度，感受新技术在改善乡村生活和生产，以及提高人民生活品质中的重要作用，体悟劳动人民创造新技术的智慧，感受新技术劳动中蕴含的新时代劳动精神。

（八）现代服务业劳动

乡村学校第四学段劳动课程的"现代服务业劳动"任务群，可以根据学生兴趣和实际条件，从数字化校园管理、智能化食堂管理、乡村旅行路线设计项目、乡村特产营销项目等方面选择内容。^②一是学生可以结合数字化校园和智能化食堂管理要求，为学校校园和食堂提供基于数据分析的现代信息服务。二是学生可以结合当地地理优势、文化特点、历史文物、乡村振兴等情况，为乡村旅游提供解说服务。三是学生可以根据当地乡村产业和产品特色，提供基于营销方案设计的乡村特产营销服务。鼓励学生在亲身参与和体验现代服务业劳动的同时，了解现代服务业劳动所具备的优势与面临的挑战，充分认识现代服务业劳动的特征与独特的社会价值，形成通过自己的劳动创造美好生活的社会责任感。

（九）公益劳动与志愿服务

乡村学校第四学段劳动课程的"公益劳动与志愿服务"任务群，可以从学校、社区公益劳动与志愿服务项目方面选择内容。学生可以参加学校或社区的移动书亭或物品捐赠资源共享站建设、社区或乡村环境治理、社区公园或乡村市场环境优化、公共健身设施维护、社区或乡村公共卫生服务等具有一定挑战性的公益劳动与志愿服务项目。^③另外，学生也可以做乡村产业振兴的讲解员，在参与乡村志愿服务的过程中，提升公共服务意识和社会责任感。

① 顾建军. 义务教育劳动课程标准（2022年版）解读[M]. 北京：北京师范大学出版社，2022：105-107.
② 教育部. 义务教育劳动课程标准（2022年版）[S]. 北京：北京师范大学出版社，2022：32.
③ 教育部. 义务教育劳动课程标准（2022年版）[S]. 北京：北京师范大学出版社，2022：32-33.

第六章　乡村学校劳动课程开发的实施途径

课程实施是指把课程规划付诸实践的过程[①]，它既是生成和达到课程目标的基本途径，也是传播和创新课程内容的基本方式。任何课程方案，都要经历课程设计、课程实施和课程评价的过程，课程实施是不可缺少的环节。[②]经过学校课程与教学委员会或者其他机构批准的校本课程，可进入正式的实施程序。[③]乡村学校劳动课程实施是落实劳动课程内容、体现独特育人价值、展现课程实践性特征、为学生提供劳动实践机会的重要载体。[④]

第一节　乡村学校劳动课程实施的概述

课程实施把课程理论设计与课程实践有机地统一起来，确保课程标准的落实，保证教育方针不走样。[⑤]具体地讲，课程设计得越好，实施起来就越容易，育人效果也就越好。

一、乡村学校劳动课程实施的含义

课程实施是常用的一个术语，是指一套规定好的课程方案实际的运行过程。[⑥]课程实施通常有三个阶段，第一阶段是作出使用课程计划的决定，亦称为"发起"或"动员"阶段；第二阶段是实施或最初使用阶段；第三阶段是常规化或制度化阶段。[⑦]

---

① 施良方. 课程理论——课程的基础、原理与问题[M]. 北京：教育科学出版社，1996：128.
② 钟启泉. 课程论[M]. 北京：教育科学出版社，2007：201.
③ 王嘉毅. 课程与教学设计[M]. 北京：高等教育出版社，2007：362.
④ 顾建军. 义务教育劳动课程标准（2022年版）解读[M]. 北京：北京师范大学出版社，2022：129.
⑤ 王鉴. 论我国基础教育课程设计的理论逻辑[J]. 课程·教材·教法，2022，（11）：51-57.
⑥ 钟启泉. 课程论[M]. 北京：教育科学出版社，2007：202.
⑦ 施良方. 课程理论——课程的基础、原理与问题[M]. 北京：教育科学出版社，1996：129.

　　课程实施的过程不是简单地执行课程方案，它是一个动态的过程。课程实施者总用自己的观点和认识理解课程方案，在具体实施的过程中就会有不同的结论。课程设计和课程实施是相互联系的，在课程实施过程中，一线教师需要了解课程设计者的意图，需要体会课程方案中所体现出来的课程观点和课程意志。课程设计者应当在课程实施之前充分考虑实施过程中可能遇到的困境，并在课程实施的实践研究（或试点性实验）中发现具体问题，及时修订、完善和补充课程方案。因此，课程实施不只是一线教师的事情，也是课程设计者、课程决策者、课程评价者需要共同思考的事情。

　　任何课程都包含着一定的目的，如需要掌握什么知识、需要学会什么技能、需要获得什么价值观等，欲实现预定目的，就必须通过教育活动使预期的课程付诸实践。[①]编制出来的课程要能很好地落实，必须考虑课程实施中各种人的因素和物的因素。在人的因素方面，课程是实现教育目标的手段，教育目标能否通过课程实现，学生在其中起着重要的作用，教师在课程实施中起主导作用。在物的因素方面，课程资源开发要注意科学性、思想性和教育性，教学设备也是课程资源开发的重要组成部分。[②]事实上，还可以将课程实施的含义界定为教师将事先经过规划的课程设计付诸实际教学行动的实践历程。具体地讲，课程实施也就是将书面课程转化为实践课程的行动。[③]也就是说，教师将规划和准备好的"书面的课程"转化为课堂情境（课堂教学、课外活动、社会实践）中具体的教学实践的过程。[④]

　　虽然课程实施定义条目较多，但概括起来至少有两点共识：课程实施是将编制好的课程计划付诸实践的过程，是实现预期的课程理想、达到预期课程目的、取得预期教育结果的手段，课程计划与课程实施是理想与现实、预期结果与实现结果之间的关系；课程实施是通过课堂教学、课外活动、社会实践等途径，将编制好的课程付诸实践。[⑤]课程实施既是将事先规划的课程方案付诸实践的传递行动，也是课程参与者（教育行政人员、专家学者、教师、家长、学生）协同对话与教育理念转型的行动过程与实践历程。结合以上分析可以对乡村学校劳动课程实施进行界定，即乡村学校劳动课程实施是动态的演绎过程，

---

① 菲利浦·泰勒，科林·理查兹. 课程研究导论[M]. 王伟廉，高佩译. 北京：春秋出版社，1989：83.
② 陈侠. 课程论[M]. 北京：人民教育出版社，1989：266-275.
③ 黄光雄，蔡清田. 课程发展与设计[M]. 台北：五南图书出版股份有限公司，2009：221.
④ 钟启泉. 现代课程论（新版）[M]. 2版. 上海：上海教育出版社，2006：221.
⑤ 李定仁，徐继存. 课程论研究二十年（1979～1999）[M]. 北京：人民教育出版社，2004：90-91.

不是僵化的线性步骤，是力求更新课程理念，构建课程哲学文化（耕读文化），通过课堂教学、课外活动、社会实践等途径，将编制好的课程方案付诸实践的过程。

二、乡村学校劳动课程实施的取向

课程专家富兰、庞弗雷特和利思伍德等人提出了课程实施的三种取向，即得过且过取向、改编或适应取向、忠实或精确取向。[1]黄光雄、蔡清田等人认为，课程实施是课程设计规划与课程发展当中的一个重要步骤，在课程实施的过程中也牵涉到许多问题，其中主要有三个不同的观点：一是忠实的观点，强调课程实施的过程中，教师应该遵循课程设计者的理念，考虑如何实施设计者的课程；二是调适的观点，强调教师可以在课程实施的过程中，根据教学环境和教学对象的不同，优化原有的课程理想或课程价值；三是落实的观点，即从忠实观、调适观转移到落实观，重视课程发展设计的转化与课程实施行动的落实。[2]本书认为课程实施的取向是对课程实施过程本质的不同认识，以及支配这些认识的相应的课程哲学观，课程实施存在四种基本取向，即得过且过取向、忠实执行取向、相互调适取向和课程创生取向。[3]

（一）得过且过取向

得过且过取向是一种最为保守的做法。[4]这种取向性的行为只为躲避问题，既没有课程理论创新思考，也没有开展课程改革的意识。即使进行了临时性或间断性的探索，也急于看到实践成效。这种课程实施取向往往是为应付、跟风而临时决定的，没有明确的课程发展方向，最后的结果也是无法预计的。

（二）忠实执行取向

忠实执行取向即教师在课程实施过程中忠实地执行课程设计方案。[5]这种取向倡导教师要忠实地反映课程设计者的意图，力求达到预设的课程目标，在具体实施过程中，教师虽然可以对课程设计者设定的一套程序和要求进行局部

① 施良方. 课程理论——课程的基础、原理与问题[M]. 北京：教育科学出版社，1996：131.
② 黄光雄，蔡清田. 课程发展与设计[M]. 台北：五南图书出版股份有限公司，2009：225-232.
③ 李定仁，徐继存. 课程论研究二十年（1979~1999）[M]. 北京：人民教育出版社，2004：92-96.
④ 施良方. 课程理论——课程的基础、原理与问题[M]. 北京：教育科学出版社，1996：131-132.
⑤ 钟启泉. 现代课程论（新版）[M]. 2版. 上海：上海教育出版社，2006：499-500.

调整，但总体上应严格遵循，因为它是评价（或考试）的依据。我国多年来一直采用全国统一课程标准，一线教师往往习惯于尽可能忠实地反映课程设计者的意图，并根据教材要求组织课堂教学。[①]

忠实执行取向的基本特征集中体现在对课程、课程实施、课程知识、课程变革以及教师角色的认识方面。课程是体现在学程、教科书、教师指导用书、教师的教案或课程改革计划方案中有计划的内容；课程实施是教师在教学实践中执行课程计划、课程方案、课程标准等具体的教学内容的过程；课程知识是由课程专家在课堂之外筛选的；课程变革是课程专家在课堂外研制课程计划，教师在课堂中实施课程计划，并根据预先设计好的评价维度衡量课程实施成效的系统性过程；教师是课程计划的忠实执行者。[②]

（三）相互调适取向

相互调适取向主张课程设计者与课程实施者前期要相互沟通，结合实际情况对课程方案进行修正，采用一种最为有效的方法来确保课程实施的最优化、高效能和高品质。相互调适取向强调课程实施不是单方面地传递、接受和灌输，而是双向的互动、改变和优化。因此，课程实施者可以根据学校教育的实际情况对课程方案和课程标准进行弹性的、拓展性的调整。相互调适取向还强调，一种课程方案和课程标准付诸实践后，可能会发生两方面的变化：一方面，既定的课程方案发生变化，以适应具体实践情境的特殊需要；另一方面，既有的课程实践发生变化，以适应课程方案的特定要求。相互调适取向倾向于把课程变革视为一种复杂的、非线性的和不可预知的过程，而不是预期目标与规划方案的线性演绎过程。这就需要关注课程实施过程中社会情境因素、教师能力因素等方面的影响，借此完善课程变革过程中的运行机制。[③]相互调适取向认为，课程实施过程是课程计划、教师、学生或学校实践情景在课程目标、课程内容、实施方法、组织模式诸方面相互调整、改变与适应的过程。[④]

（四）课程创生取向

课程创生取向把课程实施视为师生在具体课堂情境中共同合作、创造新的

① 施良方. 课程理论——课程的基础、原理与问题[M]. 北京：教育科学出版社，1996：132.
② 李定仁，徐继存. 课程论研究二十年（1979～1999）[M]. 北京：人民教育出版社，2004：93.
③ 钟启泉. 现代课程论（新版）[M]. 2版. 上海：上海教育出版社，2006：500-501.
④ 李定仁，徐继存. 课程论研究二十年（1979～1999）[M]. 北京：人民教育出版社，2004：93-94.

教育经验的过程。①课程创生取向强调"课程是实践""教师即课程",教师决定课程成败,专家设计的课程仅仅是一种暂时性的假设,教师要在教学实践中加以实验,并与学生产生交互作用。"当'每一个教师都成为课程设计者,每一间教室都成为课程实验室,每一所学校都成为教育社区'之日,也就是新课程得以完美落实之时。"②课程创生取向是课程实施研究中生成的一种新兴取向。③课程是教师与学生实际体验到的经验,是情景化的、人性化的,教师是课程开发者,教师和学生是课程构建的主体,课程创生的过程是教师发展和学生成长的过程。④

综上所述,得过且过取向不利于学生发展,是不可取的、负面的做法。其他三种课程实施取向,各有其存在的价值,因为它们从不同层面揭示了课程实施的本质。忠实执行取向强化了课程政策制定者和课程专家在课程改革中的作用,相互调适取向把外部专家所开发的课程与对课程产生影响的学校情景因素相互衔接,课程创生取向则突出了处于具体教育情景中的教师和学生在课程开发中的主体地位。在课程目标非常明确和具体、课程计划相当完善、外部干扰因素较小、教师科研水平不高、课程变革被视为线性地实施预定课程计划的过程的情况下,采取忠实执行取向可能最为有效。当课程目标不是很明确、课程计划也没有明确规定、外部因素变化较大、教师具有较强科研能力和较高素质的情况下,相互调适取向可能更加容易被接受。课程创生取向具有浓厚的理想主义色彩,要求教师不仅善于对课程专家开发的课程作出正确的判断、选择和解释,更要善于根据具体情景的特殊需要创造自己的课程,教师和学生是课程开发的真正主体,这种取向对教师专业水平的要求是很高的,因此它的推行范围也是有限的。忠实执行取向、相互调适取向、课程创生取向三者之间存在着递进式的超越关系,相互调适取向超越忠实执行取向,课程创生取向超越相互调适取向。⑤

我国传统采用全国统一的课程计划、课程方案、课程标准,往往习惯于忠实地执行课程设计者的意图,并根据教材要求组织课堂教学。《义务教育劳动课程标准(2022年版)》明确指出:"劳动项目具有一定的开放性和选择性,

① 钟启泉. 现代课程论(新版)[M]. 2 版. 上海:上海教育出版社,2006:501.
② 钟启泉. 现代课程论(新版)[M]. 2 版. 上海:上海教育出版社,2006:501-502.
③ 李定仁,徐继存. 课程论研究二十年(1979~1999)[M]. 北京:人民教育出版社,2004:94.
④ 李定仁,徐继存. 课程论研究二十年(1979~1999)[M]. 北京:人民教育出版社,2004:94.
⑤ 李定仁,徐继存. 课程论研究二十年(1979~1999)[M]. 北京:人民教育出版社,2004:94-95.

学校可以因地制宜，结合实际情况，根据任务群安排，开发劳动项目，形成校本化劳动清单。"[①]乡村学校劳动课程实施可采用相互调适取向，构建具有乡村文化特质和符合乡村学校实际情况的劳动课程。

三、乡村学校劳动课程实施的影响因素

课程实施是一项非常复杂的工程，受诸多因素的影响和制约，要想有效地实施课程，就必须全面考量各种因素，如显性的（人的因素和物的因素）、隐性的（促进的因素和障碍的因素）。

（一）显性因素：人的和物的

课程实施在人的因素方面，需要考虑学生和教师的地位；在物的因素方面，需要考虑教学设计（或教案）和教学设备的作用。[②]

第一，学生和课程实施。课程是实现教育目标的主要手段，教育目标能够实现，学生在其中起着重要作用。学生学习后的反馈是课程编制的重要依据，也是衡量教育目标是否实现的依据。学生在课程实施中，起着检验课程编订是否科学、是否适切的作用，课程知识选择、课程难度、编排顺序、课程结构等都要经受学生的检验。因此，课程方案设计好以后，最好经过试教、修改和完善，再行推广使用。

第二，教师和课程实施。教师在课程编制过程中起到参谋的作用，一些有课程开发经验的老师可以参与课程的编制。广大教师都是课程实施者。教师在教学过程中要起到主导性的作用，也就是在课程实施中具有主导作用。具体包括以下内容：一是要深刻领会党和国家的教育方针，深刻理解课程本身的育人价值。二是要熟悉课程方案、课程标准，要对课程地位有明确的认识。三是要熟悉课程计划，了解课程目标、课程要点，以及教学重点、难点和教学时间的分配等。四是要熟悉各学段的全部课程内容，注意纵向衔接，熟悉各学段的教学进度，注意横向联系。五是要制订全学年或一学期的教学进度计划，安排好课程实施的进度，注意教学内容和教学设备的配备、课堂作业和课外作业的设计，以及实验作业和实践作业的布置等。六是制订各单元的教学计划，设计每节课的教案（或讲稿），这是课程落实到课堂和学生身上的最后一步，也是至

---

① 教育部. 义务教育劳动课程标准（2022 年版）[S]. 北京：北京师范大学出版社，2022：12.

② 陈侠. 课程论[M]. 北京：人民教育出版社，1989：266-275.

关重要的一步。七是教师应该是课程改进的积极参与者，要能主动提出课程改进的建议，如在课程知识选择、课程实践环节、制作教具以及培养学生创造能力等方面，为课程改革提出创新性的建议。总之，教师如果想要在课程实施中发挥好主导作用，不仅要提高自己的教学水平，还要不断加强自己在教学研究方面的专业素养。另外，课程方案制订得再好，课程标准编写得再好，如果没有教师来落实，也不能发挥课程本身应有的作用。因此，教师是保证课程质量的关键。有了优秀教师，即使课程方案有缺点，他也可以弥补；如果缺乏优秀教师，即使课程标准优点很多，也难以发挥作用。所以，在学校课程开发中，应注重教师的专业发展。

第三，教学设计（或教案）和课程实施。教学设计（或教案）既是教师预设的课程框架，也是学生将要接受的课程框架。教学设计（或教案）是教师按照课程标准所规定的教学目标要求、教学内容范围，按照学生的身心发展阶段，适应时间和空间的需要而撰写的系统和完整的教学文本。教师在教学过程中把教学设计（或教案）转化为教学活动，因此，这就要求教学设计（或教案）要有科学性、思想性和教育性。

第四，教学设备和课程实施。如果说教学设计（或教案）是可接受的课程框架，那么教学设备则是促进学生接受课程框架的不可缺少的条件，教学设备落后或没有教学设备，会直接影响课程实施效果。

（二）隐性因素：促进的和障碍的

课程实施受多种因素影响，这些因素既有促进方面的，也有阻碍方面的。[1]

第一，课程计划本身的特性。课程开发本身就是一种课程改革，课程实施是为了把这种课程改革引入课程实践，而相应的课程计划的特性就成为影响课程实施的重要的因素。课程计划的特性主要包括：一是可复制或可推广性。课程开发往往是根据课程设计者的意图进行的，课程设计者往往在一定可操作的情境中编制课程，但是如果离开了课程设计者所处的情境，课程计划的可复制或可推广性可能会受到影响。二是和谐性或一致性。即课程计划与时代主流的价值取向和行为方式之间的一致程度。三是可操作性或实践性。即课程计划使用时的方便程度和实践条件。四是优越性或政策性。课程计划在学校课程体系中的占比一般由课程政策决定：如果占比高，学校会更加重视该门课程；如果

---

[1] 施良方. 课程理论——课程的基础、原理与问题[M]. 北京：教育科学出版社，1996：145-147.

占比低，学校对该门课程的重视程度就不高。

第二，交流与合作。交流与合作可以是课程编制者与实施者之间的交流与合作，也可以是课程实施者（学生、教师）之间的交流与合作。通过交流与合作，课程设计者向课程实施者解读课程理念、价值取向、基本假设等，为课程实施者提供一些有利于课程实施的建议。另外，通过交流与合作，课程实施者（学生和教师）也能深入理解课程本身的内涵，学生和教师之间交流合作有助于提高课程成效，教师和教师之间交流合作有助于提升课程质量。因此，在课程实施过程中的各种交流与合作，有助于课程实施者加深对课程计划的认识，增进对课程内容的理解，从而使课程成功实施。

第三，课程实施的组织和领导。教育行政部门和学校领导对课程的实施负有领导、组织、安排、监督等职责。课程实施制度是课程实施成功的保证。教育行政部门应为课程实施提供支持，学校领导要在学校营造课程改革的氛围，鼓励和动员教师开展课程改革研究，尊重教师的课程愿景和课程理念，为教师开展课程改革提供帮助。

第四，各种外部因素的支持。新的课程计划的实施，往往需要社会各界的支持。例如：新闻媒体、社会团体、学生家长的理解和支持，可以为课程实施提供动力；课程政策支持、经费保障、技术支撑等，可以为课程实施提供助力；社区的支持和认同，可以为课程实施提供便利。

第二节　乡村学校劳动课程实施的方式

任何课程设计，最终都要通过课程实施才能达成目标。课程实施要从注重学生的外在变化转向注重学生的内在变化，从强调学习的结果转向强调学习的过程，从教师的教转向学生的学，从封闭的教学组织形式转向开放的教学组织形式。[①]乡村学校劳动课程实施，注重动手实践、亲手操作和亲身体验，突出实践育人、生活育人和文化育人。

一、乡村学校劳动课程实施注重实践育人

乡村学校劳动课程的实施强调让学生参与完整的劳动实践过程，更加注重

---

① 李定仁，徐继存. 课程论研究二十年（1979～1999）[M]. 北京：人民教育出版社，2004：98.

在劳动实践中育人。所谓实践育人，就是让学生在真实的劳动过程中将直接知识与间接经验结合起来，解决现实问题。要从劳动课程实际出发，解决劳动课程理论学习与实践体验相结合的问题。既要让劳动课程知识与学生的已有经验、劳动情感、创新思维发生关联，也要让劳动课程知识与生产实践关联。[①]从体力劳动层面讲，乡村学校劳动课程实施要让学生动手实践、出力流汗，接受锻炼、磨炼意志。从劳动过程层面讲，乡村学校劳动课程实施要让学生面对真实的生产情境，亲历劳动过程，亲自动手操作，亲身参与体验。通过参与丰富多样的劳动实践活动，学生能够学习劳动知识和技能，感悟劳动本身的价值，树立积极向上的劳动精神。[②]

二、乡村学校劳动课程实施注重生活育人

"陶行知曾把生活教育的基本形态高度概括为：'农夫的手，科学的头脑，改造社会的精神。'"[③]生活是教育的原点，乡村学校劳动课程具有鲜明的生活性特征，按照个人和社会的需要帮助学生认识世界和改造世界。[④]从学生身体发展角度来说，乡村学校劳动课程能使学生的身体机能得到强化，能促进血液循环，加速新陈代谢，有利于学生的身体发展。从学生的内在成长角度来说，乡村学校劳动课程作为一种教育手段，有助于培养学生良好的生活习惯，让学生在劳动课堂中学会生活。从劳动观念角度来说，乡村学校劳动课程帮助学生正确认识劳动的价值，树立劳动最为光荣的生活实践观。从学生的思维方式角度来说，乡村学校劳动课程有助于激活学生的思维，让学生在劳动实践活动中结合所学所见所思，体验生活、回归生活，丰富精神世界。同时，乡村学校劳动课程帮助学生从亲近自然走向适应社会，使学生树立劳动意识和承担社会责任。[⑤]另外，乡村学校劳动课程蕴含着丰富的生活哲理。[⑥]一是辛勤劳动的生活态度。中华民族自古以来就是一个勤劳奋斗的伟大民族，辛勤劳动是生活之需，吃苦耐劳是处世之本。二是诚实劳动的生活品质。诚实劳动是人们生活的基本准则，即要实事求是、身体力行，不可投机取巧、不能弄虚作假。三是尊重劳

① 王鉴. 加强实践育人，让学生在现实世界中解决真实问题[N]. 光明日报，2023-05-16（015）.
② 顾建军. 义务教育劳动课程标准（2022年版）解读[M]. 北京：北京师范大学出版社，2022：40.
③ 左亚. 用陶行知生活教育理论引领学校劳动教育的实践与探索[J]. 中国教育学刊，2020，（S1）：35-36，43.
④ 胡佳新，刘来兵. 回归生活力视域下的青年劳动教育[J]. 中国青年社会科学，2020，（1）：110-116.
⑤ 王鉴. 加强实践育人，让学生在现实世界中解决真实问题[N]. 光明日报，2023-05-16（015）.
⑥ 陈珊珊，张旸. 中华传统哲学中的劳动思想智慧及其教育传承[J]. 教育学术月刊，2021，（12）：95-101.

动的生活精神。即要尊重劳动及劳动者，承认劳动的地位和价值。

杜威提出的"教育即生活"、陶行知主张的"生活即教育"，从不同的角度阐释了教育与生活的关系。劳动源于生活，劳动应融入生活，劳动也是为了生活。因此，乡村学校劳动课程实施应扎根于现实生活，回归乡村生活本源。

三、乡村学校劳动课程实施注重文化育人

劳动教育是人改造世界，满足人的物质和精神文化需求，实现人的自由发展的文化实践。乡村学校劳动课程实施的文化本质意味着劳动教育中的一切范畴，包括物质、生产、知识、课程、教学、价值等，都具有文化的含义。[①]耕读文化是中华优秀传统文化的根基，重拾耕读文化思想观念，对延续中华文明、推进历史进程、弘扬中华美德、培育劳动精神都具有深远意义。乡村学校劳动课程实施在实践研究的基础上，确立了耕读文化劳动课程理念：第一，树立劳动观念，知道耕读道理；第二，具备劳动能力，形成耕读意识；第三，养成劳动习惯，塑造耕读品质；第四，弘扬劳动精神，建立耕读情怀。乡村学校耕读文化劳动课程具有丰富的文化内涵和深刻的思想意蕴，注重文化传播和思想引领的有效衔接、古代文明与现代文化的有效衔接、知识技能传授和意识形态教育的有机融合。

乡村学校劳动课程倡导德美融合和劳逸结合。歌曲是艺术表现方式，具有教化功能和审美价值。时代赞歌内涵非常丰富，旋律极为优美，易于群众传唱，影响较为深远。乡村学校劳动课程实施过程中可以唱响时代赞歌。[②]《南泥湾》不仅是文化符号，也代表了一种革命精神，抗日战争时期整个抗日根据地供给濒于断绝，毛泽东发出了"自己动手，丰衣足食"的革命号召，他与红军一道辛勤劳动，向荒山野岭要粮，把原本荆棘杂草遍野、沼泽满山遍地、百里荒无人烟的南泥湾，变成了"到处是庄稼，遍地是牛羊""鲜花开满山"的"陕北好江南"。另外，"'我们的家乡在希望的田野上''我们的理想在希望的田野上''我们的未来在希望的田野上'……"[③]"《在希望的田野上》唱出了改革开放新时期亿万人民的心声，激励着一代代中华儿女在这歌声中奋发进取，

① 肖绍明. 劳动教育的文化研究[J]. 华东师范大学学报（教育科学版），2022，（2）：17-28.
② 李欣. 略论爱国歌曲的社会功能[J]. 理论探索，2013，（1）：35-37.
③ 中国音像与数字出版协会，上海音乐出版社，上海文艺音像电子出版社. 在希望的田野上——脱贫攻坚大众金曲100首[M]. 上海：上海音乐出版社，2020：19-31.

成为讴歌新中国历史成就最为精彩华丽的声乐经典和名垂史册的时代华章"[①]。记忆和重唱《在希望的田野上》这首时代赞歌，可以为乡村学校劳动课程增添文化内涵，有助于激励学生树立勤耕重读理想信念，鼓舞学生唱出乡村振兴激情和活力，引领师生"在希望的田野上"勤奋劳动、刻苦读书、成就人生、实现梦想，让学生立志"在青春的赛道上奋力奔跑，争取跑出当代青年的最好成绩"[②]。

第三节　乡村学校劳动课程实施的途径

课程并不局限于课表上排列的科目，也包括课程标准以外的各种学习活动。同时，课程实施也不仅指以课堂教学形式所开展的各种教学活动，还包括在课堂以外的小组活动甚至个人活动中的各种学业活动。因此，课外活动是课堂教学的补充。课堂教学以集体形式进行，难以充分满足每个学生的兴趣、爱好及特长发展需求，为了促进学生多元兴趣的培养与特长的发挥，应当组织丰富多样的课外活动，以促进学生全面发展。课堂教学是学校实现教育目的的基本途径，但学生的学习并不局限于课堂内，课余生活、课外活动和社会实践同样是学校教育的重要组成部分。乡村学校劳动课程实施既包括课堂教学环节，也包括课外活动环节和社会实践环节，教师要从备课、上课、批改作业的课堂空间走出来，走到自然界和社会的广阔天地，通过组织各种各样的课外活动，丰富学生的生活体验。[③]

一、课堂空间是阵地

自从夸美纽斯创设班级授课制以来，课堂教学便逐渐成为学校教育活动的一种主要形式，课堂便成为学生系统学习法定文化的一种基本场所。[④]《义务教育课程方案（2022年版）》明确了劳动课程在学校教育中的独立地位。劳动课程的教育性体现在劳动教育独特的育人价值方面。劳动课程根植于学生真实

---

① 郭克俭. 希望在田野上萌发——歌曲《在希望的田野上》诞生记[EB/OL]. （2019-09-30）[2019-09-30]. https://news.gmw.cn/2019-09/30/content_33199729.htm.
② 在青春的赛道上奋力奔跑[N]. 人民日报，2022-05-09（008）.
③ 陈侠. 课程论[M]. 北京：人民教育出版社，1989：325-326.
④ 吴康宁. 课堂教学社会学[M]. 南京：南京师范大学出版社，1999：1.

的劳动实践与体验，但劳动课程的重点不仅仅是劳动，不仅仅是让学生掌握具体的劳动方法与技术，更为重要的是让学生在劳动的过程中树立正确的劳动观念、培育积极的劳动精神、塑造优秀的劳动品质、形成良好的劳动习惯。因此，劳动课程实施要坚持教育性导向。①

劳动课程的课堂教学与其他科目的课堂教学有很大的不同，劳动课程的课堂教学应当更加突出教育性和实践性。"对分课堂"教学模式②的基本理念为劳动课程提供了一种全新的教育思路。需要强调的是，借鉴"对分课堂"并非简单地将课堂教学划分为教师讲授和学生讨论两个部分，而是要吸取其理念精髓，弥补当前劳动课程在教育性和实践性方面的不足。

（一）劳动课程课堂教学中的"对分课堂"概念

劳动课程课堂教学中的"对分课堂"有狭义和广义之分。狭义上是指，将课堂时间均等分配，一半用于教师组织学生参与劳动实践，另一半用于教师引导学生讨论或分享劳动感想，从而克服劳动课程课堂教学中只有劳动没有教育的弊端。广义上是指，在课外活动或社会实践环节组织学生参加劳动实践，另择时间在课堂教学环节进行劳动成果展示、分享和交流。狭义的劳动课程课堂教学中的"对分课堂"劳动过程与教育过程处在同一个时空，通常被称为"当堂对分"，"当堂对分"的课堂是没有空间限制的，可以在教室内，也可以在教室外（劳动现场）；相反，广义的劳动课程课堂教学中的"对分课堂"劳动过程与教育过程不在同一个时空，通常被称为"隔堂对分"。③

（二）劳动课程课堂教学中的"对分课堂"特征

乡村学校劳动课程课堂教学中的"对分课堂"实践模式，是从"劳动本身的育人价值""劳动课程不能只有劳动而没有教育或劳动课程不能只有理论讲解而没有劳动实践"的哲学立场出发，突出劳动课程课堂教学的实践性。

第一，把劳动过程和教育过程对分。劳动课程课堂教学中的"对分课堂"其显著特征是实践性和教育性在时间和空间上的对分。在劳动课程中，学生不能只跟着老师学习课程知识，更为重要的是要跟着老师参与劳动实践，老师要为学生提供动手实践的机会，学生要在动手实践的过程中接受锻炼、磨炼意志，

---

① 赵枫，刘长海. 对分课堂：劳动教育专门课程的有效教学结构[J]. 上海教育科研，2022，（5）：17-22.
② 张学新. 对分课堂：大学课堂教学改革的新探索[J]. 复旦教育论坛，2014，（5）：5-10.
③ 赵枫，刘长海. 对分课堂：劳动教育专门课程的有效教学结构[J]. 上海教育科研，2022，（5）：17-22.

培养正确的劳动价值观和良好的劳动品质。

第二，劳动过程在前，教育过程在后。劳动课程课堂教学中的"对分课堂"的核心特征是实践性在前，教育性在后。"先有劳动再有教育"从理论上讲具有两层含义：一是教育起源于劳动；二是劳动本身是劳动教育的基础。劳动课程课堂教学既不是教师在黑板上"写劳动"，也不是学生在教室里"听劳动"，它强调教师组织学生参与劳动实践，让学生通过亲身体验形成劳动价值观念[①]，进而把劳动价值的感性认识转变为理性思维，实现对劳动价值的认同。

第三，劳动过程反映教育指向性。劳动是人类创造物质财富和精神财富的活动，人类通过劳动满足生存和生活的需要。人类的劳动具有多重指向性，如创造价值、创造财富、创造生活等，学校劳动教育应更加注重提升学生的劳动素养。[②]劳动课程课堂教学环节"对分课堂"的劳动过程反映了劳动教育的指向性。除了必要的劳动生活之外，学生的主要生活是学习生活或受教育生活。从这个意义上讲，学校劳动课程弱化了劳动的本体价值，更加突出教育性。因此，劳动课程课堂教学中的"对分课堂"不刻意强调专门的劳动生产，更加注重在劳动过程中培养学生的劳动素养，这是劳动课程育人价值的集中体现。

总之，乡村学校劳动课程课堂教学环节"对分课堂"实践模式，打破了"有劳动没有教育""有讲解没有劳动"的现实困境，课堂教学环节建议采取"当堂对分"方式，课外活动和社会实践环节建议采取"隔堂对分"方式，把最为关键的教育过程放在课堂中，把劳动实践较为复杂的体验环节与课堂教学环节分开，以便提升劳动课程育人效果，达到劳动课程教学目标。

二、课外活动是延伸

课外活动，是指学校在课堂教学任务以外，有目的、有计划地针对学生组织的多种多样的教育活动。它是学生课余生活的良好组织形式。[③]课外活动也是学校实现教育目的的重要途径，课外活动有自身的特点和独特的作用。

（一）灵活性和娱乐性

课堂教学是根据课程方案、课程标准、教学计划、教学大纲、教科书和课

---

① 周莉. 论个体价值观形成发展的机制[J]. 河南社会科学，2005，（3）：9-12.

② 檀传宝. 劳动教育的概念理解：如何认识劳动教育概念的基本内涵与基本特征[J]. 中国教育学刊，2019，（2）：82-84.

③ 王道俊，王汉澜. 教育学（新编本）[M]. 2 版. 北京：人民教育出版社，1989：484.

程表进行的，有相对稳定的内容和形式。课外活动则不同，它灵活生动。课外活动的指导者可以是教师，也可以是家长或其他人。课外活动更加注重实践性和娱乐性，往往以汇报表演、娱乐竞赛、成果展览、讨论会和报告会形式开展。

（二）开放性和自主性

与课堂教学相比较，课外活动的另一个特点是不受教学计划和学校空间的限制，只要是符合教育规律、对学生身心发展有益以及合法的活动，都可以创造条件组织开展。课外活动的内容和形式更接近现实生活，为学生提供了更为广阔的活动空间，比课堂教学更具开放性。同时，学生在课外活动中具有更大的自主性，学生是课外活动的主体，教师是指导者，对学生活动的组织和辅导起着重要作用。

（三）综合性和趣味性

课堂教学是按学科进行的，课外活动则是以活动为中心进行的。课外活动具有综合性，更加注重知识和技能的综合运用。课外活动还具有趣味性，学生可以根据自己的喜好自主选择参与，活动的内容、形式也是学生喜闻乐见的，富有吸引力和感染力，能激发学生的浓厚兴趣，满足学生的精神需要。

（四）生活性和创造性

课外活动有助于充实学生的生活，扩大学生的活动空间，密切学生与社会的联系。课外活动使学生的课余生活更加充实和健康，更加生动和有趣。在课外活动环节，学生不受教学计划和学校空间的限制，可以广泛接触社会、自然、艺术等，有助于拓宽文化视野，形成高尚的道德情操。同时，课外活动激发学生的兴趣爱好，培养学生的创造才能。课外活动是根据学生的特点、需要组织的，不仅能满足学生的精神需要，而且还能激发学生的求知欲望，培养学生的兴趣和特长。在课外活动中，学生可以独立地运用自己的知识、智慧，发现问题，分析问题，解决问题。课外活动在培养学生的主体意识、创造意识，发展学生的独特个性方面具有不可取代的作用。[①]

---

① 王道俊，王汉澜. 教育学（新编本）[M]. 北京：人民教育出版社，1989：484-486.

三、社会实践是拓展

社会实践是指学生在教师的指导下，走出教室、走出学校，走进社会、走进"田野"，参与社会活动和劳动生产，以获得直接经验、实践能力、创造能力和增强社会责任感为指向的研究性、探索性、综合性的学习活动。[①]社会实践环节是课堂教学环节和课外活动环节的拓展，有利于促进学生学习与思考的结合、认知与行为的统一，是乡村学校劳动课程灵魂（勤奋劳动、刻苦学习）的纽带和桥梁。

在乡村学校劳动课程实施过程中，应倡导教育教学与生产劳动和社会实践相结合，通过社会实践活动，提高学生的综合劳动素养，培养全面发展的时代新人。因此，乡村学校应积极创设劳动课程社会实践条件，有序开展社会实践，促进学生全面发展。具体包括以下内容：第一，制定劳动课程社会实践实施制度，积极为学生创造参与社会实践和亲身体验的条件。加强与政府、企业、工厂、农场的联系，为学生搭建社会实践平台，形成全社会支持社会实践的机制。同时，根据乡村学校学生年龄发展和身心发育特点，制定科学的社会实践方案，保障劳动课程社会实践目标和任务的实现。另外，学校也可以制定一定的社会实践奖励制度，对学生参与社会实践给予奖励和肯定，激发学生参与社会实践的热情。第二，建立稳定的社会实践基地，推进社会实践有序开展。有组织、有计划地建立社会实践基地，是乡村学校劳动课程社会实践的有力保障。乡村学校劳动课程内容选择坚持因地制宜、宜工则工、宜农则农的原则。乡村学校可以与当地工厂签订社会实践合作协议，根据工厂生产流程，有计划地安排社会实践，让学生体验工厂生产的全过程。另外，乡村学校也可以与当地现代农场签订社会实践合作协议，根据农场现代农业栽培技术和庄稼生产特性，有计划地组织学生参与农业生产劳动，让学生体会劳作的艰辛，磨炼学生的意志。第三，组建社会实践指导团队，保障社会实践计划落到实处。乡村学校劳动课程社会实践也要落实指导团队制度，不能随意开展社会实践活动，社会实践指导团队组长应是学校教师和行业技术人员。在开展社会实践活动前，学校教师和行业技术人员应科学、合理地设计好社会实践方案。在活动中应引导学生带着任务参与社会实践，使学生在社会实践过程中收获经验，享受劳动创造美好生活的幸福感，体会"幸福是奋斗出来的，奋斗本身就是一种幸福"的道理；

---

① 殷世东. 中小学社会实践的价值意蕴与有效开展[J]. 课程·教材·教法，2011，（9）：9-12.

引导学生关注现实生活，在真实的世界中发展自我，形成积极向上的生活态度，在社会实践活动中感悟生活的真谛，在实质性的主体间性活动中增强社会责任感，学会生活、学会创造。①

　　综上所述，借鉴"对分课堂"模式，乡村学校劳动课程实施过程中的课堂教学环节主张：将一半时间用于教师指导学生参与劳动实践，另一半时间用于教师引导学生现场谈论劳动感想；乡村学校劳动课程实施过程中的课外活动和社会实践环节主张：教师、家长或其他人指导学生参与课外活动和社会实践，之后，教师再另择时间通过课堂教学环节与学生交流、讨论、分享劳动感想。

① 殷世东. 社会实践与人身心和谐发展[J]. 东北师大学报（哲学社会科学版），2011，（3）：206-209.

第七章　乡村学校劳动课程开发的评价结构

评价通常被定义为决定某一事物价值的过程，它在课程开发中具有诊断课程、修正课程、调适课程等优化课程运行的功能。课程评价是指研究课程价值的过程，是由判断课程在改进学生学习方面的价值的那些活动构成的。[①]课程评价旨在查明已形成和已组织的学习经验实际上带来多少预期结果，在评价的过程中鉴别课程长处和短处，既有助于检验课程编制的效度，也有助于验证课程编制的假设。[②]课程论研究学者认为，课程评价就是要提出一种科学和客观的评价措施[③]，包括对课程的设计、课程的编制和课程的实施所作的各种形式的评定。[④]课程评价是课程开发过程中一个非常重要的环节，相应的，也是乡村学校劳动课程开发的重要组成部分，对促进乡村学校劳动课程目标的实现，以及保障乡村学校劳动课程的实施效果和育人成效等都具有重要的意义。

第一节　乡村学校劳动课程评价的意义、原则、取向和方式

泰勒认为，课程评价过程实质上是一个确定课程与教学计划实际达到教育目标程度的过程。[⑤]人对课程的需要可分为社会的需要和学生的需要两大类，因而课程的价值应分为社会价值和个人价值两大类[⑥]，个人价值是直接的，社会价值是间接的，课程的全部价值只有在满足个体发展需要的基础上才能实现，离开对个体的培养，课程的社会价值将会荡然无存。[⑦]

---

① 施良方. 课程理论——课程的基础、原理与问题[M]. 北京：教育科学出版社，1996：149.

② 拉尔夫·泰勒. 课程与教学的基本原理[M]. 施良方译. 北京：教育科学出版社，1994：84-85.

③ 陈侠. 课程论[M]. 北京：人民教育出版社，1989：328.

④ 菲利浦·泰勒，科林·理查兹. 课程研究导论[M]. 王伟廉，高佩译. 北京：春秋出版社，1989：95.

⑤ 拉尔夫·泰勒. 课程与教学的基本原理[M]. 施良方译. 北京：教育科学出版社，1994：85.

⑥ 廖哲勋. 课程学[M]. 武汉：华中师范大学出版社，1991：262.

⑦ 刘启迪. 试论课程设计的客观要求[J]. 课程·教材·教法，1998，（5）：12-16.

一、乡村学校劳动课程评价的意义

国外一些学者，如"泰勒认为，评价是决定学生的行为实际发生的变化达到何种程度的过程"，"泰勒把教育看作行为的改变，行为的改变要按照学校教育的目标，教学就是为了促进学生向着教育目标而改变自己的行为，所以课程评价就是要衡量学生行为实际发生变化的程度"。克隆巴赫认为，"广义的评价就是搜集和应用信息来作出有关课程的决策"，他把评价目标表述为"课程决策"，把评价手段和方法表述为"搜集和应用信息"。斯特夫里比安认为："教育评价是描述、获取和提供有用信息的过程，以便作出不同的决策。"罗纳德·C. 杜尔认为，"课程评价是一种广泛而持久的努力，以便探究按照明确的目标所使用的教学内容和教学过程的效果"，评价的目的是衡量教育效果，"不能仅仅依靠简单的测量，也不能仅仅应用评价者主观的价值标准和信念"。"麦克唐纳认为，评价是接受、获得和交流信息的过程，以便对一门课程的教育决策作出指导。"戴维斯认为："课程评价是为了对课程作出决策和判断而描述、获取和提供有用信息的过程。"①

国内一些学者，如敬世龙认为，课程评价有两大目的：一是改进调整，评价可以促使课程设计者更改原先设计的课程；二是总结价值。②另外，黄光雄、蔡清田认为，课程评价指个人或团体对课程任务或课程实施历程的价值判断过程，是针对课程的品质、效能的正式的价值判断，是评价在课程领域的应用，课程评价进行优点和缺点的确认，并提供课程改进方向③。陈侠认为，课程评价是一个客观的过程，它要应用科学的工具来确认和解释教与学的内容和过程的效果，衡量它们的有效程度，以便为课程的改进作出有根据的决策。④和学新认为，要建立发展型课程评价制度，要有广阔的课程评价视野，参与课程评价的多元主体必须有明确的课程意识，树立发展性课程观和评价观，要向与课程发展有关的人员或群体反馈评价信息，使他们及时了解课程发展过程中的情况，从而不断促进学生、教师、课程的发展。⑤

总之，课程评价是一个持续展开的、复杂的动态过程，需要将本体论和方

---

① 陈侠. 课程论[M]. 北京：人民教育出版社，1989：329-330.
② 敬世龙. 图解课程发展与设计[M]. 台北：五南图书出版股份有限公司，2016：74.
③ 黄光雄，蔡清田. 课程发展与设计[M]. 台北：五南图书出版股份有限公司，2009：272-273.
④ 陈侠. 课程论[M]. 北京：人民教育出版社，1989：330.
⑤ 和学新. 课程评价制度创新与基础教育课程改革[J]. 教育研究，2004，（7）：79-80.

法论统整起来进行观照①，其也是促进学生全面发展的重要保障，是课程改进、变革和创新的动力。②乡村学校劳动课程评价应根据学生的身心发展规律和实践学习特点展开，通过创设与学生生活紧密联系的多样化情境，在劳动体验活动中评价学生素养发展水平。乡村学校劳动课程评价不仅要关注学生对劳动知识与技能的掌握程度，更要关注学生劳动价值观和劳动精神的培养情况。③

二、乡村学校劳动课程评价的原则

课程的评价离不开对教师教学效果和学生学习成绩的评定，但是又不限于此，它要通过对教师教学效果和学生成绩的评定考查课程编制当中的优点和缺点，以及课程实践的效果，找到亮点，发现不足，从而改进课程。因此，这就需要客观和科学地制订课程评价原则。④乡村学校劳动课程评价主要包括对学校环境、课程目标、课程组织和课程实施的评价，也包括对课程评价本身的评价。在评价过程中遵循以下原则：决策性和导向性原则、发展性和循环性原则、整体性和系统性原则。

（一）决策性和导向性原则

培养什么人、怎样培养人、为谁培养人是教育的根本问题，课程是将教育理想转化为现实的中介。课程服务于国家的教育愿景和人才培养目的，致力于将系统的文化经验转化为可促进学生成长的个体经验，在不断的经验转化与理性生成中实现育人目的。⑤课程评价是乡村学校劳动课程开发过程中必不可少的环节，有助于提高课程建设的质量。课程评价为教育政策的制定提供决策依据，也为课程专家和学校领导优化教学方式、调整课程目标、完善课程内容及改进课程实施提供依据。因此，课程评价本身具有决策价值。同时，课程评价有助于明确乡村学校劳动课程培养学生核心素养的育人导向，关注学生在学习与劳动实践过程中是否形成适应个人终身发展和社会发展需要的正确价值观、必备品格和关键能力。

① 谢翌，曾瑶，丁福军. 过程性课程评价论刍议[J]. 教育研究，2022，（7）：54-64.
② 徐彬，刘志军. 指向核心素养的课程评价探析[J]. 课程·教材·教法，2019，（7）：21-26.
③ 顾建军. 义务教育劳动课程标准（2022年版）解读[M]. 北京：北京师范大学出版社，2022：159.
④ 陈侠. 课程论[M]. 北京：人民教育出版社，1989：332.
⑤ 谢翌，曾瑶，丁福军. 过程性课程评价论刍议[J]. 教育研究，2022，（7）：54-64.

（二）发展性和循环性原则

课程评价在课程建设中具有诊断课程、修正课程、调整课程的作用。在乡村学校劳动课程开发中，一方面要依据乡村学生年龄特征和学习特点，科学制定循序渐进的课程评价目标，另一方面要发挥课程评价的反馈改进作用。实施发展性的课程评价机制，既能促进学生认真参与劳动学习与实践，又能促进教师推动课程实施、改进教学方式。[①]同时，乡村学校劳动课程是一个持续的、动态的、循环反复的、逐步完善的过程。课程评价不是乡村学校劳动课程开发的终结，而是开发过程中的一个重要环节，前一轮评价的结论将成为下一轮课程开发的重要依据，直接决定和关系着课程开发的质量，贯穿于课程开发的始终。[②]

（三）整体性和系统性原则

在课程开发的每一阶段，课程开发者都在作出选择。从某种意义上说，每一次选择过程就是一次评价的过程。乡村学校劳动课程评价秉持整体性和系统性原则，注重过程性评价和结果性评价两个方面相结合，其课程评价贯穿于劳动教育的始终。同时，乡村学校劳动课程是全校教师参与开发的课程，是面向全校、全年级的课程，其课程本身的评价应该主要由学校领导和教师实施，当然，也离不开课程专家、学生家长和社会人士的参与。因此，乡村学校劳动课程在注重学校劳动教育的过程性评价和结果性评价的同时，还要兼顾家庭劳动评价与社会实践劳动评价，充分发挥学科专家、教师、家长和社会人士等多元评价主体的作用，全方位反馈劳动课程育人成效和学生发展情况。

三、乡村学校劳动课程评价的取向

课程评价的价值取向是指每一种课程评价所体现的特定的价值观。通常情况下，课程评价的取向支配或决定着课程评价的具体模式和操作取向，因此，课程评价的取向实际上是对课程评价的本质的集中概括。课程评价往往是历史价值和时代精神的辩证统一，乡村学校劳动课程评价既要着眼于历史价值，也要立足于时代精神。[③]乡村学校劳动课程评价的取向可以归纳为目标取向、过

---

① 顾建军. 义务教育劳动课程标准（2022 年版）解读[M]. 北京：北京师范大学出版社，2022：159.
② 王斌华. 校本课程论[M]. 上海：上海教育出版社，2000：258.
③ 李雁冰. 课程评价论[M]. 上海：上海教育出版社，2002：47.

程取向和主体取向三类。[①]

（一）目标取向的课程评价

目标取向评价把评价视为将课程计划或教学结果与预定课程目标相对照的过程。乡村学校劳动课程目标取向的评价追求评价的"客观性""准确性"，往往将预定的课程目标以行为目标的方式展开陈述。目标取向的课程评价在本质上受"科技""工具"的支配。这种评价取向虽然推进了课程评价的科学进程，但在一定程度上阻碍了学生创造性的发挥，忽视了学生学习的主体性。

（二）过程取向的课程评价

过程取向试图使课程评价突破目标取向的短板。乡村学校劳动课程过程取向的评价强调把课程开发、课程实施、教学运行等各环节都纳入评价范围，主张凡是具有教育价值和育人效果的结果，不论是否为预定的课程目标，都能得到课程评价者的支持和肯定。因此，乡村学校劳动课程过程取向的评价是受"实践"所支配的，把学生在课程开发、课程实施和教学运行过程中的具体表现作为评价的主要内容，对学生在劳动过程中的创造性给予尊重和肯定。但是，过程取向的课程评价是以目标取向的课程评价为准则和指南的，其在目标取向的基础上肯定学生参加劳动实践的主体性和创造性。

（三）主体取向的课程评价

主体取向的评价认为，课程评价是评价者与被评价者、教师与学生共同建构意义的过程。乡村学校劳动课程主体取向的评价是一种价值判断的过程，这种价值是多元的，评价过程是一种民主参与、协商交往的过程。尊重差异是主体取向课程评价的基本特性。因此，乡村学校劳动课程主体取向的评价体现了课程评价的时代精神。

四、乡村学校劳动课程评价的方式

劳动课程评价是劳动课程体系建设的重要组成部分，对促进劳动课程目标的实现、丰富劳动课程内容、提升劳动课程实施成效等具有重要的反馈作用。[②]

---

① 李雁冰. 课程评价论[M]. 上海：上海教育出版社，2002：58.
② 顾建军. 义务教育劳动课程标准（2022 年版）解读[M]. 北京：北京师范大学出版社，2022：159.

乡村学校劳动课程评价倡导多元评价和多维评价相结合，诊断评价和激励评价相结合，内部评价和外部评价、平时表现评价和阶段性综合评价相结合。

（一）多元评价和多维评价相结合

乡村学校劳动课程评价既倡导评价主体的多元性，也倡导评价方案的多维度。多元评价是指课程评价不应只是教师评价，还应包括学生自评、同伴互评、家长评价等。学生自评和同伴互评非常重要，应尊重学生在课程评价中的主体地位。同时，教师和家长的评价也很重要，他们的评价更加注重激励性，以此调动学生参与劳动的积极性、主动性和自觉性。多维评价是指通过制订科学合理的多维度评价方案来对课程进行评价，评价的目的是优化课程建设。在制订评价方案的时候，既要考虑乡村学校劳动课程的核心素养目标达成度，也要避免评价维度的刻板性，建议设计多维度评价指标，从多方面展现学生的学习情况。在设计评价指标时，学生出勤、劳动态度、劳动习惯、劳动日志、劳动知识与技能等各个方面都要考虑到，基于此制订科学和细致的评价方案，使课程评价过程成为学生自我认识、自我分析、自我改进、自我完善和自我教育的过程，实现劳动育人。[①]

（二）诊断评价和激励评价相结合

乡村学校劳动课程的评价应具有诊断作用，要达到这一目标，所使用的评价工具就要有信度和效度。在内部效度方面，知识或信息同它所描述的现象之间必须紧密相关；在外部效度方面，研究结果要能从一个组类推到另一些组。在信度方面，如果测验学习成绩，不同的测量之间必须具有稳定性。[②]乡村学校劳动课程评价注重肯定学生在劳动过程中的闪光点，不仅能够激发学生劳动的积极性，也能激发学生劳动的创造性，有利于提高学生的劳动水平和劳动能力，促进学生劳动意识的形成和劳动习惯的养成。[③]

（三）内部评价和外部评价、平时表现评价和阶段性综合评价相结合

内部评价主要是指课程开发者的评价，包括形成性评价和描述性评价。外部评价主要是指未参与课程开发的第三方的评价，包括评审性评价、判断性评

① 顾建军. 义务教育劳动课程标准（2022 年版）解读[M]. 北京：北京师范大学出版社，2022：160.

② 陈侠. 课程论[M]. 北京：人民教育出版社，1989：343-345.

③ 顾建军. 义务教育劳动课程标准（2022 年版）解读[M]. 北京：北京师范大学出版社，2022：160.

价往往。乡村学校劳动课程评价不能只停留在自我评价阶段，要经得住实践的检验、获得社会的认可，不但要重视内部评价，也要重视外部评价。

可以认为，随着课程改革的不断深入，课程理论研究者和课程实践工作者已经意识到，课程评价是一项合作性很强的课程运行活动，需要有不同层次的多元主体参与。从课程评价的理论上讲，教师应该是课程评价的最重要的主体，课程评价贯穿于课程运行的始终，教育行政人员、课程专家、家长和学生等都应参与其中。[①]

另外，从课程评价方法上讲，存在量化评价和质性评价两种基本的评价方式。[②]乡村学校劳动课程评价更加倡导以质性评价统整取代单一量化评价，倡导课程评价的功能由侧重甄别转向侧重发展，强调评价问题的真实性和情境性，注重对学生平时表现的评价和阶段性综合评价。[③]

第一，注重平时表现评价。乡村学校劳动课程评价旨在了解学生在劳动过程中的表现，判断学生的劳动效果，进一步优化和调整劳动课程实施方式，从而更好地实现劳动课程预设的教学目标。[④]乡村学校劳动课程评价应紧扣课程内容要求和核心素养要求，客观和准确地反映学生在真实情境和真实场域的平时表现。一是在日常生活劳动模块评价学生在培养清洁卫生习惯、提高生活自理能力、树立自立思维和自强意识等方面的表现。二是在生产劳动模块评价学生在使用劳动工具和掌握劳动技能、形成正确的劳动价值观和劳动意识观、培养劳动情怀和劳动精神等方面的表现。三是在服务性劳动模块评价学生在培养服务性劳动意识、增强社会责任感、传承耕读传家文化等方面的表现。

需要特别强调的是，可以采用劳动任务单、劳动活动清单、劳动档案袋等方法来进行评价。可以利用劳动任务单记录各项劳动任务的设计思路，以及学生的劳动过程、劳动成果和劳动体会等情况，作为评价学生劳动学习与实践效果以及劳动目标达成情况的主要依据；可以利用劳动活动清单记录劳动项目参与、劳动技能掌握和劳动习惯养成等具体情况，劳动活动清单还可以包括学生自己的劳动体会和劳动感悟，以及家长、同学和老师写的劳动评语等内容；可以利用劳动档案袋有目的、有准备、有格式地收集学生一段时间内的劳动学习与劳动实践情况的翔实材料，了解学生在劳动时间段内所作的努力、取得的进

① 宋生涛. 传统文化学前教育课程开发的理论与实践[M]. 北京：民族出版社，2019：313-315.
② 靳玉乐，于泽元. 后现代主义课程理论[M]. 北京：人民教育出版社，2005：208.
③ 教育部. 义务教育劳动课程标准（2022年版）[S]. 北京：北京师范大学出版社，2022：52-56.
④ 教育部. 义务教育劳动课程标准（2022年版）[S]. 北京：北京师范大学出版社，2022：52.

步和成就，劳动档案袋是学生劳动的过程性记录，可以包括劳动方案、劳动过程中的照片和视频、劳动成果、劳动日志、劳动反思以及他人的一些过程性和结果性评价等内容，在条件允许的情况下，乡村学校也可以设立数字档案袋。

第二，注重阶段性综合评价。乡村学校劳动课程阶段性综合评价是学期、学年或学段结束时对学生进行的综合评价，反映学生劳动课程学习的水平和核心素养目标的达成情况。通常情况下，乡村学校劳动课程阶段性综合评价应采用过程性评价和结果性评价相结合的方式。过程性评价可以结合劳动任务单、劳动活动清单、劳动档案袋的数据进行；结果性评价可以采用讲述劳动的感受、写劳动的感悟等测评方式进行。要用好评价结果，充分发挥课程评价的反馈和改进功能，依据评价量表和评价标准对评价结果进行恰当解释，帮助学生了解自己的劳动学习和劳动实践状况，激发学生的劳动积极性，鼓励学生提出对于劳动课程建设的改进和优化建议。

第二节　乡村学校劳动课程评价的主体和相关维度

乡村学校劳动课程评价有各种各样的视角和方法，不同视角的课程评价的指向不同，不同方法的课程评价的立场不同。如果倾向评价主体，就会聚焦内部评价和外部评价；如果倾向评价过程和结果，就会聚焦形成性评价和终结性评价；如果倾向评价功能，就会聚焦选拔性评价和改进性评价。从乡村学校劳动课程评价实际来看，其主要应该回答"评什么"和"怎么评"的问题。确定评价内容是课程评价的重要依据[①]，首先应确定课程评价的对象及标准，其次应科学编制评价的具体指标，最后应科学设定评价的内容观测点。可以通过多元主体的评价和具体指标的评估反映乡村学校劳动课程运行的过程和结果。

一、乡村学校劳动课程评价的主体

乡村学校劳动课程评价贯穿于劳动课程开发始终，各评价主体要对乡村学校劳动课程开发的情境（人文环境）与目标定位、课程方案、课程实施过程及实施效果进行细致分析和评价，从各个方面不断完善与修正课程，保证课程质量，提高课程的内涵和价值，从而更好地满足学生全面发展的需要。具体包括

---

① 李子建，杨晓萍，殷洁. 幼儿园园本课程开发的理论与实践[M]. 北京：人民教育出版社，2009：157.

以下方面：一是课程领导小组对乡村学校劳动课程的定位评价。课程领导小组是乡村学校劳动课程开发的最高决策组织①，其对课程开发的目标以及课程方案进行审议。二是教师对乡村学校劳动课程的反思修正评价。课程方案制订出来以后，教师不可认为课程的开发已经大功告成，还要对课程的具体运行情况进行评价②，同时，应认真听取同行提出的中肯意见，根据学生的参与度、学习兴趣等对自己的教学情况进行反思，并反复修正课程内容。三是学生对乡村学校劳动课程的体验反馈评价。学生是课程的直接体验者与受益者，因此，学生理应成为劳动课程评价的主体之一。③学生对于劳动课程有着最为直观的感受，他们的体验和认识既深刻又独到，往往能提出尖锐的问题，反馈也很及时。课程领导小组和教师可以通过谈话、分析学生劳动成果和参与活动的积极性等方法来了解学生对劳动课程的认识。四是行业权威人士对乡村学校劳动课程的深度评价。课程领导小组可以邀请高等院校的课程专家、督学、地方教育部门教研专家等相关的行业权威人士对已经开发的或正在开发的劳动课程进行评估或审定。最好是将行业权威人士请到课程开发的试点学校进行评价，在无法实地到访试点学校的情况下，课程领导小组应向行业权威人士提供关于试点学校课程开发的背景、当地社会发展状况与人文环境、劳动教育课程建设基本情况等资料，让行业权威人士在了解了详细情况后再作客观分析与评价。行业权威人士主要对乡村学校劳动课程开发的理论基础、价值取向、课程目标以及课程方案进行审定和指导。

二、乡村学校劳动课程评价的相关维度

本书将乡村学校劳动课程评价分为过程评价和结果评价两方面（表 7-1、表 7-2）。④⑤乡村学校劳动课程开发的过程评价包括课程整体评价和课程局部评价（课程目标、课程内容、课程实施、课程评价）两类，结果评价包括评价主体（学生、教师、教育行政人员和其他参与人员等）评价和课程成效评价（方案质量、验证成绩）两类，每一类下对应具体内容指标。

① 王嘉毅. 课程与教学设计[M]. 北京：高等教育出版社，2007：364.
② 王嘉毅. 课程与教学设计[M]. 北京：高等教育出版社，2007：364.
③ 王嘉毅. 课程与教学设计[M]. 北京：高等教育出版社，2007：365.
④ 张嘉育. 学校本位课程改革[M]. 台北：冠学文化出版事业有限公司，2002：173.
⑤ 李子建，杨晓萍，殷洁. 幼儿园园本课程开发的理论与实践[M]. 北京：人民教育出版社，2009：158.

表 7-1　乡村学校劳动课程过程评价的类别与内容指标

层面		类别	内容指标
过程评价	课程整体		1.1 课程设计与规划突出时代性和发展性
			1.2 课程设计与规划注重整合性和衔接性
			1.3 课程设计与规划强调文化性和实践性
	课程局部	课程目标	2.1 课程目标的预设性和生成性
			2.2 课程目标的客观性和主观性
			2.3 课程目标的灵活性和稳定性
			2.4 课程目标的系统性和层次性
			2.5 课程目标的时序性和操作性
		课程内容	3.1 课程内容选择的目的性原则
			3.2 课程内容选择的适切性原则
			3.3 课程内容选择的协同性原则
			3.4 课程内容选择的多样性原则
			3.5 课程内容选择的量力性原则
		课程实施	4.1 课程实施注重实践育人
			4.2 课程实施注重生活育人
			4.3 课程实施注重文化育人
		课程评价	5.1 聚焦多元评价和多维评价相结合
			5.2 倡导诊断评价和激励评价相结合
			5.3 注重内部评价和外部评价、平时表现评价和阶段性综合评价相结合

表 7-2　乡村学校劳动课程结果评价的类别与内容指标

层面		类别	内容指标
结果评价	评价主体	学生	6.1 参与劳动课程建设与教学活动的意愿
			6.2 对待劳动课程建设与教学活动的态度
			6.3 劳动表现（知、情、意、行）
		教师	7.1 对劳动课程特征的认识与了解
			7.2 参与课程开发的机会与程度
			7.3 对劳动课程开发的认同感
			7.4 对劳动课程开发的投入感
			7.5 劳动课程开发中的互动与合作
			7.6 相关材料的搜集、分析与使用情况
			7.7 劳动课程教学方法的适切性
			7.8 劳动课程教学空间或劳动工具准备情况
			7.9 劳动课程开发中的意见

续表

层面	类别	内容指标
	教育行政人员	8.1 劳动课程指导思想与教育理念
		8.2 劳动课程的教学安排与落实情况
		8.3 各类资源的统筹与规划（时间、经费、奖惩等）
评价 主体		8.4 对劳动课程开发的支持与重视程度
	其他参与人员	9.1 对劳动课程开发情况的了解
		9.2 参与劳动课程开发的机会与程度
		9.3 与其他主体间的互动情况
结果 评价		9.4 对劳动课程开发的满意度
	方案质量	10.1 劳动课程开发方案的价值性
		10.2 劳动课程开发方案的有效性
		10.3 劳动课程开发方案的需求性
课程 成效		10.4 劳动课程开发方案的可行性
	验证成绩	11.1 劳动课程开发全部主体的满意度
		11.2 劳动课程开发各项规划的科学性
		11.3 劳动课程开发的成果推广和转化情况
		11.4 劳动课程开发取得的教学成绩或荣誉

第八章　乡村学校劳动课程开发的教学案例

二十四节气蕴含着丰富的科学知识、深厚的哲学思想和独特的文化价值，它是中华优秀传统文化的典范，体现了古代中国人民独有的宇宙观和自然观，彰显了人与自然和谐相处的生产方式、生活态度和精神信仰。关于二十四节气的诸多谚语是我国劳动人民生产生活经验的概括和总结，彰显了中华民族的文化创造力、精神面貌和心理特征，也展现了我国独特的风土人情、民间智慧和历史积淀，可以称得上是农耕社会的活化石或教科书。[①]本书梳理了二十四节气的基础知识、传统习俗等，并将其整合为乡村学校劳动课程的课程知识（或课程资源）。本书着眼于对传统文化的活化利用，在遵循教育教学规律的基础上，对文化进行筛选，结合学生年龄发展特点，实证性地开展乡村学校二十四节气劳动课程开发的个案研究。

第一节　立春节气劳动课程与教学活动

一、基础知识

立春节气，一般在每年的 2 月 3～5 日。立春三候：一候，东风解冻。在寒冷的冬天，往往刮的是北风，立春后东风渐增，东风送暖，冰雪融化了。二候，蛰虫始振。气温回升，暖意也浸入土壤中，冬眠的虫子逐渐苏醒。三候，鱼陟负冰。鱼儿也感觉天气变暖了，便从水底游到水面靠近冰层的地方，就好像背负着冰块游动一样。俗语说"春打六九头"，指立春日在"六九"的第一天，因此"立春"又叫"打春"。《礼记集解》曰："立春，正月之朔气也。"《月令七十二候集解》曰："立春，正月节。立，建始也，五行之气，往者过，来者续。于此而春木之气始至，故谓之立也，立夏秋冬同。"《尔雅·释天》

---

① 隋斌. 二十四节气经典谚语释义[M]. 北京：中国农业出版社，2022：1.

曰："春为发生。""春为苍天。""春为青阳。"①我国古代天文学把"立春、立夏、立秋、立冬"作为四季的开始，立是开始的意思。立春是春天的开始，从立春到立夏的这段时间都属于春天。

立春时节，阳和启蛰，品物皆春。此时的阳光不像之前那样清冷了，逐渐变得温暖。立春一日，水暖三分。但对于全国大多数地方来说，这仅仅是春天的前奏，春的气息还不算浓厚，此时冷暖空气频繁交替，气温忽高忽低，气压变化也较大，正如俗语所言"早春孩儿面，一日两三变"。由于受气流影响，这一时节有时会出现雷电天气，正所谓"立春一声雷，一月不见天""立春之日雨淋淋，阴阴湿湿到清明"。立春后，全国大部分地区将陆续进入春耕季节，"立春雨水到，早起晚睡觉"，这一时期，春耕春种工作要全面展开。此时农作物生长速度加快，油菜和小麦等越冬作物的需水量增加，应注意及时灌溉、松土并追施返青肥，促进作物生长。同时，要密切关注天气变化，抓紧耕翻田地，做好早稻的选种、晒种、播种工作。

二、传统习俗及拓展

例如：①春节。俗称过年，是我国的传统节日。立春与春节紧密相连，立春标志着春天的到来，万物复苏，生机盎然，而春节则是农历新年的开始，人们欢聚一堂，庆祝旧岁的结束与新年的到来。两者共同承载着人们对春天的期盼、对美好生活的向往以及对未来的美好祈愿，体现了中华民族顺应自然、和谐共生的文化理念。人们把农历正月初一定为春节，而在前一天，也就是大年三十（除夕），各家各户庆团圆，高高兴兴地吃年夜饭。春节有贴春联的习俗，春联又叫对联，分为上联和下联，一般还有横批，是用毛笔将对仗工整的字句写在红纸上，除夕那天贴在门框上，寄托人们对新年的美好愿望。另外，将"福"字倒贴于门上，寓意福到。春节还有放鞭炮的习俗，传说在很久以前，有一只叫"年"的怪兽常常骚扰百姓，百姓便用烧竹子发出的噼里啪啦的声音来吓跑"年"，后来逐渐演变成了过年放鞭炮的习俗。②打春牛。立春有打春牛的习俗，这是一个古老的习俗，立春这天用鞭子象征性地打春牛，寓意打去春牛的懒惰，迎来一年的丰收。

① 霍福. 二十四节气与礼乐文化[M]. 北京：社会科学文献出版社，2022：49.

三、教学设计：立春写春联①

（一）活动背景

春节贴春联是中国传统的习俗，这一习俗植根于中华文化沃土，与人们的日常生活密切相关。学生在春节期间能看到家人贴春联，知道春节有贴春联的习俗，然而，深入了解春联蕴含的丰富传统文化者却屈指可数。我们开展此次活动，旨在引导学生了解中国的春联文化，提升学生的动手能力，使学生获得劳动成就感，培育学生的家国情怀，同时为春节作准备。

（二）活动目标

1. 了解春联的相关知识和文化，欣赏不同地区的春节习俗，感受幸福生活。
2. 用书写春联的方式提前营造喜庆的节日气氛。
3. 培育学生健康的审美情趣和对传统文化的热爱之情。

（三）活动准备

课件、毛笔、墨汁、红纸、砚台、毛毡等。

（四）活动过程

1. 导入环节。教师展示关于春联的图片和视频，介绍春联的种类和名称，让学生了解中国的春联文化。
2. 体验写春联。教师进行书写示范，学生观察学习；学生动手写春联。
3. 作品展示。教师让学生在教室门口贴春联，加深对春联的认识。

（五）作业

春节和家人一起写春联、贴春联，欢度春节。

第二节　雨水节气劳动课程与教学活动

一、基础知识

雨水节气，一般在每年的 2 月 18～20 日。雨水三候：一候，獭祭鱼。冰层慢慢融化，鱼儿浮出水面，大口呼吸新鲜空气。爱吃鱼儿的水獭也出来觅食了，它们逮着鱼后先将其摆在岸边，就如同祭祀一般。二候，候雁北。从北方飞到南方过冬的大雁就要回到自己的家乡了，当人们看见天空中排着长队的大

---

① 笔者指导重庆市巫溪县先锋小学龚健林老师撰写。

雁往北飞，就知道春天真的来了。三候，草木萌动。柳树冒出嫩嫩的绿芽，休眠了一个冬天的种子也从泥土里钻了出来，它要喝着春雨长大。《礼记正义》曰："谓之雨水者，言雪散为雨水也。"[①]《月令七十二候集解》曰："天一生水，春始属木，然生木者，必水也，故立春后继之雨水。"[②]

雨水节气意味着进入气象意义的春天。这一时节，气温回暖，雪渐少，雨渐多。雨水过后，梅花还没有落完，迎春花便开放了。"雨水有雨庄稼好，大春小春一片宝。""立春天渐暖，雨水送肥忙。"民间认为雨水这一天降雨，是丰收的预兆，因此该日忌无雨。若早春少雨，雨水前后及时春灌，可保收成。

二、传统习俗

例如："拉保保"习俗。在巴蜀、巴渝这片土地上，雨水这天会举行一项特别有趣的活动，名为"拉保保"。"保保"是四川方言，就是干爹的意思。父母在雨水这天给孩子认干爹，取"雨露滋润易生长"之意，祈求孩子能健康地长大成人。

三、教学设计：雨水备种[③]

（一）活动背景

俗话说："春雨贵如油。"雨水时节，降雨量增加，适量的降水对农作物的生长很重要。我们开展雨水备种劳动实践活动，旨在引导学生学习雨水节气农耕文化常识。

（二）活动目标

1. 学生能够准确理解雨水节气备种的重要性。

2. 学生掌握备种的相关知识，包括正确的播种方法、适宜的播种量和播种密度等。

3. 学生能够感受到农业生产的艰辛与快乐，从而培养起对农业生产的热爱和保障粮食安全的责任感。

（三）活动准备

锄头、化肥、播种机等。

---

① 霍福. 二十四节气与礼乐文化[M]. 北京：社会科学文献出版社，2022：49.
② 霍福. 二十四节气与礼乐文化[M]. 北京：社会科学文献出版社，2022：49.
③ 笔者指导重庆市巫溪县先锋小学蔡王泉老师撰写。

（四）活动过程

1. 导入部分。教师引入主题："备种是农业生产中至关重要的环节，它直接影响作物的生长和产量。在备种过程中，需要注意很多细节，例如选择良种、合理播种、科学管理等，这些都需要系统地学习和实践。本节课将全面介绍备种的基本知识和技能，希望对大家有所帮助。"

2. 教师讲解备种的重要性。备种对于保障粮食生产的连续性和稳定性具有重要意义。

3. 教师讲解备种的基本步骤。一是种子选择，选择品质好、产量高的种子，确保播种后有较高的发芽率和成活率；二是土地准备，选择适宜的土地，清理杂草，翻耕土地，使土壤松软、肥沃、透气性好；三是施肥，根据土地质量和作物需求，选择合适的有机肥、化肥进行施肥，提高土地的肥力和作物的产量；四是水源准备，选择水源，确保作物生长所需的水分供应充足。

4. 展示总结。组织学生到田间进行实践操作，包括选种、翻耕土地、施肥、灌溉等。教师进行示范操作，学生观摩学习，之后学生进行实践操作，教师巡回指导，最后学生分享自己的收获。

5. 小结。教师总结："同学们，今天我们一起学习了雨水节气备种的知识，希望大家养成在每年的雨水节气备种的习惯。"

（五）作业

搜集更多的备种方法，并认真整理记录，协助家人做好今年的家庭备种工作。

第三节　惊蛰节气劳动课程与教学活动

一、基础知识

惊蛰节气，一般在每年的 3 月 5~7 日。惊蛰三候：一候，桃始华。桃花开满了山坡，蜜蜂、蝴蝶在红白相间的花海里穿梭，美丽极了。二候，仓庚鸣。仓庚就是黄鹂，也叫黄莺，是春天最早鸣叫的鸟之一，它像春天的使者一样，用婉转的歌声传播着春天的信息。三候，鹰化为鸠。鸠，指布谷鸟。惊蛰过后，鹰要躲起来繁育后代，而布谷鸟纷纷鸣叫起来，古人便以为鹰变成了布谷鸟。惊蛰，古称"启蛰"，标志着仲春（春季的第二个月，即农历二月）时节的开始。《夏小正》曰："［传］正月，启蛰。言始发蛰也。"[1]《礼记正义》曰："谓之惊蛰者，蛰虫惊而走出。"[2]惊蛰，蛰是藏的意思，生物钻到土里或洞穴中冬眠叫入蛰，它们在第二年回春后再钻出来活动，古人认为它们是被雷声震醒的，所以叫惊蛰。

惊蛰时节气温升高、春雷乍动、雨水增多。俗语有云："九九艳阳天。""春雷响，万物长。""未到惊蛰先打雷，四十九天云不开。"我国劳动人民自古就将惊蛰视为春耕的重要日子。"过了惊蛰节，春耕不能歇。""九尽杨花开，农活一齐来。"惊蛰后，我国大部分地区将进入春耕大忙季节。3月份要做好春季作物和蔬菜的定植准备工作并进行定植。早稻播种工作要结合当地往年播期进行，在冷空气来临时浸种催芽，抓"冷尾暖头"抢晴播种，播种后加强田间管理。春玉米一般在惊蛰至清明期间播种，播种前应进行晒种，提高种子的发芽率，并结合浸种催芽。3月份是春大豆最佳播种期。南瓜、菜瓜、毛豆、菜豆、豇豆等春播蔬菜，也可在3月份播种育苗。在3月底，菠菜、草头、荠菜、香菜可继续播种，这时小麦已经拔节，油菜也开始见花，对水、肥的要求均很高，应适时追肥，干旱少雨的地方应适当浇水灌溉。随着气温回升，茶树也渐渐开始萌芽，应进行修剪，并及时追施"催芽肥"，促其多分枝、多生叶，提高茶叶产量。桃、梨、苹果等果树要施好花前肥。

二、传统习俗及拓展

例如：龙抬头。即农历二月初二，多在惊蛰前后。惊蛰与龙抬头在时间维度与文化上相互呼应，首先，二者都在初春时节，预示着大地回暖、生机盎然；其次，在民间文化中，二者都有吉祥、希望的寓意，寄托了人们对新一年美好生活的向往和祈愿。民间流传着"二月二，龙抬头；大仓满，小仓流"的谚语。"二月二"这一节日起源于上古时期人们对土地的崇拜，一直延续至今。"二月二"人人都要理发，寓意"龙抬头"交好运，给小孩理发叫"剃龙头"；妇女不能动针线，恐伤"龙睛"；人们不能从井里挑水，要在前一天将自家的水瓮盛满，否则就触动了"龙头"。这天，人们通常会吃面条、春饼、爆米花、炒胡豆等美食，各地习俗虽异，但共同之处在于人们会在食品名称前加上"龙"

---

① 霍福. 二十四节气与礼乐文化[M]. 北京：社会科学文献出版社，2022：49.

② 霍福. 二十四节气与礼乐文化[M]. 北京：社会科学文献出版社，2022：50.

的头衔，如吃水饺叫吃"龙耳"，吃春饼叫吃"龙麟"，吃面条叫吃"龙须"，吃馄饨叫吃"龙眼"。部分地区有祭社习俗，"地载万物""聚财于地"，显示了人们对土地的崇拜。

三、教学设计：惊蛰煮龙须面①

（一）活动背景

通过开展"惊蛰煮龙须面"主题劳动实践活动，让学生动手实践，树立自理、自立、自强意识，形成正确的劳动价值观和良好的劳动品质，让学生在劳逸结合中感受劳动的美好，获得健康、全面的发展。

（二）活动目标

1. 了解惊蛰节气的习俗，掌握煮龙须面的方法，在实际操作中培养动手能力。

2. 学会煮面条这项生活技能，养成家庭烹饪的劳动习惯。

3. 树立合作劳动、主动劳动的意识，体验劳动的辛苦与快乐。

（三）活动准备

课件、电煮锅、筷子、汤勺、汤碗、龙须面、青菜、各种调味料等。

（四）活动过程

1. 介绍惊蛰节气及传统习俗。惊蛰，古称"启蛰"。动物入冬藏土，不饮不食，称为"蛰"，而"惊蛰"即上天打雷以惊醒蛰居动物的日子。民间素有"惊蛰吃梨""惊蛰祭白虎""惊蛰祭雷神"等习俗，在部分地区，还有吃龙须面的习俗，寓意风调雨顺、吉祥平安。

2. 介绍龙须面相关知识及做法。龙须面为传统面食，流行于北方广大地区。龙须面是一种又细又长、形似龙须的面条，由山东抻面演变而来，有悠久的历史。在惊蛰节气，部分地区有吃龙须面的习俗。龙须面的做法一般有清水煮、凉拌、炒制、红烧、做汤等。

3. 观看一段煮清汤龙须面的视频，师生交流。

4. 教师总结煮清汤龙须面的过程。葱花打底，加 1 勺香油或 1 勺猪油、2 勺生抽、少许盐、少许鸡精、1 勺醋，加入开水；锅中水烧开后关小火，打入鸡蛋，等鸡蛋凝固成形再开大火；加入面条、青菜，煮 4～5 分钟。

---

① 笔者指导重庆市巫溪县先锋小学龚健林老师撰写。

5. 知识延伸（煮面条小窍门）。煮面条时，先往锅里加入少许食盐，再加入面条，这样可以防止面条糊锅；在水中加一点油，面条就不易粘连，而且还能够防止面汤起泡沫或溢出锅。

6. 学生动手，学一学，做一做。将学生分成若干小组，每组都准备好煮龙须面需要的各种材料和工具；在小组长带领下，学生自己动手完成煮龙须面的劳动。

7. 学生品尝自己煮的龙须面。

8. 活动总结。教师总结："通过参与煮龙须面的活动，大家既品尝到了自己的劳动成果，又增强了劳动观念，动手能力进一步提高，希望每位同学在家里也能亲自动手煮面，享受自己烹饪的美食。"

（五）作业

在今年惊蛰节气，为家人煮一碗清汤龙须面。

第四节　春分节气劳动课程与教学活动

一、基础知识

春分节气，一般在每年的 3 月 20～22 日。春分三候：一候，玄鸟至。玄鸟，就是燕子。燕子在南方度过冬天后又飞回了北方，它们给屋檐增添了生机。二候，雷乃发声。这一时节能听到隆隆的雷声。三候，始电。天气多变，雨量渐多，雷声和闪电伴随而来。《月令七十二候集解》曰："春分二月中，分者半也。此当九十日之半，故谓之分。秋同义。夏冬不言分者，盖天地闲二气而已。方氏曰：阳生于子，终于午，至卯而中分，故春为阳中，而仲月之节为春分。正阴阳适中，故昼夜无长短云。此当九十日之半，故谓之分。秋同义。"①《春秋繁露》也说："阳在正东，阴在正西，谓之春分。春分者，阴阳相半也，故昼夜均而寒暑平……秋分者，阴阳相半也，故昼夜均而寒暑平。"②

春分，古时又称"日中""日夜分""仲春之月"。这一天昼夜时间几乎相等，同时春季的 90 天也由此平分。"一场春雨一场暖，春雨过后忙耕田。"

---

① 霍福. 二十四节气与礼乐文化[M]. 北京：社会科学文献出版社，2022：50.

② 霍福. 二十四节气与礼乐文化[M]. 北京：社会科学文献出版社，2022：50.

这时我国大部分地区的越冬作物都已进入春季生长阶段，正是春管、春耕、春种的大忙时期。

二、传统习俗

例如：①植树。春分节气是植树造林的好时机，敬天爱地勤植树，绿荫成林益儿孙。②吃春菜。"春菜"是野菜。采摘回来的野菜一般可做鱼片滚汤，可谓"春汤灌脏，洗涤肝肠。阖家老少，平安健康"。③犒劳耕牛。人们一般会在春分这天喂耕牛吃糯米团子，感谢耕牛任劳任怨，同时祈祷今年是个丰收年。

三、教学设计：春分移栽李子树①

（一）活动背景

生活即教育的理念倡导学生在接触自然、接触生活的过程中积累有益的直接经验和感性认识。本次教学活动旨在让学生感受季节的变化，体验自然与生活的密切联系。移栽是现代农业栽培技术，能够提高农作物的产量和质量，降低种植成本，具有重要的经济价值和社会意义。春分前后气温逐步上升，果树根系吸收养分和水分的能力提高，果树生长速度也较快。本次劳动课选题"春分移栽李子树"，旨在引导学生初步了解移栽技术，并初步掌握移栽李子树的方法。

（二）活动目标

1. 了解移栽的重要意义，积累农业生产常识。

2. 初步掌握移栽李子树的方法。

3. 养成热爱劳动的习惯，掌握劳动技能。

（三）活动准备

李子树苗、有机肥、洒水壶、小锄头、手套、铁锹等。

（四）活动过程

1. 课前导入，激发学生学习兴趣。教师播放歌曲《劳动最光荣》，让学生在歌曲中体会劳动的乐趣；引出本课主题——春分移栽李子树。

2. 讲解示范。教师播放视频，让学生了解植物移栽的重要性。带领学生认

---

① 笔者指导重庆市巫溪县先锋小学陈晓琴老师撰写。

识李子树苗，李子树苗是在苗圃中选取的优质树苗，每株树苗的根部都有泥土，这样做的目的是保持水分，提高树苗存活率。让学生观察劳动工具，了解其用法。播放视频，让学生初步了解李子树移栽的方法：第一步，用锄头翻地，将土打碎后施入有机肥；第二步，用锄头起垄，垄距约 80 厘米，垄高约 20 厘米；第三步，在垄上用锄头挖一个小坑，坑的大小要根据树根大小来定；第四步，将树苗放进坑里，扶直每株树苗后填土；第五步，为移栽好的树苗浇足水。

3. 动手操作。将学生分为四人一组，每组负责一株李子树苗的移栽工作，每组由一名家长协助指导；学生操作，教师提醒学生要注意安全，同时指出移栽过程中的不当之处，并及时指导学生改正。

4. 活动总结。教师总结："在今天的课堂中，同学们学习了移栽李子树的方法，这些方法适用于多种植物的移栽，希望同学们能学有所得，学有所获，树立劳动习惯，学会保护树木。"

（五）作业

请同学们一周后再来到绿化区给李子树浇水。

第五节　清明节气劳动课程与教学活动

一、基础知识

清明节气，一般在每年的 4 月 4～6 日。清明三候：一候，桐始华。泡桐开始开花了，紫白色的花朵聚集成团，微风吹过，轻轻摇曳，宛如风铃。二候，田鼠化为䴏。䴏，即鹌鹑之类的小鸟，生活在草丛中，清明前后在田间活动，而这时田鼠因怕热躲进洞穴，䴏的花纹和田鼠很像，人们就以为田鼠变成了䴏。三候，虹始见。虹是阳光穿过空气中微小水滴时发生折射、反射和色散而产生的彩色光带，清明前后，雨水较多，雨过天晴后空气中充斥着大量的水汽，就容易产生彩虹。清明时节，天气晴朗、温暖，草木现青。嫩芽初生，小叶翠绿，清洁明净的风光代替了草木枯黄、满目萧条的寒冬景象。

清明断雪，谷雨断霜。清明过后，气温逐渐升高，几乎不再下雪了。清明前后正是春耕的大好时节。

二、传统习俗

例如：①扫墓。清明祭祖扫墓是中国传统孝道文化的体现，大家在清明时节，来到祖先的墓前，把墓地周围打扫干净，摆上祭品，进行祭拜，表达对祖先的怀念。一些青少年儿童也自发前往烈士陵园，缅怀先烈。②踏青，春暖花开，万物复苏，正是郊游踏青的好时节。沐浴在明媚的春光中，也可以缓解扫墓时沉重心情，因此，清明节又称踏青节。③放风筝。微风拂面，正是放风筝的好时节。

三、教学设计：清明给烈士扫墓——我为烈士献花[①]

（一）活动背景

我们开展"清明给烈士扫墓——我为烈士献花"主题劳动实践活动，旨在引导学生动手插花和包装花，以此缅怀革命先烈，继承先烈遗志，发扬革命精神。

（二）活动目标

1. 学会插花和包装花的技能，能在不同场合包装不同的花束。

2. 积极参与社会劳动，增强公共服务意识，形成社会责任感。

3. 继承发扬革命先烈艰苦奋斗、敬业奉献、砥砺奋进、不怕困难的精神。

（三）活动准备

黄色和白色菊花、黑色包装纸、白色花束丝带、小刀、剪刀、胶布等。

（四）活动过程

1. 音频导入，播放《我们是共产主义接班人》歌曲。

师：你对这首歌有多少了解？

生：这首歌是中国少年先锋队队歌。

生：这首歌我们每次班会都会唱，我们作为少先队员，要不怕困难、顽强学习、为了理想、勇敢前进。

师：这是中国少年先锋队队歌，我们是共产主义接班人，这是对我们的思想指引，对我们的未来期待。不怕困难，顽强学习，勇敢前进，我们要继承革命先辈的光荣传统。

2. 引入课题。

师：同学们，你们觉得我们现在的生活条件怎么样？

---

① 笔者指导重庆市巫溪县先锋小学王美子老师撰写。

生（自由发言）：物质充足、精神富足、家国安宁等。

师：是什么创造了这富足的生活？

生：离不开人们辛勤的劳动与创造……

生：也是革命先烈用生命给我们换来的。

师：这美好的生活得益于革命先驱的英勇献身，得益于党和国家的正确领导，也得益于人民的艰苦奋斗……今天我们一起走进劳动课"清明给烈士扫墓——我为烈士献花"。

3. 花束包装。

师：无数有名的、无名的英烈，在血与火的考验中，铸就了民族和国家的不屈脊梁，他们用自己的生命换来我们民族和国家的未来。同学们，你能讲一讲让你印象深刻的英烈故事吗？

生：（讲述英烈故事。）

师：为了铭记英雄，我们组织大家到烈士陵园扫墓。扫墓之前，大家要亲手包装花束，以表达对先烈最深切的敬意和缅怀之情。

与此同时，教师向学生介绍不同花和不同颜色的包装纸所代表的意义，告诉学生祭奠场合常用花为菊花，表示哀挽，选择黑色包装纸是表达对逝者的深切缅怀。

4. 教师示范包装花束步骤。第一步，拿出黄色或白色菊花，用剪刀适当修剪花枝，挑选几枝菊花作为花束中心，注意中间位置的菊花花枝要长，边缘的花枝可以稍短一些；第二步，将黑色包装纸剪成长宽各40厘米左右的正方形，剪裁时应注意包装纸要比花高出2厘米左右；第三步，用包装纸将花束包好，并整理包装纸，用白色丝带捆住花束的底部；第四步，对花朵进行细节上的调整，对包装纸褶皱进行调整，最后用双面胶固定。

5. 学生分组进行花束包装，教师巡回指导。

6. 学生分组展示，互相评价，调整花束，尽量确保花束精美。

7. 给先烈扫墓。教师带领学生来到烈士陵园，瞻仰英雄墓碑并进行扫墓活动。第一，少先队员升队旗；第二，少先队员合唱中国少年先锋队队歌《我们是共产主义接班人》；第三，重温入队誓词；第四，全体人员默哀致敬；第五，班主任进行爱国主义教育；第六，学生代表依次为烈士敬献花束；第七，学生代表擦拭墓碑，拭去墓碑的尘土；第八，退旗并合影纪念。

8. 课堂总结。教师总结："同学们，今天我们带着自己亲手包装的菊花花束参加了为烈士扫墓的活动，不仅表达了我们崇高的敬意和缅怀之情，也激发了我们的爱国之情。希望全体同学勤奋劳动、刻苦读书、立志报国，怀抱感恩之心，时刻以革命先烈的事迹激励自己，弘扬艰苦奋斗、敬业奉献、不怕困难的革命精神，争做新时代的好少年。"

（五）作业

用文字记录下今天参加为烈士扫墓活动的经历，并谈一谈扫墓的感受。

第六节　谷雨节气劳动课程与教学活动

一、基础知识

谷雨节气，一般在每年的 4 月 19～21 日。谷雨三候：一候，萍始生。是指水中开始长出浮萍。二候，鸣鸠拂其羽。布谷鸟在枝头一边鸣叫一边梳理羽毛，就像在提醒人们赶快播种。三候戴胜降于桑。是指可以在桑树上见到戴胜鸟了。《礼记正义》曰："谓之谷雨者，言雨以生百谷。"《月令七十二候集解》曰："自雨水后，土膏脉动，今又雨其谷于水也。雨读作去声，如雨我公田之雨。盖谷以此时播种，自上而下也。故《说文》云雨本去声，今风雨之雨在上声，雨下之雨在去声也。"[①]

谷雨是春季的最后一个节气，表示春天即将过去。这时寒潮天气基本结束，气温回升加快，雨量增多，有益谷类农作物的生长，所以称为谷雨。谷雨前后是农作物播种的繁忙时期。我国长江流域有"清明下种，谷雨插秧"的谚语，华北平原有"谷雨前后，种瓜种豆"的谚语。谷雨前后，插秧、种棉、种豆、种花生，农村呈现出一片繁忙的农耕景象。

二、传统习俗

例如：①饮谷雨茶。谷雨时节的茶色泽翠绿，富含多种维生素和氨基酸，据说喝了谷雨茶有清火、明目等功效，所以南方有谷雨当天采摘新鲜茶叶制作谷雨茶的习俗，以祈求健康。②赏牡丹。民间有"谷雨三朝看牡丹"的说法，谷雨前后，牡丹花竞相开放，赏牡丹成为人们闲暇时重要的娱乐活动，牡丹花因此也被称为"谷雨花"。

---

① 霍福. 二十四节气与礼乐文化[M]. 北京：社会科学文献出版社，2022：50-51.

三、教学设计：谷雨播种花生[①]

（一）活动背景

好雨生百谷，希望正葱茏。谷雨，是二十四节气中的第六个节气，也是春季的最后一个节气。谷雨最主要的特点是多雨，这有利于谷物生长。作为春夏的转折点，谷雨时节气候温润、充满生机，与农事活动的关系颇为紧密，正是播种移苗、掩瓜点豆的最佳时期。为了让学生理解农业生产与物候变化之间的关系，让学生动手实践、出力流汗，培养学生良好的劳动品质，我们开展"谷雨种花生"这一劳动主题活动。这一活动不仅能够帮助学生了解谷雨节气的农事常识，还能让学生亲身参与农事活动，掌握一定的农作物种植技能，了解农业、热爱农业，体会种植的乐趣，感受劳动的艰辛，热爱劳动，珍惜劳动。

（二）活动目标

1. 了解谷雨时节的气候特点，学习种植花生的基本方法。

2. 体会农业种植的乐趣，感受农耕劳作的艰辛。

（三）活动准备

1. 教师提前准备。开学初，教师将学生分成若干小组，带领他们到学校楼顶的"劳动承包地"进行翻土、除草，并提前购买好花生种子。

2. 学生提前准备。每个小组准备一把锄头、一把铁耙等。

（四）活动过程

1. 课堂导入。

师：同学们，对于二十四节气中的谷雨，你们有多少了解？

生：（从民风民俗、农耕农种、节令美食等方面进行讨论。）

师：二十四节气体现了古代劳动人民的智慧和对大自然的敬畏。谷雨是春季的最后一个节气，标志着暮春已至，也意味着播种的最佳时节来临，在这播种的时节里，我们一起来学习如何播种花生。

2. 拣选种子。教师讲解如何进行种子筛选，并强调为了确保农作物长势好、产量高，种子筛选环节必须严格把关。教师指导学生剥壳和选种，选出粒大饱满、色泽好、没有损伤和发霉的优质花生种子。

3. 示范播种。教师带领学生到学校楼顶的"劳动承包地"进行示范播种。第一步，翻地。用锄头将土壤深翻，细致打碎土块，再用铁耙去除杂草（教师

---

① 笔者指导重庆市巫溪县先锋小学王美子老师撰写。

强调使用农具的注意事项）。第二步，挖坑。坑的深度是5厘米左右，不要太深也不要太宽，每个坑位之间相隔30厘米，以优化作物布局，提升产量。第三步，播种。每个坑中放入2粒花生种子。第四步，覆土，把坑旁边的泥土翻回坑里（注意一定要将坑位表面的土覆平，以防降雨积水）。

4. 学生播种。教师示范操作后，学生动手实践。教师巡视指导，及时纠正问题，必要时给予协助。

5. 总结环节。教师总结："同学们，今天我们体验了花生种植的全过程，包括选种、翻地、挖坑、播种以及覆土等各个环节，学会了如何播种花生，但今天的播种只是开始，花生的成熟还需要大家日后的跟踪养护。很多同学脸上都挂着晶莹的汗珠，那是辛勤劳作的结晶，劳动有辛苦也有快乐，希望大家在日后的生活中能积极劳动、热爱劳动、珍惜劳动。"

（五）作业

进一步理解"晴耕雨读""昼耕夜读"的文化内涵。请大家定期到"劳动承包地"为花生灌溉、施肥、除草，确保花生苗壮生长。用表格、绘画等形式记录花生生长过程。同时，在家亲手种植一种农作物，通过动手实践，学会珍惜劳动成果，形成热爱生活、热爱自然、热爱庄稼的情感态度。

第七节　立夏节气劳动课程与教学活动

一、基础知识

立夏节气，一般在每年的5月5～7日。立夏三候：一候，蝼蝈鸣。蝼蝈，是指蝼蛄，一种昆虫，俗名"土狗子"，生活在地下，偏爱温暖潮湿的环境。伴随蝼蛄的鸣叫，夏天的气息愈发浓厚。二候，蚯蚓出。蚯蚓生活在潮湿的泥土里，是庄稼的益友，立夏时节雨水偏多，当雨水渗透土壤，蚯蚓因环境湿度变化而感到不适，就会钻出地面透气。三候，王瓜生。王瓜是一种藤蔓植物，立夏时节王瓜快速生长，果实生青熟红。《礼记集解》曰："立夏者，四月之朔气也。"《月令七十二候集解》曰："立字解见春。夏，假也，物至此时皆假大也。"《尔雅·释天》曰："夏为长赢。""夏为昊天。""夏为朱明。"[1]在

---

[1] 霍福. 二十四节气与礼乐文化[M]. 北京：社会科学文献出版社，2022：51.

古代天文学中，从立夏到立秋这段时间为夏天。

立夏，预示着夏季的开始。立夏是一个万物并秀、充满生机的节气，草木愈加葱郁、繁盛。立夏时节，气温明显升高，雷雨天气增多，这样的气候条件非常有利于农作物的播种和生长。"立夏前后种地瓜"，"立夏种稻点芝麻"，"立夏芝麻小满谷"，此时许多农作物都要播种，乡村田间劳作日益繁忙，可谓"到了立夏乱种田"。

二、传统习俗

例如：①尝新。立夏时节，我国江南地区有"尝新"的习俗，"立夏见三新"，三新，一般指的是樱桃、青梅、麦子。②除草。立夏时节田间除草工作要抓紧。立夏气候适宜，杂草生长得也很快，正所谓"一天不锄草，三天锄不了""立夏三天遍地锄"，频繁锄地里的杂草，不仅能遏制其蔓延，还能疏松土壤，减少水分蒸发，对农作物健康生长有十分重要的意义。

三、教学设计：立夏给庄稼除草①

（一）活动背景

立夏时节是我国二十四节气之一。立夏时节，天气变暖，田间杂草丛生，它们不仅占据农作物生长空间，还夺取农作物生长营养。我们组织本次劳动教学活动，旨在让学生了解身边常见植物的养护方法，知道农耕种植与自然气候的紧密关系，学会给庄稼除草。

（二）活动目标

1. 能够识别和区分常见的杂草植物。

2. 初步掌握铲除田间杂草的一般步骤和方法。

3. 学会正确使用除草工具，充分认识到安全操作的重要性。

4. 培养不怕困难、吃苦耐劳的精神，提高动手实践能力。

（三）活动准备

PPT 课件、铲除田间杂草的视频、植物图鉴或照片、除草工具等。

（四）活动过程

1. 教师讲解植物的生长过程及其生长的环境和养护方式，指导学生区分杂草与庄稼。

---

① 笔者指导重庆市巫溪县先锋小学龚健林老师撰写。

2. 教师带领学生观看植物生长的视频，讲解植物生长离不开的三要素（阳光、空气、水）。

3. 教师组织学生讨论杂草对庄稼有哪些影响。小结：杂草会抢夺庄稼的营养和水分，影响庄稼的正常生长，杂草不能保留。

4. 教师讲解田间常见杂草的种类。常见的杂草有两种，分别是禾本科杂草和阔叶杂草。其中禾本科杂草有牛筋草、马唐、狗尾草、看麦娘、节节麦、雀麦、野燕麦、白茅草、两耳草等，阔叶杂草有苍耳、鸭跖草、苘麻等。若是按照生长年限分类，杂草也可分为一年生杂草、两年生杂草以及多年生杂草三类（教师边讲解边展示植物图鉴，以便学生直观辨认杂草）。

5. 学生讲述自己知道的除草方法。

6. 教师讲解除草方法。一是植物检疫，即对作物种子和苗木进行检查与处理，以防止新的外来杂草通过远距离传播入侵，这是一种预防性措施。二是人工除草，包括手工拔草和使用简易农具除草，此方法相对较为费力。

7. 实践活动。教师带领学生到田间动手实践；以小组为单位，反复进行除草练习。

8. 活动小结。以小组的形式进行反思和交流，让学生说一说自己在除草过程中的收获及遇到的困难。

（五）作业

为家庭菜园除杂草，并和家人分享除草技术。

第八节　小满节气劳动课程与教学活动

一、基础知识

小满节气，一般在每年的 5 月 20～22 日。小满三候：一候，苦菜秀。在过去，小满时节青黄不接，粮仓已空而新粮未熟，百姓劳作艰辛，食量加大，许多穷人往往以野菜充饥。苦菜是常见的野菜，开淡黄的花，叶子有苦味，现在一般做凉菜吃，有清热解毒的功效。二候，靡草死。靡草是一种枝叶很细的野草，生长时期在春天，夏天一到，它就衰败枯萎了。三候，麦秋至。这个时节小麦即将成熟，快到收割的时候了。《礼记正义》曰："谓之小满者，言物长于此，小得盈满。"① 《月令七十二候集解》曰："小满者，物至于此小得盈满。"②

小满节气是适宜水稻栽插的时节，农谚云"立夏小满正栽秧，秧奔小满谷奔秋"，农民要根据天气情况及时进行田间劳作，不误农时。"小满动三车，忙得不知他。""三车"指的是水车、榨油车和缫丝车，小满时节往往三车齐动，踏水、榨油、缫丝，一刻也不得闲。人们忙着踏水车引水灌溉，收割成熟的油菜籽来榨油，蚕桑人家在小满前后就要开始摇动缫丝车缫丝。由此可见，小满节气与农业生产紧密相连，农事紧迫又繁忙。

二、传统习俗

例如：①烧麦穗，小满时节，麦子即将成熟，农民在田间查看麦子长势，往往带一些半青半黄的麦穗，放在炉火上烤熟，用双手搓掉麦芒和青皮，给小孩子吃，烤熟的麦子有一股焦味和香味，嚼起来有一些韧劲。烧麦穗成为许多人童年的珍贵记忆，它不仅很有趣，而且承载着农民祈求丰收的美好愿望。②捡野菜，小满节气宜食野菜，一候即为"苦菜秀"，苦菜又叫苦苦菜，苦中带涩，涩中带甜，新鲜爽口，含有人体所需要的多种维生素、矿物质、胆碱、糖类、甘露醇等，具有清热、凉血和解毒的功效。小满时节，既可以将苦菜调以盐、醋、辣油或蒜泥等凉拌，也可炒食、熬汤、作馅料等，还有人将苦菜腌制成咸菜，吃起来脆嫩爽口。苦菜是一种风味绝佳的小满美食。

三、教学设计：小满捡苦菜③

（一）活动背景

最爱垄头麦，田间摘苦菜。小满节气是炎夏的开始，此时麦子即将成熟，苦菜已经枝叶繁茂。结合小满节气的特点，开展"小满捡苦菜"这一主题活动，旨在引导学生了解小满节气的农事活动，并传承中华优秀传统文化。

（二）活动目标

1. 了解小满节气的特点，在捡苦菜活动中积极传承中华优秀传统文化。

2. 在捡苦菜的过程中感受劳动的乐趣和成就感，养成热爱劳动、勤奋劳动、

---

① 霍福. 二十四节气与礼乐文化[M]. 北京：社会科学文献出版社，2022：51.
② 霍福. 二十四节气与礼乐文化[M]. 北京：社会科学文献出版社，2022：51.
③ 笔者指导重庆市巫溪县先锋小学王美子老师撰写。

享受劳动的劳动品质。

（三）活动准备

视频课件、口袋或菜筐、锄头或铲子等。

（四）活动过程

1. 课堂导入。

师：同学们，对于二十四节气中的小满，你们有多少了解？

师：二十四节气对于古代劳动人民非常重要，是人们在长期的劳动实践中总结出的宝贵财富，体现了古代劳动人民的智慧和对大自然的敬畏。今天正值二十四节气的小满。小满时节，麦子等农作物的颗粒趋于饱满，但尚未完全成熟，恰是青黄不接的时候，而田间的野菜正蓬勃生长，苦菜是中国人最早食用的野菜之一，正所谓："小满之日苦菜秀。"

师：（图片展示苦菜，介绍苦菜。）苦菜又名败酱草、苦苦菜、苦麻菜、天香草等，是小满节气传统食物的代表，全国很多地方都有吃苦菜的习俗。苦菜被誉为"红军菜""长征菜"。当年红军在长征途中曾以苦菜充饥，渡过了一个个难关。曾有歌谣这样唱道："苦苦菜，花儿黄，又当野菜又当粮，红军吃了上战场，英勇杀敌打胜仗。"

师：今天老师带领大家一起去捡苦菜，体会劳动的乐趣。

2. 田间地头捡苦菜。

教师带领学生来到学校后山的田间地头，采捡苦菜。教师首先示范采捡苦菜的方法；学生分组寻找和采捡苦菜；小组将展示采捡到的苦菜，并交叉检查；教师巡查各小组采捡情况，及时清理非可食用杂草。

3. 示范如何拌苦菜。教师介绍苦菜食用方法，指出凉拌是最能保持苦菜原味且口感最佳的烹饪方式，并邀请食堂工人来指导学生制作凉拌苦菜。食堂工人示范凉拌苦菜的步骤：第一步，清洗苦菜；第二步，将苦菜放入沸水中焯烫，煮1分钟；第三步，将煮熟的苦菜过凉水，保证口感；第四步，放入葱、姜、蒜、盐、酱油、醋等调味料进行凉拌。

4. 学生动手制作凉拌苦菜，午饭时，学生品尝并分享自己制作的苦菜。

5. 总结展示。让学生谈谈今天采捡苦菜、制作凉拌苦菜的感受。

生：那时候的红军经历了太多苦难，吃不饱穿不暖，相较之下，我们现在的生活太幸福了，这幸福的生活是革命先烈凭借百折不挠、艰苦奋斗的精神为我们争取来的。

生：我觉得今天的苦菜很美味，因为这是我们自己亲手捡的、拌的。

教师总结：同学们，今天我们一起采捡苦菜，制作了美味的凉拌苦菜，感受到了生活的幸福。希望同学们日后能继承和发扬劳动精神，通过我们的双手去创造属于我们的美好生活。

（五）作业

第一，周末和爸爸妈妈一起采捡苦菜，并制作凉拌苦菜给全家人品尝；第二，写一篇短文，用文字记录劳动的感受。

第九节　芒种节气劳动课程与教学活动

一、基础知识

芒种节气，一般在每年的 6 月 5～7 日。芒种三候：一候，螳螂生。上一年深秋螳螂产的卵开始破壳，小螳螂纷纷来到世间。螳螂是田间害虫的克星，是庄稼的好朋友。二候，鵙始鸣。鵙，指伯劳鸟，是一种雀鸟，芒种时节，伯劳鸟开始在枝头出现，并且叫个不停。三候，反舌无声。反舌，是指反舌鸟，又名乌鸫，体型不大，叫声非常好听，但在芒种前后却不鸣叫了。《礼记正义》曰："谓之芒种者，言有芒之谷，可稼种。"[①]《月令七十二候集解》曰："谓有芒之种谷可稼种矣。"[②]芒种，芒指一些有芒的作物，种是种子或播种的意思。芒种时节小麦、大麦等有芒作物的种子已经成熟，可以收割，这时又是播种晚稻、稷等夏播作物的繁忙时节，正所谓"芒种芒种，忙收忙种"，所以芒种节气又被称为"忙种"。

小麦、大麦等作物的成熟期短，对收割时间要求极为严格，如谚语"小满赶天，芒种赶刻""麦熟一晌，虎口夺粮"就体现了芒种时节农作物收割刻不容缓的紧张状况。"麦黄西南风，麦收一场空"，麦收时节要时刻关注天气情况，警惕异常天气，根据天气预报安排好抢收时间。抢收小麦、大麦时，农民凌晨三四点便起床下地，一直到午饭时刻方可回家，吃完午饭稍微歇息之后，又要在酷热的田间继续劳作。头顶炎炎烈日，身边是金黄的麦子，焦灼的土地等待着收获，此刻挥汗如雨辛勤劳作的人们才能真正体会到"谁知盘中餐，粒粒皆辛苦"的深刻含义。

---

① 霍福. 二十四节气与礼乐文化[M]. 北京：社会科学文献出版社，2022：51.
② 霍福. 二十四节气与礼乐文化[M]. 北京：社会科学文献出版社，2022：51.

二、传统习俗及拓展

例如：端午节。芒种时节常常逢着端午节，二者共同编织了农历五月独特的风情画卷。芒种作为夏季的第三个节气，预示着农作物的成熟与农忙的开始，其蕴含着人与自然和谐共生的智慧。端午节不仅是对自然节令变化的庆祝，更是融入了丰富的民俗信仰与纪念意义。在这一时期，人们既忙碌于田间地头，享受着丰收的喜悦，又通过端午节的各项活动，祈求健康、平安与家庭和睦。端午节与芒种节气共同体现了中华民族顺应自然、尊重传统、追求和谐的文化精神。端午节有包粽子的习俗，相传是为了纪念屈原。战国末期楚国诗人屈原在五月初五这天怀着一腔悲愤抱石沉于汨罗江，他生前因屡遭谗言陷害而逐渐被君王疏远，满腔抱负无处施展，只得以身殉职。屈原投江后，人们为了防止鱼虾啃食其遗体，便把米饭投入江中让鱼虾争食，后来发展为粽子，以此纪念屈原的忠贞爱国。端午节还有戴香包的习俗，香包里一般有雄黄、艾草或苍术，以避害驱瘟。端午节还有挂艾草习俗，端午是入夏后第一个节日，气温上升，正值疾病多发时期，所以人们会在家门口挂几株散发着特殊香气的艾草，用来祛病、防蚊。

三、教学设计：芒种制作香包①

（一）活动背景

芒种节气的重要物候特征之一就是梅雨将至。江南梅雨通常在 6 月中旬到 7 月上旬，出梅后酷暑开始。梅雨时节雨日多，雨量大，日照时间少，空气湿度大，易发霉，蚊蝇滋生快，传统上被称为"霉雨"，但由于正值青梅成熟期，人们忌"霉"，为讨口彩，将其改称"梅雨"。古人常用的防霉驱蚊的方法是熏香。芒种时节常逢端午，制作香包便成了中国传统文化中一项富有特色的习俗，香包散发出芬芳的气味，不仅能够提神醒脑，还能驱赶蚊虫。如今，香包已成为装饰品，越来越多的年轻人选择佩戴香包，这是文化自信的一种体现。为了让学生感受中国传统文化的独特魅力，我们组织开展"芒种制作香包"主题劳动活动。

（二）活动目标

1. 引导学生亲手制作香包，增强学生对中华优秀传统文化的继承和传播意

---

① 笔者指导重庆市巫溪县先锋小学龚健林老师撰写。

识，让学生体会劳动创造美好生活的真谛，增强学生的社会责任感。

2. 让学生在实践操作中学会制作香包，培养学生运用基本针法解决生活中缝制问题的能力。

3. 培养学生对中华优秀传统文化的兴趣，激发学生的劳动热情，提高学生的动手能力和创新能力。

（三）活动准备

布料、刻度尺、剪刀、针、线、香料（艾草、桂花、香樟叶等）、棉花等。

（四）活动过程

1. 认识香包。教师展示手工制作的香包，让学生摸一摸、闻一闻，然后说一说这是什么。

2. 了解香包。教师向学生讲解："香包是我国古代劳动妇女运用针线技艺制作的一种手工艺品，也是我国历史最悠久、最具传统韵味的吉祥物之一。"

3. 教师让学生说一说制作香包需要什么材料，并为学生展示准备好的材料。

4. 制作过程演示。教师播放制作香包的视频，让学生总结制作香包需要哪几个步骤。教师在黑板上简单画出各个步骤的示意图并进行讲解，让学生对制作过程有更加深入的理解。具体步骤如下：第一步，对折布料，缝制边缘；第二步，夹入吊绳，固定紧实；第三步，翻口翻面，装填香料；第四步，平缝收口，系上腰绳。

5. 自由创作。教师让学生运用所学方法制作香包。

6. 总结。教师让学生交流分享自己的收获，并对各自的香包进行评价。最后，教师做活动总结。

（五）作业

亲手制作一个创意香包，并悬挂在自己的衣柜或家庭衣橱中。

第十节　夏至节气劳动课程与教学活动

一、基础知识

夏至节气，一般在每年的 6 月 21 日或 22 日。夏至三候：一候，鹿角解。雄鹿的角开始脱落，不过，它们很快就会长出新茸来。雌鹿一般不长角，即便长了也很小，不具有攻击性。二候，蜩始鸣。蜩，是指蝉，也叫知了。雄性的知了在夏至后因感阴气之生便鼓腹而鸣。三候，半夏生。半夏是一种草本植物，生长在夏至前后，因为此时夏天过去一半，所以叫半夏，它的块茎可以作为中药材。《月令七十二候集解》曰："《韵会》曰：夏，假也，至，极也，万物于此皆假大而至极也。"[1]夏至表示炎热的夏天快要到来。

夏至以后地面受热强烈，空气对流旺盛，午后至傍晚常易出现雷阵雨，雨势往往非常迅猛，来得快去得也快，降雨范围小，而且邻近地区晴雨可能不同，经常出现"东边日出西边雨"的情况，可谓"夏雨隔田坎""夏雨隔牛背"。夏至这天，太阳直射地面的位置到达最北端，几乎直射北回归线，北半球的白昼达到最长，且越往北昼越长。夏至以后，太阳直射地面的位置逐渐南移，北半球的白昼渐缩短。

二、传统习俗

例如：吃凉面。夏至时节吃凉面最合时宜了，这个习俗自古流传至今。中国民间就有"冬至馄饨夏至面"的说法，夏至吃面是很多地区的重要习俗，另外，因夏至时麦子已经收割，所以磨麦吃面也有尝新的意思。

三、教学设计：夏至做凉面[2]

（一）活动背景

夏天人们喜欢吃凉面，开展做凉面劳动教育活动，旨在引导学生参与简单家庭烹饪劳动，以培养学生的生活自理能力。

（二）活动目标

1. 积极参与做凉面实践活动，初步体会劳动在日常生活中的重要性。

2. 初步了解制作凉面的方法，能在家长的帮助下制作凉面，初步具备个人生活自理能力。

3. 养成热爱生活的习惯，在参与家务劳动的过程中，体验家庭生活的温馨、甜美与幸福。

（三）活动准备

凉面、调料、配菜（豆芽、海带丝、胡萝卜丝）、一次性碗筷等。

---

① 霍福. 二十四节气与礼乐文化[M]. 北京：社会科学文献出版社，2022：51.
② 笔者指导重庆市巫溪县先锋小学陈晓琴老师撰写。

（四）活动过程

1. 谈话导入。教师引出主题："在烈日炎炎的夏天，我们吃一碗酸辣的凉面是一件非常惬意的事。同学们，今天我们一起来学习制作凉面。"

2. 认识食材。教师将提前准备好的食材有序地摆放在操作台上，让学生认识做凉面所需要的主要食材。

3. 观看视频，了解凉面的制作过程。

4. 教师亲自示范如何制作一碗美味的凉面。

5. 小组合作，动手实践。教师将学生分为三人一组，并让他们尝试制作凉面。教师随时巡视，及时指导学生操作，提醒学生在添加佐料时不宜一次性放太多，可以边调边尝味道。

6. 总结。教师总结："同学们，请大家为自己制作的凉面拍照，记录下你们的作品。"

（五）作业

夏至时节给全家做凉面，并与家庭成员分享自己制作凉面的乐趣。

第十一节　小暑节气劳动课程与教学活动

一、基础知识

小暑节气，一般在每年的 7 月 6~8 日。小暑三候：一候，温风至。小暑时节，风中都带着热气，所以叫温风至。二候，蟋蟀居宇。天气日渐炎热，蟋蟀离开了田野，到墙角下避暑纳凉。三候，鹰始鸷。鸷，是凶猛的意思。老鹰也嫌地面的温度太高，便带着刚刚会飞的小鹰飞向高空，教授它捕食的技巧。《礼记正义》曰："谓之小暑大暑者，就极热之中，分为小大，月初为小，月半为大。"[1] 小暑时节天气炎热，但还没有到最热的时候，因此称小暑，正所谓"小暑不算热，大暑三伏天"。

一般情况下小暑节气的标志是入伏和出梅，"入伏"，是指进入伏天，"出梅"，是指梅雨天气结束。从夏至日后的第三个庚日起，我国就进入了一年中最热的"三伏天"，小暑节气通常临近初伏。我国把夏至后第三个庚日起的 10

---

① 霍福. 二十四节气与礼乐文化[M]. 北京：社会科学文献出版社，2022：52.

天称为头伏（初伏），第四个庚日起的 10 天（有时为 20 天）称为中伏（二伏），立秋后第一个庚日起的 10 天称为末伏（三伏），"三伏"共 30 天或 40 天。每年入伏的时间不固定，中伏的时间长短也不相同。

小暑时节暑热蒸腾让人感觉很不舒服，但是此时炎热的天气对农作物生长极为有利。农村人家往往一边抱怨太热一边又盼望天气能再热些，好满足庄稼的生长需求。

二、传统习俗

例如：晒伏。相传起源于六月初六龙宫晒龙袍的习俗，这天皇宫里的人会将全部銮驾陈列出来暴晒，将宫内的档案、实录、御制文集等摆在庭院中通风晾晒。小暑时节气温高，日照时间长，阳光辐射强，这样的天气适合晒东西，因此，家家户户不约而同选择在这一时节"晒伏"，把存放在箱柜里的衣服、书籍等晾到外面接受阳光的暴晒，以去潮、去湿、防霉、防蛀。在寺庙里，为了防止经书受潮以及免受虫蛀鼠咬，僧侣们也会将经书取出晾晒，俗称"晒经"。

三、教学设计：小暑晒被褥[①]

（一）活动背景

小暑时节气温高，日照时间长，家家户户都选择这个时节晒伏，民间谚语有云："六月六，人晒衣裳龙晒袍。"本次劳动教育活动选择日常生活劳动内容，旨在培养学生自理、自立能力。更重要的是引导学生从真实生活出发，亲手操作、亲身体验，使学生习得劳动知识与技能，感悟和体认劳动价值，培育劳动精神。

（二）活动目标

1. 正确使用卫生工具，学习打扫卫生，培养自理、自立能力。
2. 积极参与晾晒被褥劳动活动，创设洁净的生活环境。
3. 养成良好的个人卫生习惯，形成热爱劳动的态度。

（三）活动准备

被褥、毛巾、绳子、木棍或竹竿等。

（四）活动过程

1. 导入部分。农谚中有"小暑大暑，上蒸下煮"这一说法，随着小暑的到

---

① 笔者指导重庆市巫溪县先锋小学向潮平老师撰写。

来，天气也会越来越热。我们的被褥上吸附了来自空气和人体的细菌、螨虫等有害物质，需要在阳光下晒一晒，因为阳光中的紫外线有强大的杀菌作用。在室外阳光的照射和空气流动的共同作用下，这些有害物质在短时间内会被消灭，从而有效保护我们的健康。如何晒被褥呢？今天我们将一起探讨这个问题。

2. 教师讲解晒被褥步骤。第一，选时间。太阳升起晒，太阳落山收。第二，打扫。将晒被褥的阳台或者绳条打扫和擦拭干净，以防弄脏被褥面。第三，摆被褥。将被褥接触身体的一面朝外，对称地搭在阳台上或者绳条上，注意被褥不可以着地，也要防止被风吹落。第四，拍打。使用木棍间断拍打被褥，将被褥中的灰尘拍出。

3. 学生操作和实践。学生根据教师的讲解和示范，分组晒被褥。教师在巡视过程中适时指导。

4. 展示、总结。学生展示自己的劳动成果，分享劳动心得，互相评价。教师做小结：“在今天的劳动中，我们有些疲惫，但换来了洁净的生活环境，希望同学们在生活中热爱劳动，养成爱清洁、讲卫生的好习惯。”

（五）作业

选择天气晴朗的周末和家人一起晒被褥，营造良好的生活氛围。

第十二节　大暑节气劳动课程与教学活动

一、基础知识

大暑节气，一般在每年的 7 月 22～24 日。大暑三候：一候，腐草为萤。全球萤火虫约有 2000 种，分水生与陆生两类。陆生的萤火虫喜欢将卵产在潮湿腐败的草中，大暑时，萤火虫孵化而出，所以古人以为萤火虫是腐草变成的。二候，土润溽暑。大暑时节，天气开始变得闷热，土地变得很潮湿，大地宛若一个大蒸笼。三候，大雨时行。因湿气聚集，这一时节经常会下起滂沱大雨。《月令七十二候集解》曰：“《说文》曰：暑，热也。就热之中分为大小，月初为小，月中为大，今则热气犹小也。”[①]大暑是一年中最热的时候，与小暑相区分，故称之为大暑。

---

① 霍福. 二十四节气与礼乐文化[M]. 北京：社会科学文献出版社，2022：52.

大暑节气正值"三伏天"里的"中伏"前后，"大暑乃炎热之极也"，一个"极"字充分说明了此时天气的炎热程度。大暑时节气温高，农作物生长快，同时，很多地区旱、涝、风灾等自然灾害频发。"禾到大暑日夜黄""早稻抢日，晚稻抢时"，此时要根据天气的变化灵活安排农事活动，晴天多割，阴天多栽，既要收割又要插秧，农事抢收抢种的繁忙程度不亚于芒种时节。伏天还是播种蔬菜的最好时节，可谓"头伏萝卜二伏芥，三伏里头种白菜""头伏萝卜二伏菜，三伏还能种荞麦"。

二、传统习俗

例如：①收早稻。对于我国南方种植双季稻的地区来说，适时收获早稻至关重要，不仅可以减少后期风雨造成的危害，确保丰产丰收，而且可以使晚稻适时栽插，为其争取充足的生长期。②灌溉农田。这时是庄稼需水的高峰期，特别是大豆开花结荚更离不开水，俗话说"大豆开花，沟里摸虾"，一旦出现旱情应及时进行灌溉。③吃西瓜。大暑时节吃西瓜可以消暑降温。

三、教学设计：大暑收割早稻①

（一）活动背景

"早稻抢日，晚稻抢时""大暑不割禾，一天少一箩"，适时收获早稻，可减少后期风雨造成的危害，确保丰产丰收。

（二）活动目标

1. 观察、解剖水稻的根、茎、叶、果实，进一步梳理植物的特点。

2. 了解水稻的功用，从而更深入地理解农作物的概念，学会爱惜粮食。

3. 培养不怕吃苦、做事认真负责的劳动精神。

（三）活动准备

PPT课件、水稻、镰刀、粮筐等。

（四）活动过程

1. 导入。

师：大暑是夏季的最后一个节气。土润溽暑，大雨时行。七月的家乡，阳光充足，雨水丰沛。农民伯伯很开心，他们种的很多庄稼都丰收了。请你们来说说夏天有哪些庄稼丰收了。

---

① 笔者指导重庆市巫溪县先锋小学刘晓燕老师撰写。

生：水稻、西瓜……

师：请欣赏水稻收割的场景。

2. 新授课。老师用 PPT 课件讲授收割水稻的具体步骤。

3. 老师讲授收割水稻的常识。第一，一般来说，早晨或傍晚时分是收割水稻的最佳时间段，有利于稻谷的贮存。第二，应使用合适的收割工具。常见的收割工具有镰刀、收割机等，应根据实际情况选择合适的工具进行收割，同时注意保持收割工具的锋利，以确保切割顺畅。第三，采用正确的收割方式。在收割水稻时，应采用恰当的姿势和技巧，通常情况下，留茬高度为 10～15 厘米，这样有利于后续的脱粒工作。

4. 具体操作并分享感受。老师带领学生到指定的劳动基地，体验收割水稻的过程。在学生进行操作时，老师要详细讲解收割的注意事项。随后，老师让学生分享其在操作过程中的感受。

5. 小结。老师总结："农民在田里收割水稻很辛苦也很累，将水稻加工成米饭需要经过多道工序，所以大家不能浪费粮食。希望通过参与本次劳动活动，大家能养成节约粮食的习惯，深刻理解古诗《悯农》所蕴含的道理。"

（五）作业

参与水稻收割劳动，记录收割过程，理解古诗《悯农》所表达的道理。

第十三节　立秋节气劳动课程与教学活动

一、基础知识

立秋节气，一般在每年的 8 月 7～9 日。立秋三候：一候，凉风至。这时候的风不是暑天里闷热的暖风，而是让人舒适的凉风。二候，白露生。早晨，大地上会有雾气产生，凝结在草叶上，形成晶莹剔透的露珠。三候，寒蝉鸣。寒蝉，是指秋天的蝉。秋天来了，蝉叫得更加响亮了。《礼记集解》曰："立秋，七月之朔气也。"[①]《尔雅·释天》曰："秋为收成。""秋为旻天。""秋为白藏。"[②]《月令七十二候集解》曰："立字解见春。秋，揪也，物于此

---

① 霍福. 二十四节气与礼乐文化[M]. 北京：社会科学文献出版社，2022：52.
② 霍福. 二十四节气与礼乐文化[M]. 北京：社会科学文献出版社，2022：52.

而挛敛也。"①古代天文学将立秋视为秋天的开始，从立秋到立冬的这段时间都是秋天。

立秋时节，梧桐树开始落叶，因此才有"落叶知秋"的成语。立秋后气温并不会迅速下降，而是有可能继续升高，"秋后一伏，晒死老牛"，立秋后第一个庚日起的十天是末伏，是一年中最热的三伏天的末尾阶段。这时早晚可能有点凉风，中午气温仍然十分高。这一时节雨水相对较少，地表温度甚至可能超过头伏和二伏，所以人们形象地把这一时期的天气叫作"秋老虎"。立秋之后虽然还有"秋老虎"肆虐，但整体气温渐渐转凉，正所谓"早上立了秋，晚上凉飕飕""立秋早晚凉，中午汗湿裳""立秋一日，水冷三分"。立秋时节草木开始结果和孕育种子，从字面意义上解释，"秋"从禾，实际上就是庄稼成熟的意思。立秋还是许多作物播种的重要时机。"头伏芝麻二伏豆，晚粟种到立秋后"，晚季谷子在立秋之后还可以播种。其他像绿豆、大白菜、大葱、芋头等可以赶在立秋前后抢种。但是，立秋时节不可以种芝麻，农谚云："立秋种芝麻，老死不开花。"

二、传统习俗

贴秋膘。这是民间的一种习俗。人们在立秋这天会悬秤称体重，与夏天的体重进行对比。由于夏日炎热，人们胃口不佳，体重常会减轻。到了秋天，为了弥补夏天的损失，人们就会选择在立秋这天吃炖肉、烤肉等食物进补，这就是"以肉贴膘"，简称贴秋膘。

三、教学设计：立秋晒粮②

（一）活动背景

立秋是中国传统的二十四节气之一，立秋标志着秋季的开始，也是农作物成熟收获的时节，处处洋溢着丰收的喜悦。我们组织本次劳动活动，旨在让学生掌握劳动技能、养成劳动习惯、树立劳动精神、提升劳动品质。

（二）活动目标

1. 正确使用劳动工具，掌握晒粮的劳动技能。

2. 在晒粮过程中不怕困难，养成有始有终的劳动习惯。

---

① 霍福. 二十四节气与礼乐文化[M]. 北京：社会科学文献出版社，2022：52.
② 笔者指导重庆市巫溪县先锋小学向湖平老师撰写。

（三）活动准备

稻谷、扫帚、晒垫、竹耙子、刮板、口袋、撮箕等。

（四）活动过程

1. 导入部分。教师引入主题："谚语有云：'秋不凉，粒不黄。'立秋节气往往标志着收获季节的开始。粮食收割后，该怎么晾晒呢？我们将进入今天的劳动课。"

2. 教师讲解和示范环节。晒粮步骤如下：一是选择合适的地点。晒粮时需要选择一个光线充足、通风良好的地方，避免在潮湿的环境中晒粮，以防粮食发生霉变和遭受虫害。二是选择合适的天气。选择阳光灿烂的好天气晒粮，早晨就要开始做准备，把装满粮食的袋子运出来。三是清理场地。选择一块面积较大的空地，清除杂草和垃圾，打扫干净，以避免粮食受到污染。四是铺设晒床。可选用晒垫或胶纸等材料制作晒床。五是摊晒粮食。将粮食倒在晒床或空地上，用竹耙子、刮板等将粮食均匀摊开，以便晾晒。六是注意翻动。在晒粮的过程中需要不断翻动粮食，确保其充分接受阳光照射，同时避免过度晒黑。七是装袋。粮食晒干后，用扫帚将其扫成一堆，并用撮箕把其收入袋中。八是收存。收存前应对粮食进行筛分，筛掉杂质和破损的粮食，并分装储存，以防潮湿和霉变。

3. 学生动手操作和实践环节。学生按照教师讲解的要领晒粮。

4. 展示和总结环节。学生展示自己的作品，分享自己在劳动过程中的收获，互相欣赏和评价。

（五）作业

在天气晴朗的周末和家人一起晒粮。

第十四节　处暑节气劳动课程与教学活动

一、基础知识

处暑节气，一般在每年的 8 月 22～24 日。处暑三候：一候，鹰乃祭鸟。老鹰开始大量捕食，不只捕食飞鸟，还有田鼠和野兔，老鹰把这些猎物摆放在地上，像祭祀一样。二候，天地始肃。万物开始凋零，有了肃杀之气。我国古代有"秋后问斩"的说法，是因为古人认为万事万物都要顺应天意，而肃杀的秋季适合行刑。三候，禾乃登。"禾"指的是黍、稷、稻、粱类农作物的总称，

"登"即成熟的意思。这个时节，林果和农作物陆续进入成熟期。《礼记正义》曰："谓之处暑者，谓暑既将退伏而潜处。"①《月令七十二候集解》曰："处，止也，暑气至此而止矣。"②处暑的"处"有终止、躲藏的意思。处暑表示炎热的夏天即将过去，快要"躲藏"起来了。

处暑时节往往已经出伏，我国大部分地区气温开始明显下降。这一时节气温下降的主要原因有两个：一是太阳的直射点继续南移，北半球接收的太阳辐射减弱；二是副热带高压大幅向南撤退，蒙古国冷高压开始影响我国。当冷空气影响我国时，若空气干燥，往往带来刮风天气，这时要提防大风对即将成熟农作物的影响；若大气中有暖湿气流输送，往往会形成一场大雨。风雨过后，特别是下了雨之后，人们会感到较明显的降温，故有"一场秋雨一场寒"的说法。此时，我国大部分地区正值收获的季节，一些夏秋作物即将成熟，家家户户整理粮仓准备收割，可谓："处暑满地黄，家家修廪仓。"

二、传统习俗

例如：处暑时节种萝卜、种香菜。处暑时节的天气正适宜萝卜生长，萝卜可积累大量的养分，处暑种植的萝卜，立冬后可以储藏过冬。另外，处暑种植香菜以备秋天炖肉调香。

三、教学设计：处暑种香菜③

（一）活动背景

处暑标志着炎热的天气即将过去，气温逐渐降低，进入了真正意义上的秋天。开展种香菜劳动教育活动，旨在培养学生的科学劳动意识。

（二）活动目标

1. 初步形成关爱生命、尊重自然的观念，能遵循植物生长规律和季节特点进行科学劳动。

2. 初步学会与他人合作劳动，在种植过程中不怕困难。

（三）活动准备

香菜种子、地膜、锄头、铁铲、肥料等。

---

① 霍福. 二十四节气与礼乐文化[M]. 北京：社会科学文献出版社，2022：52.
② 霍福. 二十四节气与礼乐文化[M]. 北京：社会科学文献出版社，2022：52.
③ 笔者指导重庆市巫溪县先锋小学向湖平老师撰写。

（四）活动过程

1. 导入部分。教师引出主题："香菜即芫荽，之所以称为香菜，是因为它有一种其他蔬菜都没有的特殊香味，也因此受到许多人喜爱，在菜市场、超市都能看到香菜的身影。那么想要种出好吃的香菜，需要注意哪些关键要素呢？今天我们将在劳动基地探讨这个问题。"

2. 教师讲解种植香菜的步骤。第一，选取种子。要想提高香菜的产量，首先需要挑选健康、饱满、无虫害的种子。第二，整地施肥。香菜适宜在疏松、透气、肥沃的土壤中生长，施肥应以氮肥为主，在整地时可以加上适量的有机肥，土壤肥力充足，有利于香菜的生长和品质的提升。第三，播种。播种香菜时，可以采用撒播或者条播的方法。如果土壤干旱，应先浇水，等水渗透后，再撒播种子，并在其上覆盖一层薄土。播种完成后，可以铺一层地膜以促进种子发芽和出苗。第四，田间管理。香菜出苗之后，应将上面的覆盖物全部揭掉。如果出苗过于密集，需要多次间苗，以促进每株幼苗健康苗壮成长。

3. 学生操作和实践。学生根据老师的讲解和示范，分组播种香菜。

4. 展示和总结环节。学生展示自己的作品，分享自己在劳动过程中的收获，互相欣赏和评价。教师做小结："种植香菜相对来说比较简单，但在其生长过程中仍需细心照料，应勤施肥、常浇水。"

（五）作业

在家里利用闲置花盆种植香菜，用自己喜欢的方式记录香菜的生长过程。

第十五节　白露节气劳动课程与教学活动

一、基础知识

白露节气，一般在每年的 9 月 7～9 日。白露三候：一候，鸿雁来。北方天气转冷，大雁开始飞往南方过冬。二候，玄鸟归。燕子也纷纷启程前往南方，家燕喜欢在清风朗月的夜晚迁徙，飞行速度很快。三候，群鸟养羞。羞，同"馐"，指美食，除了大雁、燕子等候鸟，不用迁徙的鸟开始储存过冬的食物。《礼记正义》曰："谓之白露者，阴气渐重，露浓色白。"[①]《月令七十二候集解》

---

① 霍福. 二十四节气与礼乐文化[M]. 北京：社会科学文献出版社，2022：52.

曰："秋属金，金色白，阴气渐重露凝而白也。"①白露时节气温降低，露水凝结，呈现白露。

　　白露是秋天的第三个节气。这时，夏季风逐步被冬季风所代替，冷空气势力变强，往往会导致一定范围的降温。在我国西南地区，这一时期常常细雨霏霏、阴雨绵绵，这就是人们常说的"华西秋雨"。白露是昼夜温差最大的节气，人们在晚上会感到一丝丝的凉意。俗语有云："处暑十八盆，白露勿露身。"处暑时，天气仍很热，每天须用一盆水洗澡，再过 18 天，到了白露，就不能赤膊露体了，以免着凉。白露后气温下降速度加快，正所谓"白露秋风夜，一夜凉一夜"。白露正是抢收庄稼的时节，民间认为白露这天如果有雾，则稻穗饱满，所以有"白露白迷迷，秋分秀稻齐""白露白茫茫，谷子满田黄"的说法；如果赶上阴天下雨，地里的庄稼就会发霉腐烂，秋粮就会歉收。白露节气还是播种冬小麦和栽种冬菜（如白菜、小萝卜、大蒜、蚕豆等）的好时机。

二、传统习俗

　　例如：①吃龙眼。白露时节很多地方有滋补养生的习俗，俗称"补露"。龙眼是滋补养生的佳品，有健脾、安神等多种功效。白露前的龙眼个大味甜口感好，民间谚语"白露必吃龙眼"就显示了龙眼在白露时节的受欢迎程度。②喝白露茶。白露节气，暑气消退，秋意渐长。这一节气被称为夏秋转换的分水岭，昼夜温差加大，夜间水汽会在茶叶上凝结成露，茶叶吸收露水后，便会带有天然的馨香。谚语有云："春茶苦，夏茶涩。要好喝，秋白露。"秋白露就是指在白露时节采摘的秋茶，即白露茶。很多人特别青睐白露茶，因为茶树经过了夏季的高温照射，在白露节气前后迎来了它的最佳生长期，这期间制作的白露茶既不像春茶那样鲜嫩不经泡，也不像夏茶那样干涩味苦，而是具有一种独特的甘醇清香，其味隽永且耐泡。

三、教学设计：白露种冬白菜②

（一）活动背景

　　白菜是我们日常生活中常见的蔬菜之一。白露后天气渐凉，白菜是一种较耐寒的蔬菜，适合在白露后种植。种植白菜具有较强的可操作性，非常适合作

---

① 霍福. 二十四节气与礼乐文化[M]. 北京：社会科学文献出版社，2022：52.
② 笔者指导重庆市巫溪县先锋小学龚健林老师撰写。

为中小学的栽培实验教学内容，有助于学生观察实验结果，从而培养学生的劳动实践能力。本节课以"白露种冬白菜"为劳动主题，给学生提供真实的生活体验机会，让学生在真实的情景中多感官地学习，通过亲手种植白菜，感受劳动的乐趣。

（二）活动目标

1. 学会种植白菜，了解其生长习性及特点。

2. 增加生活常识，获得生存体验，提高自主实践能力、团结合作能力、动手操作能力。

3. 懂得种植蔬菜的重要性，养成热爱劳动的习惯，掌握劳动技能，学会爱惜蔬菜、尊重劳动人民。

（三）活动准备

白菜种子、化肥、手套、小锄头等。

（四）活动过程

1. 谈话导入。教师引出主题："同学们，我们每天都会吃到丰富多样的食物，在我们享受美食的时候，大家有没有想过农民伯伯究竟是怎样把它们种出来的呢？"

2. 认识蔬菜。老师通过课件展示各种蔬菜图鉴，让学生认识各种蔬菜，例如白菜、大葱、菠菜、辣椒等，老师简单地介绍这些蔬菜的种植方法及适种时间。

3. 认识农具。老师让学生分享他们所知道的农具。老师简单介绍各种农具及其作用，如锄头用来除草和翻地；铁锹用于翻地、浇水、排水、处理杂物等；耙子用来归拢或散开谷物、除草或平整土地。

4. 讲解种植方法。老师介绍白菜的种植方法：第一，松土。翻耕过的土壤土质松软，透气性好，能够很好地保留雨水，同时空气能进入土壤中。这样的条件非常有利于播种后的种子发芽和生长。第二，种植。采用点播法，按照35厘米×45厘米的株行距进行种植。先挖好穴坑，并确保穴坑浇透水，之后在每个穴坑中放入2~3粒种子，然后覆盖上0.8~1厘米的细土。等白菜幼苗长出真叶后，要间苗和定苗，有缺苗的地方要及时补苗，间苗时应拔掉长势瘦弱的小苗，每穴留下一株壮苗栽培。第三，埋土。种植完成后，用脚轻轻地将土壤拢一拢，要注意力度，以免影响种子发芽。第四，浇水。为每个种植点浇适量的水。

5. 学生实践。老师组织学生在学校的劳动教育基地种植冬白菜。

（五）作业

希望同学们养成白露时节种植冬白菜的习惯，为小雪时节家庭腌制白菜过冬做准备。

第十六节　秋分节气劳动课程与教学活动

一、基础知识

秋分节气，一般在每年的 9 月 22～24 日。秋分三候：一候，雷始收声。古人认为，雷是因为阳气盛而发声，秋分后阴气逐渐旺盛，不会再打雷。事实上，秋冬季节天气干燥，打雷现象较少，但不代表不会打雷。二候，蛰虫坏户。由于天气变冷，蛰居的小虫开始躲进洞穴，并且用细土将洞口封起来以防寒气侵入。三候，水始涸。由于降水量开始减少，加上天气干燥，水汽蒸发快，所以湖泊与河流中的水位下降，一些沼泽及水洼开始干涸。《月令七十二候集解》曰："解见春分。"[①]

秋分的"分"就是"半"的意思，秋季三个月分别被称为"孟秋"（秋季第一个月，即农历七月，二十四节气中的立秋、处暑在这一时期内）、"仲秋"（秋季的第二个月，即农历八月，民间称为中秋。八月的望日，即十五，是中秋节，又称秋夕、八月节、八月半、月夕、月节，又因为这一天月亮满圆，象征团圆，又称为团圆节）和"季秋"（秋季最后一个月，即农历九月）。秋分时节恰值仲秋，这一天刚好是"秋之半"，故而得名。这一天昼夜平分，古时称之为"日夜分"，因此也有据此来解释秋分的。秋分时节，秋高气爽，瓜果飘香，蟹肥菊黄。我国大部分地区天气已非常凉爽。这一时节南北方的田间耕作各有不同。华北农谚云："白露早，寒露迟，秋分种麦正当时。"江南农谚云："秋分天气白云来，处处好歌好稻栽。"在我国的农业史上，秋分节气很早就被作为农作物收获或冬季农作物播种的标志。秋分以后气温下降很快，因此在这一节气后的 15 天里，秋收、秋耕、秋种齐上阵，可谓是进入了"三秋"大忙阶段。

---

① 霍福. 二十四节气与礼乐文化[M]. 北京：社会科学文献出版社，2022：53.

二、传统习俗及拓展

例如：祭月。秋分时节是我国传统的"祭月节"，我国自古就有"春祭日，秋祭月"的传统。中秋节便是由"祭月"演变而来。

三、教学设计：秋分制作月饼[①]

（一）活动背景

月饼乃是每年中秋节的必备食品，也是送礼佳品。月饼俗称小饼或月团，寓意团圆。中秋节与秋分节气在时间上非常接近，中秋节的庆祝活动往往与秋分节气的丰收和感恩自然的主题相呼应。因此，将秋分制作月饼活动与中秋节的庆祝结合起来，不仅能让学生体验到传统节日的文化内涵，还能让他们在动手制作月饼的过程中，感受到秋天收获的喜悦和团圆的意义，加深他们对中秋节传统习俗的理解和对季节变化的认识。

（二）活动目的

1. 通过本次活动引导学生了解中秋节。

2. 让学生学习并尝试自己动手制作月饼。

3. 让学生感受中秋节团圆的气氛，培养其动手能力与合作能力。

（三）活动准备

面粉、黄油、模具、白开水、菠萝肉、白糖、碟子等。

（四）活动过程

1. 导入。全体学生演唱歌曲《八月十五月儿圆》，引出主题：中秋节。

师：同学们，中秋节是哪一天？我们怎样来庆祝这个传统的节日？有谁愿意分享一下你们家过节时的热闹情景？

2. 教师讲述故事《嫦娥奔月》，让学生了解中秋节的传说。

师：同学们，嫦娥奔月是一个美丽的传说，人们为了表示纪念，每年的八月十五都吃月饼，你们想不想吃月饼呀？

生：想。

教师将提前准备好的月饼拿出来展示，向学生介绍月饼的形状、颜色和味道。将月饼切好放入碟子里请学生品尝，并交流讨论。

3. 新授课。教师用 PPT 课件讲授制作月饼的步骤。

---

① 笔者指导重庆市巫溪县先锋小学刘晓燕老师撰写。

4. 学生分组制作月饼，教师到各组巡视指导，鼓励学生设计花样月饼。

5. 展示作品。教师请学生将自己制作的月饼放到展示台上，大家互相讨论、介绍自己的月饼，并进行评价、赏析。

6. 小结。教师总结："中秋节是一年中月亮最圆的时候，我们又称它为团圆节，这是一个欢庆丰收、家人团聚的传统节日。月饼圆圆就像月亮一样，也象征着团圆，因此人们通过吃月饼来欢庆中秋节。通常，人们会把一个月饼分开，全家人一起分享，这寓意全家人永不分离。"

（五）作业

试着制作不同口味的月饼，并记录整个制作过程。

第十七节　寒露节气劳动课程与教学活动

一、基础知识

寒露节气，一般在每年的 10 月 7～9 日。寒露三候，一候，鸿雁来宾。大雁在南飞的途中，偶尔会停下来休息一夜，像远方来的宾客一样。二候，雀入大水为蛤。深秋天寒，雀鸟们躲藏起来，而此时海边出现了很多蛤蜊，其外壳的条纹及颜色与雀鸟相似，所以古人以为蛤蜊是雀鸟变成的。三候，菊有黄花。此时菊花已盛开。《礼记正义》曰："谓之寒露者，言露气寒，将欲凝结。"[①]《月令七十二候集解》曰："露气寒冷，将凝结也。"[②]

寒露节气的气温比白露更低，地面的露水更多，也更凉，快要凝结成霜了，故称寒露。此时，我国有些地区会出现霜冻，北方已是深秋，南方也秋意渐浓。寒露以后，我国大部分地区处于冷高压控制之下，雨季结束。天气常常是昼暖夜凉，晴空万里。这一时节，秋收的作物进入了最后的成熟期，同时这也是播种冬小麦的最后时机，谚语云："晚种一天，少收一石。"此外，寒露也是采摘棉花的最后时期，正所谓"寒露不摘棉，霜打莫怨天"。秋收后要整理农田，深翻土地。寒露时节地表温度低，害虫会到地下产卵，深翻土地既可以疏松土壤，也可以破坏地下的虫洞，使虫卵在低温下被冻死，可谓："寒露到立冬，翻地冻死虫。"

---

① 霍福. 二十四节气与礼乐文化[M]. 北京：社会科学文献出版社，2022：53.
② 霍福. 二十四节气与礼乐文化[M]. 北京：社会科学文献出版社，2022：53.

二、传统习俗及拓展

例如：重阳节。即农历九月初九，是我国的传统节日，也称"敬老节"，有尊老、敬老、爱老、助老的文化内涵。重阳节和寒露节气在时间上相近，在习俗上有所交融，都体现了人们对秋天丰收的庆祝。九九重阳，"九九"与"久久"同音，又因古时"九"是数字中的最大数，因此重阳节有长久长寿的含义。重阳节有打糍粑的习俗，古人将糍粑视为一种圣洁的食物。在打糍粑的过程中，糍粑会黏结成团，象征着家庭的和睦与团结。糍粑一般都是做成甜的，寓意生活甜蜜幸福。其圆形的外观，则寓意人们"有缘"、团圆。大家在重阳节吃着圆圆的糍粑，祈愿全家和和气气、团团圆圆、平平安安。打糍粑通常需要亲人或邻里一起来完成，这体现了团结互助的精神，亲帮亲、邻帮邻，不仅拉近了亲人之间的感情，也密切了邻里关系。每一个甜甜的、黏黏的糍粑，都寓意亲邻和睦团结，也象征着乡亲们的日子越过越幸福。

三、教学设计：寒露制作糍粑[①]

（一）活动背景

寒露节气，天气转冷，此时北方已呈深秋景象，南方也秋意渐浓，重阳节与寒露时间相近，在这样的时节背景下，制作和享用糍粑不仅是一种应景的传统习俗，其团圆、丰收和吉祥的寓意更是与这个时节的丰盈相得益彰。开展寒露制作糍粑的活动，不仅可以帮助学生更深入了解这一传统美食背后的文化寓意，也能使学生学习到与重阳节和寒露节气相关的传统知识和习俗，让学生在实践中传承和弘扬中华优秀传统文化。

（二）活动目标

1. 增进对糍粑的了解和兴趣。

2. 亲手制作糍粑，培养动手能力和合作精神，激发创造力和想象力。

3. 体验劳动的乐趣，感受通过劳动获得成功的喜悦。

（三）活动准备

材料类：糯米粉、黄豆粉、红糖、食用油、水、勺子、锅等。

设备类：围裙、擀面杖、搅拌碗、切菜板、菜刀、炉灶等。

---

① 笔者指导重庆市巫溪县先锋小学龚健林老师撰写。

（四）活动过程

1. 创设情境，导出主题。教师展示糍粑图片，并询问学生："同学们，这是什么？你喜欢吃吗？那你知道它怎么做吗？"

2. 介绍糍粑的由来、制作方法。

糍粑是一种将糯米蒸熟捣烂后制成的食品。相传，制作糍粑的习俗起源于春秋战国时期，是人们为了纪念楚国将领伍子胥而逐渐形成的。伍子胥建城时，将大量糯米蒸熟后压成砖块放凉，既用作城墙的基石，也储存好了备荒粮。后来每到丰年，人们就用糯米制成城砖一样的糍粑来纪念伍子胥。这一习俗在贵州、重庆、四川、江西、湖南等省市广为流传，在江西吉安、福建武夷山等地最为盛行。在安徽南部，糍粑通常是重阳节的特色食品，供人们在节日里享用。

3. PPT 演示糍粑的制作方法。

4. 实践操作。学生动手制作糍粑，可以根据小组人数适当调整材料用量。在操作过程中，教师及时给予指导和鼓励。

5. 展示成果。各组展示制作好的糍粑，讨论糍粑的外观、味道等特点。

6. 清理整理。教师指导学生整理用过的材料，清洗用过的工具，让学生养成良好的卫生习惯。

7. 交流收获。教师询问学生在制作糍粑的过程中最大的收获是什么，并鼓励学生自由分享自己的想法。

（五）作业

和爸爸妈妈一起制作一份创意糍粑，用照片记录劳动过程和劳动成果。

第十八节　霜降节气劳动课程与教学活动

一、基础知识

霜降节气，一般在每年的 10 月 23 日或 24 日。霜降三候：一候，豺乃祭兽。豺狼开始捕获猎物，并以先猎之物祭兽，以兽而祭天报本也。二候，草木黄落。西风漫卷，树叶都枯黄掉落了。三候，蛰虫咸俯。咸，是全、都的意思。藏在泥土中的虫子不动不食，都开始冬眠了。《月令七十二候集解》曰："气肃而凝露结为霜矣。《周语》曰：驷见而陨霜。"[①]

霜降是秋天的最后一个节气，气候逐渐转寒，晚上地面温度下降很快，大地上开始出现水汽凝结成霜的现象。正如诗句"霜叶红于二月花"所描绘的，霜降时节，白霜覆盖大地，山间林地，红叶似锦，漫山遍野，构成了一幅别有韵味的深秋图。但需要注意的是，霜降这天不一定降霜，"霜降"只是表示天气逐渐变冷，开始降霜，作物可能遭受低温的危害。霜降节气也正是甘薯等大秋作物收获的农忙时节。

二、传统习俗

例如：①吃柿子。每到金秋十月，红红的柿子缀满枝头，使人垂涎欲滴。柿子的营养价值非常高，富含多种人体所需要的营养物质，具有清热生津、润肺化痰等滋补功效。霜降时节有吃柿子的习俗，俗语有云："霜降吃丁柿，不会流鼻涕。"柿子通常在霜降前后完全成熟，此时的柿子皮薄、肉多、味道鲜美，且营养丰富，备受欢迎。霜降时节天气转寒，吃柿子不仅可以抵御寒冷，还能滋养身体。②赏红叶。霜降时节还有赏红叶的习俗，霜降来临，气温降低，树叶受冷经霜冻逐渐由绿变红，随后进入盛红期，这也意味着最佳的红叶观赏期到来。行走在山林间，秋色映入眼帘，令人赏心悦目。

三、教学设计：霜降挖土豆[②]

（一）活动背景

劳动是人类特有的基本社会实践活动，如今很多学生缺乏对劳动过程的认知。开展挖土豆活动，不仅可以让学生掌握劳动知识、体会劳动的艰辛，还有助于提升学生的劳动能力。

（二）活动目标

1. 通过开展挖土豆活动，培养学生的观察力、动手能力和合作精神。

2. 帮助学生了解土豆的生长过程，并激发他们对自然的好奇心。

3. 引导学生学习农耕文化，让学生养成珍惜粮食的生活习惯。

（三）活动准备

羊角锄、铁锹、铲子、篮子、手套等。

---

① 霍福. 二十四节气与礼乐文化[M]. 北京：社会科学文献出版社，2022：53.
② 笔者指导重庆市巫溪县先锋小学刘晓燕老师撰写。

（四）活动过程

1. 导入。秋收时节如期而至，金黄稻谷、瓜果飘香，大地一片色彩斑斓，千里沃野处处生机盎然，农民喜看丰收粮食满仓。今天请同学们跟随老师的脚步，一起去感受丰收的喜悦。

2. 新授课。老师通过 PPT 课件讲述如何挖土豆。

3. 老师讲授挖土豆的技巧。首先，准备工具。其次，挖地。双脚站稳，握紧锄把，用力向下挖掘，使羊角锄深入土壤。接着，向上使劲撬起锄把，使土块松动。如果挖下大块泥土，需翻转羊角锄将其敲碎。再次，土壤处理。在挖地的同时，收集周围的干草，将其放到土坎下，这些干草会逐渐腐烂变成肥料。还要清除草根，特别是生命力强的植物如蒿草、石灰草等，这样可以防止它们与作物争夺养分，保证作物健康生长。最后，挖取土豆。在挖取土豆时，羊角锄的距离应离土豆窝稍远一些，并挖得深一些，以防土豆破损。

4. 学生动手操作挖土豆。

5. 小结。老师总结："通过参与今天的活动，我们明白了农民的辛苦和粮食的来之不易，希望我们以后还能有更多的机会去体验不同的劳动。"

（五）作业

请同学们明天带上挖土豆要用到的工具，明天下午的课后服务时间，我们将在学校劳动教育实践基地挖土豆。

第十九节　立冬节气劳动课程与教学活动

一、基础知识

立冬是冬季的第一个节气，一般在每年的 11 月 7 日或 8 日。立冬三候：一候，水始冰。北方部分地区的水面开始结冰，南方虽然气温下降，但还不是太冷，水温只是较凉。二候，地始冻。气温降低，部分地区的土地也开始冻结。三候，雉入大水为蜃。雉，是指野鸡；蜃，是指大蛤蜊。此时野鸡不见了，而海边却出现了大蛤蜊，其外壳的线条、颜色与野鸡相似，古人还以为野鸡变成了大蛤蜊。《尔雅·释天》曰："冬为安宁。""冬为上天。""冬为玄英。"《礼记集解》曰："立冬，十月之朔气也。"《月令七十二候集解》曰："立字解见前。冬，终也，万物收藏也。"①古代天文学认为从立冬这天开始一直到立春，这段时间都为冬天。冬季既是生命能量的积蓄期，也是大地休养生息的重要阶段。立冬时节，天气虽冷不寒，空气干燥，降温加快。

二、传统习俗

例如：①南方种蒜。虽然立冬时节天气冷，但有些作物能在入冬前抢种，如南方某些地区会在这一时节种蒜。②补冬。从立冬节气开始，大地进入冬藏时节。经过了一年的辛勤劳作，人们都想在立冬到来之际好好休养一下，同时犒劳全家人。②立冬这一天有补冬的传统习俗，人们通常会杀鸡宰鸭或买羊肉，加当归、人参等药材炖食，也有用糯米、龙眼、蜂蜜等蒸成米糕而食者。

三、教学设计：立冬种大蒜③

（一）活动背景

立冬时节非常适合种植大蒜，低温条件有利于促进大蒜生长，减少病虫害的发生，进而提升大蒜的产量和品质。本次劳动教育活动旨在培养学生的科学劳动观念，引导学生理解农业劳动与自然环境的密切联系，学习如何根据季节变化合理安排农事活动。

（二）活动目标

1. 培养学生关爱生命、尊重自然的意识，以及根据植物生长规律和季节特点进行科学劳动的能力。

2. 使学生初步学会与他人合作劳动。

（三）活动准备

锄头、铁铲、竹竿、绳子、蒜种等。

（四）活动过程

1. 导入部分。教师引出主题："大蒜是一种常见的食材，被广泛应用于烹饪、医药和保健等领域。学习如何种植大蒜是一件非常有意义的事情。那么种植大蒜时有哪些注意事项呢？今天我们来探讨这个问题。"

---

① 霍福. 二十四节气与礼乐文化[M]. 北京：社会科学文献出版社，2022：53.
② 熊春锦. 四时之冬[M]. 北京：中央编译出版社，2017：93.
③ 笔者指导重庆市巫溪县先锋小学向湖平老师撰写。

2. 教师讲解大蒜种植步骤。第一步，分蒜瓣。将大蒜分成单独的蒜瓣，要确保每个蒜瓣外皮和根系完整，以保证它们具有独立生长的能力。第二步，施肥。大蒜生长需要养分，播种前在土地上撒播一些有机肥料或化肥，有助于大蒜健康生长。第三步，播种。用锄头在土地上挖出合适的沟槽，然后按照一定的间隔，将蒜瓣逐个埋入土中。第四步，浇水。浇水是大蒜种植过程中的重要环节，要确保土壤湿润，以支持大蒜的生长。第五步，除草。及时除草至关重要，因为杂草会争夺土壤养分和水分，影响大蒜的正常生长。

3. 学生操作和实践。学生根据教师的讲解和示范，分组种大蒜。教师在巡视过程中适时指导。

4. 展示和总结环节。学生展示自己的作品，分享自己在劳动过程中的收获，互相欣赏和评价。

（五）作业

在家里尝试种植大蒜，用自己喜欢的方式记录大蒜的生长过程。

第二十节　小雪节气劳动课程与教学活动

一、基础知识

小雪节气，一般在每年的 11 月 22 日或 23 日。小雪三候：一候，虹藏不见。在寒冷的北方，水滴在高空就凝结成雪花，降雨变成了降雪，因此无法见到彩虹；而在南方，空气中的含水量较低，也难以形成彩虹。二候，天气上腾，地气下降。在古人的观念中，天气为阳，地气为阴。阴上阳下，万物勃兴；阴下阳上，天地不通。三候，闭寒而成冬。此时天地闭塞，开始转入严寒的冬天。《礼记正义》曰："谓之小雪大雪者，以霜雨凝结而雪，十月犹小，十一月转大。"[①]

到了小雪节气，由于天气寒冷，北方大部分地区的降水形式由雨变为雪。但是，此时"地寒未甚"，雪量还不够大，所以称为"小雪"。

二、传统习俗

例如：①腌制寒菜。小雪节气，家家户户开始腌制和风干各种蔬菜（包括

---

① 霍福. 二十四节气与礼乐文化[M]. 北京：社会科学文献出版社，2022：53.

白菜、萝卜），以及鸡鸭鱼肉等，以延长蔬菜、肉类等的存放时间，为过冬做好准备。②酿酒。民间将小雪日酿的酒称为小雪酒。酿酒多在冬季，因为此时农事已基本结束，谷物也已收获，而岁末的祭祀活动往往需要用到酒。近代以来，各地民间酿酒多遵循这一时令。平湖一带农历十月上旬酿酒储存，这种酒被称为十月白。若用纯白面做酒曲，并配以白米、泉水来酿酒，那么这种酒就叫作三白酒。到了春季，人们会在三白酒中加入少许桃花瓣，于是又成了桃花酒。

三、教学设计：小雪制作云安泡菜①

（一）活动背景

本次劳动教学活动，旨在引导学生掌握地方泡菜的简单制作方法，培养学生勤俭持家的劳动习惯，进而弘扬精益求精、追求卓越的劳动精神。

（二）活动目标

1. 学习并掌握云安泡菜的制作方法。

2. 养成讲卫生、爱整洁的良好习惯。

3. 弘扬"精于工，匠于心，品于行，创于新"的工匠精神。

（三）活动准备

泡菜坛、菜刀、菜板、汤勺、量杯、新鲜蔬菜、矿泉水、冰糖、白酒、白醋、红醋、云安盐等。

（四）活动过程

1. 新课导入。教师用诗歌引出泡菜，并向学生介绍泡菜的重要性："泡菜是重庆饮食文化中不可或缺的一部分，泡菜传统制作技艺还被列为市级非物质文化遗产。今天我们邀请到一位来自云安的泡菜大师，亲自指导大家制作泡菜。"由此引出课题。

2. 讲授新课（一），介绍川盐古道文化。教师播放《传承》视频，并向学生提问："云安泡菜的灵魂是什么？"随后教师通过讲述云安盐两千多年的文化历史，引出可与丝绸之路、茶马古道媲美的川盐古道，让学生了解川盐古道文化在推动经济发展方面的重要作用。接着教师引导学生用云安盐制作云安泡菜。

3. 讲授新课（二），介绍并演示云安泡菜的制作过程。制作泡菜之前，教

---

① 本书作者指导重庆市云阳县天景初级中学林玲老师撰写。

师带领学生将收纳箱中的物品有序摆放在桌面上，并提醒学生玻璃制品要轻拿轻放。摆放完成后，请一名同学当讲解员，教师现场示范云安泡菜的具体制作步骤。在制作过程中强调卫生问题和细节。具体步骤如下：第一步，根据食材特征对新鲜蔬菜进行简单处理。豇豆去头去尾后整条放入坛中；萝卜可切块或切条，还可以改花刀；辣椒需去蒂，预防腐烂。同时，鼓励学生课后探索其他蔬菜的处理方法。第二步，将预处理的新鲜蔬菜装至半坛后，倒入五瓶矿泉水，将蔬菜淹没（教师补充：五瓶矿泉水总量为2500毫升，除了矿泉水以外，也可以使用冷却后的开水）。第三步，接着依次倒入适量冰糖、白酒、白醋、云安盐进行调味（教师补充：以2500毫升水量为基准，应该依次放入10克冰糖、50毫升白酒、250毫升白醋、250克云安盐）。第四步，盖上坛盖，并用水密封坛口以促进发酵。

4. 讲解食品安全注意事项。教师提问："在制作云安泡菜的过程中需要注意哪些卫生问题？"并强调以下注意事项："首先，确保所有工具和容器的清洁。所有接触泡菜的工具和容器在使用前都需要用热水烫洗或者消毒。其次，注意个人卫生，制作泡菜前要彻底洗净双手。再次，制作过程中，要保证所有材料干净卫生。最后，保存泡菜时，要确保容器的密封性，定期查看坛沿水的水量。"泡菜制作完成后，教师请同学起来回答问题。最后教师做总结："卫生问题是制作泡菜过程中最重要的环节之一。我们要传承工匠精神，只有确保每一个环节的卫生，才能制作出安全、美味的泡菜。"

5. 小组合作制作泡菜。教师布置制作泡菜的小组任务，并提出以下要求：制作泡菜时要小心使用刀具等尖锐物品；请勿浪费食材，要发扬勤俭节约的传统美德；注意保持教室清洁卫生，养成良好的行为习惯；发挥想象力，制作创意泡菜（在制作泡菜的过程中，教师到各组巡视指导）。

6. 分享劳动成果。教师请小组成员展示劳动作品，并提醒他们在分享作品时着重描述制作过程中关注了哪些细节，又做了哪些创新。学生分享结束后，教师点评："很高兴看到同学们都能通过自己的双手做出泡菜。下节课同学们就是美食家了，可以互相品尝腌制好的泡菜，老师很期待你们的专业点评，也希望你们做的泡菜能得到家长的肯定。"教师根据学生在制作过程中和劳动作品展示环节的表现，授予相应学生"云安泡菜传承人"称号。

7. 回顾新知。教师带着学生复习云安泡菜的制作步骤：洗、切、泡、封。

8. 主题升华。教师提问："你们在这堂课上学会了什么？"并进行总结："今天我们学习了云安泡菜的制作工艺，在制作过程中我们感受到了劳动的快乐，正是怀揣着对传统工艺的热爱，我们才能体会到'精于工，匠于心，品于行，创于新'的工匠精神。川盐古道文化和泡菜文化是巴渝人民引以为傲的地域文化，希望同学们将这些文化传承下去并发扬光大。"教师组织下课，并提醒学生将所有物品整理好后放入收纳箱中。

（五）作业

教师布置课后实践拓展作业：今年的泡萝卜我们自己做。

第二十一节　大雪节气劳动课程与教学活动

一、基础知识

大雪节气，一般在每年的 12 月 6～8 日。大雪三候：一候，鹖旦不鸣。鹖旦，就是寒号鸟。寒号鸟不是鸟类，学名复齿鼯鼠，前后肢间有宽大多毛的飞膜，可以帮助它在林间滑翔。天气寒冷，爱"哆啰啰"叫唤的寒号鸟窝进洞里不叫了。二候，虎始交。老虎的交配期在每年农历的十一月至第二年的农历二月。古人认为，大雪时节是老虎求偶交配的最佳时期。三候，荔挺出。"荔"不是荔枝，是一种野生兰草，也叫马蔺。仲冬雪季，万物沉寂，荔草却在这个时候抽出新芽。《月令七十二候集解》曰："雨下而为寒气所薄故凝而为雪，小者未盛之辞……大者，盛也。至此而雪盛矣。"[1]

到了大雪时节，北方很多地区已经是银装素裹。相较于小雪，大雪时节天气更为寒冷，降雪的可能性也更大。然而，大雪当天，也不是全国各地都会降雪。严冬积雪覆盖大地，可以给地面保温，为冬作物创造良好的越冬环境。积雪融化又增加了土壤水分含量，满足了作物春季生长的需要，正所谓"瑞雪兆丰年"。大雪时节，白天变短，夜晚变长。

二、传统习俗

例如：①腌腊肉。大雪节气有腌腊肉的习俗。人们会选择肥瘦相间的猪肉，通过腌制和风干，制作出美味的腊肉。这一习俗不仅是为了筹备年货、喜迎新年，也寓意着丰收和富足。制作腊肉需要耐心和时间，象征着人们对美好生活

---

① 霍福. 二十四节气与礼乐文化[M]. 北京：社会科学文献出版社，2022：53.

的期许和等待。②烤红薯。大雪时节还有烤红薯的习俗。先用铁铲在地上挖个大坑，把木柴放进坑里，然后用打火机点燃木柴，让木柴充分燃烧，直至大坑周围的泥土也被烧热。随后，用铝箔或者荷叶包住红薯，放进烧红的坑里，并立刻埋上泥土。20～30 分钟后挖开泥土，就能吃上香喷喷的原生态烤红薯了。

三、教学设计：大雪腌腊肉①

（一）活动背景

俗语有云："小雪腌菜，大雪腌肉。"大雪节气天气寒冷，在古代保鲜技术有限的情况下，人们发现此时腌制肉类不易变质，于是大雪节气一到，家家户户就忙着腌制腊肉，为即将到来的春节做好准备。开展腌腊肉活动，旨在让学生感受传统文化的魅力，感受生活与劳动的乐趣。

（二）活动目标

1. 让学生了解腌制腊肉的方法，并亲身参与腊肉腌制过程。

2. 引导学生学会观察、探究，在体验腌制腊肉的过程中，感受传统文化的魅力；鼓励学生自己动手实践，激发其对劳动的热情。

（三）活动准备

食材：新鲜猪肉、盐、花椒、八角、桂皮、料酒等。

用具：锅灶、锅铲、菜板、刀具、碗盆等。

（四）活动过程

1. 认识食材。腌制腊肉前，教师引导学生通过摸一摸、闻一闻、尝一尝的方法认识花椒、八角、桂皮、盐、料酒等食材。

2. 炒制腌料。教师简单介绍炒制方法：首先将盐放到锅中，用小火翻炒，然后把准备好的香料倒入锅中，一起翻炒。需将盐炒至微微发黄，确保香料的味道完全融入盐中。

3. 腌制腊肉。教师指导学生按步骤腌制腊肉，每个步骤做到位后再进行下一步。先将猪肉改刀，切成自己想要的大小和形状（建议切成长条形，便于悬挂晾晒）。然后在猪肉表面抹上料酒以去除腥味。再抹上一层老抽，这样能起到增香作用。接着，给肉进行"盐浴"，把盐均匀地撒在肉上，反复揉搓，以确保盐分渗透。最后，将炒制好的腌料均匀涂抹在肉上，不断按摩，然后再轻

_____

① 笔者指导重庆市巫溪县先锋小学龚健林老师撰写。

轻按压，挤出多余的水分。

4. 晾晒腊肉。把腌制好的腊肉用绳子穿好并打好结，挂在窗台上晾晒，晾晒时间为 3～5 天。

5. 教师总结。通过参与腌制腊肉活动，学生了解了腊肉的相关历史，学习了厨房器皿、工具的使用方法和注意事项，在品尝劳动成果时感受到了劳动的快乐和成功的喜悦，这有助于培养学生自己动手的劳动习惯。

（五）作业

周末抽空和爷爷奶奶、爸爸妈妈一起腌制腊肉。

第二十二节　冬至节气劳动课程与教学活动

一、基础知识

冬至节气，一般在每年的 12 月 21～23 日。冬至三候：一候，蚯蚓结。此时，蚯蚓还蜷缩在土中。二候，麋角解。麋，即麋鹿，俗称"四不像"。每年冬至前后，雄性麋鹿的角会脱落一次，到第二年春天又会长出新角，雌性麋鹿没有角。三候，水泉动。此时地下的泉水并没有结冰，仍然在流动。《月令七十二候集解》曰："终藏之气至此而极也。"[①]

冬至是冬天的第四个节气，又是一个传统节日，俗称"冬节"。民间流传"数九"的说法，也叫"冬九九"。从冬至这一天起"进九"，每九天算一"九"，从"一九"一直到"九九"，共 81 天。俗语有云："热在三伏，冷在三九。""三九""四九"是一年中最冷的时候。

二、传统习俗

例如：吃饺子。民间流传冬至吃饺子的习俗。"十月一，冬至到，家家户户吃水饺。""冬至不端饺子碗，冻掉耳朵没人管。"在江南地区，冬至日人们喜欢吃汤圆，这种汤圆又被称为"冬至汤圆"，正所谓"家家捣米做汤圆，知是明朝冬至天"。

---

① 霍福. 二十四节气与礼乐文化[M]. 北京：社会科学文献出版社，2022：54.

三、教学设计：冬至包饺子①

（一）活动背景

饺子是冬至必不可少的主食之一。本次活动注重引导学生从现实生活出发，通过亲身体验和实践操作，初步学会包饺子的方法，获得丰富的劳动体验，习得劳动知识和技能，形成生活自理能力，感悟和体认劳动价值，培育劳动精神。

（二）活动目标

1. 初步掌握包饺子的技能。

2. 形成生活自理能力，初步建立健康饮食的观念，具有初步的食品安全意识。

3. 能正确认识烹饪劳动的价值，形成热爱劳动、尊重普通劳动者的观念。

（三）活动准备

猪肉、鸡蛋、莴笋、香菇、清水、葱白、姜丝、八角、花椒、生抽、老抽、蚝油、白糖、盐、鸡精、胡椒粉、香油、面粉等。

（四）活动过程

1. 导入部分。教师引入主题："饺子营养均衡丰富，既有菜，又有肉，深受大家喜爱。饺子的吃法也多种多样，可以蒸着吃，可以煮着吃，也可以煎着吃。今天我们一起学习包饺子。"

2. 教师讲解和示范环节。制作步骤如下：第一，制作肉馅，把前腿肉或五花肉剁成肉末或放入绞肉机中搅碎。第二，制作葱姜水。碗里放葱白、姜丝、2个八角、一小撮花椒，倒入适量开水浸泡，放凉后过滤出葱姜水。第三，调味。把葱姜水分3次倒入肉馅里，每次倒入后搅拌1分钟，让肉馅充分吸水分。然后加入适量盐、鸡精、白糖、胡椒粉，搅拌均匀。再加入生抽、老抽、蚝油、香油各1勺，打入适量鸡蛋，继续搅拌均匀。第四，添加蔬菜。可以根据个人喜好，加入适量蔬菜（如莴笋、香菇等），充分拌匀备用。第五，和面。将面粉和清水混合，揉成面团，盖上湿毛巾或湿屉布，静置30分钟左右。第六，制作饺子皮。把面团揉光滑，撒上少许面粉防止粘连，将面团搓成长条，切成大小一致的剂子，将剂子逐一按扁。取一个剂子，用擀面杖擀成中间稍厚、四周较薄的饺子皮。第七，包饺子。在饺子皮的正中间放上适量的馅料，对折饺子皮并将两边提起捏紧。然后左右手配合，从一边开始，将饺子皮的边缘一层一

---

① 笔者指导重庆市巫溪县先锋小学向湖平老师撰写。

层拉起，往中间收拢，捏出大约 4 个褶子作为花边。另一边也以同样的方式处理，形成 4 个褶子，最后将边缘捏紧封口。

3. 学生动手操作和实践环节。学生按照教师讲解的要领动手包饺子。

4. 展示和总结环节。学生展示自己的作品，分享自己在劳动过程中的收获，互相欣赏和评价。

5. 教师小结："同学们，圆滚滚的饺子像一个个元宝，寓意财源广进、团团圆圆，不同的饺子馅儿也有着不同的寓意。"

（五）作业

和父母一起包饺子、过冬至。

第二十三节　小寒节气劳动课程与教学活动

一、基础知识

小寒节气，一般在每年的 1 月 5～7 日。小寒三候：一候，雁北乡。在南方过冬的大雁开始向北迁移。二候，鹊始巢。喜鹊一般在每年农历四至六月繁殖，它的筑巢要求很高，所以小寒时节，喜鹊就开始筑巢了，经常要花 4 个月左右的时间才能完全筑好。三候，雉始雊。雊，专指野鸡叫。野鸡逐渐变得活跃起来，经常能够听见它们鸣叫。《礼记正义》曰："谓之小寒大寒者，十二月极寒之时，相对为大小，月初寒为小，月半寒为大。"[①]小寒时节天气寒冷，但还没到达极点，因此称为小寒。

小寒之后，我国开始进入一年中最寒冷的时段，冷气积久而寒。"三九四九冰上走""小寒大寒，冻成一团"，都是形容小寒到大寒时节的寒冷。

二、传统习俗及拓展

例如：腊八节。即农历十二月初八，古代称为"腊日"。整个农历十二月称为"腊月"，腊八节多在小寒与大寒之间，腊八节和小寒在时间、文化、气候和意义等方面都存在一定的关联性，它们共同构成了年终岁尾的重要时期，此时人们通过各种习俗和活动来迎接新年的到来。腊八节有喝腊八粥的习俗。

---

① 霍福. 二十四节气与礼乐文化[M]. 北京：社会科学文献出版社，2022：54.

相传腊八粥最初是佛教徒用来供奉佛祖的食品，用十八种食材制成，代表十八罗汉。后流传到民间，人们在腊八节吃腊八粥，祈求来年富足安康。腊八粥，又称"七宝五味粥""大家饭"等，是一种由多种食材熬制而成的粥。腊八粥的传统食材包括大米、小米、玉米、薏仁米、红枣、莲子、花生、桂圆和各种豆类（如红豆、绿豆、黄豆、黑豆、芸豆等）。

三、教学设计：小寒做腊八粥①

（一）活动背景

腊八粥寓意温暖、圆满、和谐、吉祥等。腊八节吃腊八粥，以祈求来年丰收。本次劳动教学活动注重引导学生从现实生活的真实需求出发，习得劳动知识与技能，感悟和体认劳动价值，培育劳动精神。

（二）活动目标

1. 学习制作腊八粥，了解腊八粥的寓意。

2. 能正确认识烹饪劳动的价值，形成热爱家庭劳动的习惯。

（三）活动准备

大米、糯米、小米、黑米、薏仁米、核桃、花生、栗子、莲子、红枣、葡萄干、桂圆、黄豆、绿豆、黑豆、红腰豆、红豆、豌豆、冰糖、水、锅等。

（四）活动过程

1. 导入部分。教师引入主题："'小孩小孩你别馋，过了腊八就是年。'这首童谣我们记忆犹新。提起'腊八节'，许多人首先想到的就是'喝腊八粥'。腊八粥由多种食材熬制而成，将八方食物合在一起，共煮一锅，有合聚万物之意。过了腊八节，春节的序幕便由此拉开。今天我们就来学习如何制作腊八粥。"

2. 教师讲解和示范环节。首先，教师带领学生认识腊八粥。其次，教师讲解制作腊八粥的步骤。第一，准备原材料。第二，将红腰豆、红豆、黄豆、绿豆、黑豆、豌豆、花生、薏仁米、莲子等坚硬且不易煮熟的食材提前用水浸泡一夜。第三，将大米、糯米、小米、黑米、核桃和葡萄干等洗净，加入清水浸泡3个小时，将栗子和桂圆去壳，将红枣洗净去核切成条。第四，先将红腰豆、红豆、黄豆、绿豆、黑豆、豌豆、花生、薏仁米等难熟的食材放入锅中，加入适量水开大火煮成半熟，之后再放入其余食材，煮开后转小火继续煮一小时左右。第五，在米粒软糯、豆粒酥烂、粥体浓稠时，放入适量冰糖，用小火熬煮

---

① 笔者指导重庆市巫溪县先锋小学向湖平老师撰写。

至冰糖融化即可。

3. 学生动手操作和实践环节。学生按照教师讲解的要领做腊八粥。

4. 展示和总结环节。学生展示自己的作品，分享自己在劳动过程中的收获，互相欣赏和评价。

（五）作业

腊八节和家人一起做腊八粥。

第二十四节　大寒节气劳动课程与教学活动

一、基础知识

大寒节气，一般在每年的 1 月 20 日或 21 日。大寒三候：一候，鸡始乳。大寒节气一到，母鸡便开始孵小鸡，孵化小鸡一般需要 21 天左右的时间，来年开春，小鸡就叽叽喳喳满地跑了。二候，征鸟厉疾。征鸟，是指鹰、隼之类的猛禽，它们这时的捕食能力极强，一旦发现猎物就迅猛地俯冲、扑食，以补充身体能量来抵御严寒。三候，水泽腹坚。这时河水冻得很深，河中央的冰既厚实又坚硬。过去，北方的人们常常在这个时候采集冰块，放入地窖，供第二年夏季使用。《月令七十二候集解》曰："月初寒尚小，故云，月半则大矣。"[①]寒是寒冷的意思，大寒是一年中最冷的节气，因而称为大寒。

大寒时节寒潮南下频繁，风大，低温，地面积雪不化，北方大部分地区呈现出冰天雪地、天寒地冻的景象。大寒是二十四节气中的最后一个节气，也是冬季的最后一个节气，大寒节气往往与岁末重合，因此，一旦大寒到来，春节也就不远了。随后的节气便是立春，虽然立春会出现两种情况，一种是在年前立春，另一种是在年后，但人们通常都将大寒视为春节前的最后一个节气，所以叫作大寒迎年。在这样喜庆的气氛中，人们已经开始为过年做准备，如赶年集、置办年货、书写春联、准备各种祭祀用的供品、进行大扫除等等。

二、传统习俗及拓展

例如：①灶王节。农历腊月二十三是中国传统的小年，也是灶王节。灶王

---

① 霍福. 二十四节气与礼乐文化[M]. 北京：社会科学文献出版社，2022：54.

被百姓视为家庭的保护神，传说每年这个时候，灶王便会返回天庭向玉帝报告人间善恶，玉帝根据灶王反映的情况对各家作出奖惩。为了让灶王在玉帝面前美言几句，人们在这一天会举行祭灶仪式，最有意思的贡品是又甜又粘的麦芽糖。人们供奉这种糖果，一来是希望灶王嘴巴变甜多说好话，二来是希望粘住灶王的嘴巴，防止他说不利于自家的话。谚语"上天言好事，回宫降吉祥"就寓意着人们对灶王的祈求和期盼。灶王节与大寒节气的时间非常接近，有时甚至会重叠，这期间的各种活动共同营造出独特的年节氛围，预示着春节即将来临。②大扫除。大寒这一天人们会彻底打扫房屋，也叫扫尘。经过扫尘，家家户户都焕然一新，人们满怀希望地迎接新年的到来。③剪窗花。在准备春节的事宜中，剪窗花是一项非常重要的活动。大寒时节，人们会剪制各种各样的窗花，待春节时张贴。窗花的图案多以动物和植物为主题，如喜鹊登梅、燕穿桃柳、狮子滚绣球等。

三、教学设计：大寒家庭大扫除①

（一）活动背景

在中国传统文化中，大寒是年终大扫除的时期。通过参与本次活动，学生能正确使用简单的卫生工具，掌握打扫卫生的基本劳动技能，树立通过劳动创设洁净的生活的意识，养成良好的卫生习惯，形成热爱劳动的态度。

（二）活动目标

1. 正确使用卫生工具，具备打扫卫生的劳动能力。

2. 积极参与清洗、打扫等活动，创设洁净的生活环境和学习环境。

3. 养成良好的个人卫生习惯，形成热爱劳动的态度，能通过自己的努力获得幸福。

（三）活动准备

笤帚、拖把、吸尘器、刷子、抹布、清洁剂等。

（四）活动过程

1. 导入部分。教师引出主题："'除尘'就是大扫除的意思，每到大寒时节，家家户户都会进行大扫除，寓意辞旧迎新。那么如何进行家庭大扫除呢，今天我们就一起来学习。"

2. 教师讲解环节。教师讲解家庭大扫除的具体步骤：第一，准备好清洁工

---

① 笔者指导重庆市巫溪县先锋小学向湖平老师撰写。

具。第二，整理收纳。整理衣物和鞋子，将其分类放置或挂起，保持整齐。整理书籍和文件，归档放置，方便查找。第三，清洁家具。使用湿抹布或专用的家具清洁剂擦拭家具表面，同时不要忽略家具的细节部分，如角落、把手等。第四，清洁厨房。使用厨房清洁剂和湿抹布清洁炉灶和油烟机。将台面、水槽和瓷砖擦拭干净。在清洁冰箱和微波炉等电器时需要注意安全。第五，清洁卫生间。使用马桶刷和马桶清洁剂清洁马桶，去除所有污渍。擦拭洗手盆和浴缸，注意清洁角落和排水口。使用玻璃清洁剂和干净的抹布擦拭镜子和玻璃。第六，清洁空调和暖气设备。可使用专用清洁剂和刷子清洁空调和暖气设备。定期更换空气滤网，保持空气质量。第七，清洁窗户。使用窗户清洁剂和窗户刷子清洁窗户玻璃和防盗网。擦拭窗框，清洗窗帘。第八，清洁家门。使用湿抹布或清洁剂擦拭家门表面，注意清洁边角和门缝，确保整体干净。第九，清洁地毯。使用吸尘器清理地毯上的灰尘和脱落物，如有污渍，使用专用清洁剂进行处理。第十，清扫地面。使用笤帚或吸尘器清扫地面，确保将灰尘和小颗粒物清除干净。可使用小刷子清理角落和边缘。第十一，处理垃圾。将垃圾分类后投放到相应的垃圾桶中。定期清理垃圾桶，防止异味产生和细菌滋生。

3. 展示总结。学生分享自己在劳动过程中的收获，互相欣赏和评价。教师做总结："按照以上步骤，我们可以高效地打扫家庭卫生，创造整洁、舒适的生活环境。在进行每个步骤时，我们都要细心且有耐心，以确保家中的每个角落都得到深度清洁。定期进行家庭大扫除，可以提高生活质量，预防疾病传播，从而为家人营造健康、温馨的生活空间。就让我们从现在开始行动起来，共同保持家庭的整洁与干净，享受劳动带来的幸福感与成就感。"

（五）作业

寒假期间和父母一起进行家庭大扫除，传承耕读传家优秀传统文化，树立勤俭朴实的家风家教。

参 考 文 献

一、中 文 著 作

安富海. 地方性知识与民族地区地方课程开发研究——以甘南藏族为例[M]. 北京：中国社会科学出版社，2016.

班建武. 新时期劳动教育理论体系建构研究[M]. 杭州：浙江教育出版社，2022.

蔡汀，王义高，祖晶. 苏霍姆林斯基选集（5 卷本·第 1 卷）[M]. 北京：教育科学出版社，2001.

常卫国. 劳动论——《马克思恩格斯全集》探义[M]. 沈阳：辽宁人民出版社，2005.

陈侠. 课程论[M]. 北京：人民教育出版社，1989.

丛立新. 课程论问题[M]. 北京：教育科学出版社，2000.

崔允漷. 校本课程开发：理论与实践[M]. 北京：教育科学出版社，2000.

邓小平. 邓小平文集（一九四九——一九七四年）（中卷）[M]. 北京：人民出版社，2014a.

邓小平. 邓小平文集（一九四九——一九七四年）（下卷）[M]. 北京：人民出版社，2014b.

邓小平. 邓小平文选（第一卷）[M]. 2 版. 北京：人民出版社，1994c.

邓小平. 邓小平文选（第二卷）[M]. 2 版. 北京：人民出版社，1994d.

董宝良. 陶行知教育名篇选[M]. 北京：人民教育出版社，2012.

董建辉. 明清乡约：理论演进与实践发展[M]. 厦门：厦门大学出版社，2008.

顾建军. 义务教育劳动课程标准（2022 年版）解读[M]. 北京：北京师范大学出版社，2022.

何小民. 共同利益论：马克思共同利益思想理论内蕴及当代价值[M]. 北京：中央文献出版社，2008.

胡德海. 教育学原理[M]. 3 版. 北京：人民教育出版社，2013.

黄光雄，蔡清田. 课程发展与设计[M]. 台北：五南图书出版股份有限公司，2009.

霍福. 二十四节气与礼乐文化[M]. 北京：社会科学文献出版社，2022.

蒋建华. 知识·权力·课程——政策视野中的课程研究[M]. 北京：教育科学出版社，2010.

教育部. 义务教育劳动课程标准（2022 年版）[S]. 北京：北京师范大学出版社，2022.

靳玉乐. 校本课程开发的理念与策略[M]. 成都：四川教育出版社，2006.

靳玉乐. 课程论[M]. 北京：人民教育出版社，2012.

靳玉乐，于泽元. 后现代主义课程理论[M]. 北京：人民教育出版社，2005.

敬世龙. 图解课程发展与设计[M]. 台北：五南图书出版股份有限公司，2016.

李秉德，李定仁. 教学论[M]. 2 版. 北京：人民教育出版社，2001.

李定仁. 西北民族地区校本课程开发研究[M]. 北京：民族出版社，2006.

李定仁，徐继存. 课程论研究二十年（1979～1999）[M]. 北京：人民教育出版社，2004.

李森，崔友兴. 社会变迁中的乡村教育[M]. 福州：福建教育出版社，2017.

李学勤. 字源[M]. 天津：天津古籍出版社，2013.

李雁冰. 课程评价论[M]. 上海：上海教育出版社，2002.

李子建，杨晓萍，殷洁. 幼儿园园本课程开发的理论与实践[M]. 北京：人民教育出版社，2009.

廖辉，汪菊. 劳动教育校本课程的理论与实践[M]. 北京：中国社会科学出版社，2023.

廖文根，张烁，李昌禹，等. 贺词里的追梦人[N]. 人民日报，2023-01-01（001）.

廖哲勋. 课程学[M]. 武汉：华中师范大学出版社，1991.

林万龙. 耕读教育十讲[M]. 北京：高等教育出版社，2021.

吕达. 中国近代课程史论[M]. 北京：人民教育出版社，1994.

毛泽东. 毛泽东选集（第一卷）[M]. 2版. 北京：人民出版社，1991a.

毛泽东. 毛泽东选集（第二卷）[M]. 2版. 北京：人民出版社，1991b.

毛泽东. 毛泽东选集（第三卷）[M]. 2版. 北京：人民出版社，1991c.

毛泽东. 毛泽东选集（第四卷）[M]. 2版. 北京：人民出版社，1991d.

施良方. 课程理论——课程的基础、原理与问题[M]. 北京：教育科学出版社，1996.

石中英. 知识转型与教育改革[M]. 北京：教育科学出版社，2001.

史猛. 家庭教育难题五十解[M]. 北京：中国展望出版社，1984.

宋生涛. 传统文化学前教育课程开发的理论与实践[M]. 北京：民族出版社，2019.

隋斌. 二十四节气经典谚语释义[M]. 北京：中国农业出版社，2022.

孙孔懿. 苏霍姆林斯基教育学说[M]. 北京：人民教育出版社，2018.

王斌华. 校本课程论[M]. 上海：上海教育出版社，2000.

王道俊，王汉澜. 教育学（新编本）[M]. 2版. 北京：人民教育出版社，1989.

王嘉毅. 课程与教学设计[M]. 北京：高等教育出版社，2007.

王江松. 劳动哲学概论[M]. 上海：上海交通大学出版社，2015.

王文臣. 论马克思哲学的劳动概念与历史唯物主义[M]. 上海：上海社会科学院出版社，2013.

王新龙. 中华美德[M]. 北京：中国戏剧出版社，2009.

王绚. 传统堡寨聚落研究——兼以秦晋地区为例[M]. 南京：东南大学出版社，2010.

王征兵，甫永民. 村干部职务行为研究[M]. 北京：中国农业出版社，2009.

吴聪灵. 活泼生机会庄子[M]. 南京：东南大学出版社，2021.

吴康宁. 课堂教学社会学[M]. 南京：南京师范大学出版社，1999.

吴兴人. 话说资本论[M]. 上海：上海人民出版社，2009.

熊春锦. 四时之冬[M]. 北京：中央编译出版社，2017.

徐海娇. 危机与重构：劳动教育价值研究[M]. 北京：中国社会科学出版社，2020.

杨伯峻，杨逢彬. 孟子译注[M]. 长沙：岳麓书社，2021.

于凌. 东北农耕文化[M]. 北京：社会科学文献出版社，2018.

喻谟烈. 乡村教育[M]. 上海：商务印书馆，1927.

袁帅. 教育改革视域下的劳动教育思想及实践研究[M]. 北京：知识产权出版社，2020.

张嘉育. 学校本位课程改革[M]. 台北：冠学文化出版事业有限公司，2002.

赵荣昌，单中惠. 外国教育史教学参考资料[M]. 上海：华东师范大学出版社，1991.

赵质宸. 乡村教育概论[M]. 北京：京城印书馆，1933.

郑金洲. 教育文化学[M]. 北京：人民教育出版社，2000.

中国社会科学院语言研究所词典编辑室. 现代汉语词典[M]. 7 版. 北京：商务印书馆，2016.

中国音像与数字出版协会，上海音乐出版社，上海文艺音像电子出版社. 在希望的田野
　　上——脱贫攻坚大众金曲 100 首[M]. 上海：上海音乐出版社，2020.

钟启泉. 现代课程论（新版）[M]. 2 版. 上海：上海教育出版社，2006.

钟启泉. 课程论[M]. 北京：教育科学出版社，2007.

钟启泉，崔允漷，张华. 为了中华民族的复兴 为了每位学生的发展——《基础教育课程改
　　革纲要（试行）》解读[M]. 上海：华东师范大学出版社，2001.

朱家雄，黄瑾，李召存，等. 幼儿园课程的理论与实践[M]. 上海：华东师范大学出版社，
　　2012.

朱永新. 中国当代教育思想史[M]. 北京：中国人民大学出版社，2011.

二、中 文 译 著

恩格斯. 马克思恩格斯选集（第三卷）[M]. 中共中央马克思恩格斯列宁斯大林著作编译局
　　编译. 北京：人民出版社，1972.

菲利浦·泰勒，科林·理查兹. 课程研究导论[M]. 王伟廉，高佩译. 北京：春秋出版社，1989.

黑格尔. 精神现象学（上）[M]. 2 版. 贺麟，王玖兴译. 北京：商务印书馆，1979.

拉尔夫·泰勒. 课程与教学的基本原理[M]. 施良方译. 北京：人民教育出版社，1994.

雷蒙·威廉斯. 关键词：文化与社会的词汇[M]. 刘建基译. 北京：生活·读书·新知三联书
　　店，2005.

列宁. 列宁全集（第三十七卷）[M]. 2 版（增订版）. 中共中央马克思恩格斯列宁斯大林著
　　作编译局编译. 北京：人民出版社，2017a.

列宁. 列宁全集（第三十八卷）[M]. 2 版（增订版）. 中共中央马克思恩格斯列宁斯大林著
　　作编译局编译. 北京：人民出版社，2017b.

列宁. 列宁全集（第三十九卷）[M]. 2 版（增订版）. 中共中央马克思恩格斯列宁斯大林著
　　作编译局编译. 北京：人民出版社，2017c.

列宁. 列宁全集（第四十二卷）[M]. 2 版（增订版）. 中共中央马克思恩格斯列宁斯大林著
　　作编译局编译. 北京：人民出版社，2017d.

马克思，恩格斯. 马克思恩格斯全集（第三卷）[M]. 中共中央马克思恩格斯列宁斯大林著
　　作编译局编译. 北京：人民出版社，1960.

马克思. 1844 年经济学哲学手稿[M]. 中共中央马克思恩格斯列宁斯大林著作编译局编译.
　　北京：人民出版社，2018a.

马克思. 资本论（第一卷）[M]. 中共中央马克思恩格斯列宁斯大林著作编译局编译. 北京：
　　人民出版社，2018b.

瓦·阿·苏霍姆林斯基. 让少年一代健康成长[M]. 黄之瑞，张佩珍，姚亦飞，等译. 北京：

教育科学出版社，1984a.

瓦·阿·苏霍姆林斯基. 少年的教育和自我教育[M]. 姜励群，吴福生，张渭城，等译. 北京：北京出版社，1984b.

三、中 文 论 文

白现军. 乡村振兴战略下的乡贤文化传承与创新[J]. 北京社会科学，2021，（12）：91-99.

班建武. "新"劳动教育的内涵特征与实践路径[J]. 教育研究，2019，（1）：21-26.

车丽娜，傅琴. 乡村学校课程建设的空间悖论及其消解[J]. 课程·教材·教法，2021，（12）：33-39.

陈弘，吴波. 新发展格局下涉农高校"知农爱农"教育路径研究：以湖南农业大学为例[J]. 湖南农业大学学报（社会科学版），2021，（5）：79-85.

陈珊珊，张旸. 中华传统哲学中的劳动思想智慧及其教育传承[J]. 教育学术月刊，2021，（12）：95-101.

陈时见. 幼儿园适应性课程的理论构建与实施策略[J]. 教育研究，2012，（4）：81-86.

陈时见，刘雨田. 乡村学校在地化教育的价值与路径[J]. 湖南师范大学教育科学学报，2021，（5）：75-80.

陈铁成，熊梅. 什么知识最有价值：基于斯宾塞课程思想的思考[J]. 外国教育研究，2013，（5）：73-79.

陈侠. 课程编订：概念和原则[J]. 课程·教材·教法，1983，（5）：1-4.

成尚荣. "超越"，引领乡村教育的"永远"[J]. 江苏教育，2011，（14）：30-32.

程民生. 论"耕读文化"在宋代的确立[J]. 社会科学战线，2020，（6）：93-102.

冯永刚，温晓情. 劳动课程育人的价值变迁、生成逻辑与实践进路[J]. 教育学报，2022，（6）.

郝志军，哈斯朝勒. 家庭、学校、社会协同是推进劳动教育的根本渠道和途径[J]. 人民教育，2020，（8）：23-26.

何云峰，齐旭旺. 论劳动教育的本质：基于劳动的属人性与非属人性及其关系的视角[J]. 南京社会科学，2023，（7）：125-132.

和学新. 课程评价制度创新与基础教育课程改革[J]. 教育研究，2004，（7）：79-80.

胡佳新，刘来兵. 回归生活力视域下的青年劳动教育[J]. 中国青年社会科学，2020，（1）：110-116.

胡君进，檀传宝. 劳动、劳动集体与劳动教育：重思马卡连柯、苏霍姆林斯基劳动教育思想的内容与特点[J]. 国家教育行政学院学报，2018，（12）：40-45.

黄明理，任君. 中国式现代化视域下习近平劳动价值论述的哲学意蕴[J]. 南通大学学报（社会科学版），2023，（2）：10-17.

纪德奎，陈璐瑶. 劳动素养的内涵、结构体系及培养路径[J]. 天津师范大学学报（基础教育版），2021，（2）：16-20.

姜朝晖，金紫薇. 教育赋能新质生产力：理论逻辑与实践路径[J]. 重庆高教研究，2024，（1）：

108-117.

寇东亮. 马克思"劳动成为生活的第一需要"论断的溯源与释义[J]. 伦理学研究，2022，（1）：
　　1-7.

寇东亮. 论马克思基于"劳动—资本"辩证法的人类文明观[J]. 广西社会科学，2023，（9）：
　　107-113.

李芳，陈慧. 马克思劳动幸福思想的哲学意涵、内在特质与现实启示[J]. 思想教育研究，
　　2019，（2）：36-41.

李森，汪建华. 我国乡村教育发展的历史脉络与现代启示[J]. 西南大学学报（社会科学版），
　　2017，（1）：61-69，190.

李欣. 略论爱国歌曲的社会功能[J]. 理论探索，2013，（1）：35-37.

李雁冰. 走向新的课程评价观[J]. 全球教育展望，2001，（1）：45.

刘佳，王玥玮. 学校劳动教育课程建设的"乡村思路"[J]. 中国教育学刊，2021，（6）：
　　71-75.

刘力波，韦晰玄. 人的现代化视域下新时代劳动教育路径探索[J]. 教育科学研究，2022，（5）：
　　5-10，31.

刘猛. 劳动教育：从陶行知到毛泽东[J]. 江苏教育学院学报（社会科学版），2003，（2）：
　　18-21，51.

刘启迪. 试论课程设计的客观要求[J]. 课程·教材·教法，1998，（5）：12-16.

刘同舫. 马克思主义哲学面向实践的方式[J]. 哲学研究，2021，（12）：25-34.

刘宇文. 论社会本位思潮对教育的影响[J]. 高等教育研究，2005，（9）：40-45.

鲁洁. 教育：人之自我建构的实践活动[J]. 教育研究，1998，（9）：13-18.

吕蕾. 重塑学校领导：激发乡村学校整校改进的新动能[J]. 中小学管理，2022，（5）：
　　45-48.

欧阳修俊，谭天美. 乡村学校劳动教育课程变革的挑战与方向[J]. 中国教育学刊，2019，（8）：
　　56-60.

乔晓冬. 文化与课程建设的价值取向[J]. 北京师范大学学报，1989，（2）：1-9.

曲铁华. 余家菊的乡村教育思想探析[J]. 东北师大学报（哲学社会科学版），2013，（6）：
　　190-193.

曲铁华. 民国时期乡村教育的基本特征论析[J]. 四川师范大学学报（社会科学版），2019，
　　（3）：81-89.

时伟. 劳动教育的逻辑透视[J]. 学术界，2022，（5）：122-130.

宋生涛，杨晓萍. 翻转课堂的基本原理与教学形态[J]. 西北师大学报（社会科学版），2018，
　　（2）：98-104.

檀传宝. 劳动教育的概念理解：如何认识劳动教育概念的基本内涵与基本特征[J]. 中国教育
　　学刊，2019，（2）：82-84.

王鉴. 论我国基础教育课程设计的理论逻辑[J]. 课程·教材·教法，2022，（11）：51-57.

王鉴. 我国基础教育课堂教学方法改革及体系建构[J]. 课程·教材·教法，2023，（3）：
　　47-55.

王鉴，宋生涛. 课堂研究价值定位：以理论创新推动实践变革[J]. 教育研究，2013，（11）：
　　92-96.

王先明. 中国近代乡村史研究及展望[J]. 近代史研究，2002，（2）：259-289.

王晓燕，杨颖东，孟梦. 全面加强新时代大中小学劳动教育：习近平总书记关于教育的重要论述学习研究之十三[J]. 教育研究，2023，（1）：4-15.

魏进平，马丹丹. 新时代"劳动"的多维审视[J]. 天津师范大学学报（基础教育版），2021，（1）：1-6.

文丰安. 新耕读文化的现实困境及发展途径[J]. 重庆社会科学，2017，（8）：102-108.

吴潜涛，陈好敏. 马克思恩格斯劳动教育思想探析[J]. 中国高校社会科学，2023，（3）：58-69.

习近平. 加强文化遗产保护传承　弘扬中华优秀传统文化[J]. 求是，2024，（8）：4，11，13.

肖绍明. 劳动教育的文化研究[J]. 华东师范大学学报（教育科学版），2022，（2）：17-28.

谢翌，曾瑶，丁福军. 过程性课程评价刍议[J]. 教育研究，2022，（7）：54-64.

徐彬，刘志军. 指向核心素养的课程评价探析[J]. 课程·教材·教法，2019，（7）：21-26.

徐建飞. 毛泽东家庭教育思想内涵与价值意蕴[J]. 思想理论教育，2013，（21）：23-27.

徐洁英. 国家课程、地方课程和校本课程的含义、目的及地位[J]. 教育研究，2005，（8）：32-35，57.

徐玉珍. 校本课程开发：概念解读[J]. 课程·教材·教法，2001，（4）：12-17.

杨明全. 新一轮义务教育课程修订基本精神[J]. 教育研究，2022，（8）：77-84.

杨启亮. 教学的教育性与教育的教学性[J]. 教育研究，2008，（10）：21-26.

殷世东. 社会实践与人身心和谐发展[J]. 东北师大学报（哲学社会科学版），2011a，（3）：206-209.

殷世东. 中小学社会实践的价值意蕴与有效开展[J]. 课程·教材·教法，2011b，（9）：9-12.

张华. 论课程选择的基本取向[J]. 外国教育资料，1999，（5）：25-31.

张礼永. 教育与洒扫的千秋之变：最简单的劳动教育形式及其应注意的问题[J]. 全球教育展望，2020，（6）：15-28.

张晓瑜. 论"有根有翼"课程价值观的构建：基于过程哲学与中国文化融合的视角[J]. 教育研究，2013，（2）：120-124.

张学新. 对分课堂：大学课堂教学改革的新探索[J]. 复旦教育论坛，2014，（5）：5-10.

张雪琴. 习近平劳动观的六重向度及其内在逻辑[J]. 学校党建与思想教育，2023，（5）：61-65.

赵枫，刘长海. 对分课堂：劳动教育专门课程的有效教学结构[J]. 上海教育科研，2022，（5）：17-22.

赵荣辉. 论劳动教育的实践取向[J]. 教育学报，2017，（1）：16-22.

众告. 课程与进程[J]. 开放教育研究，2023，（2）：121.

周莉. 论个体价值观形成发展的机制[J]. 河南社会科学，2005（3）：9-12.

朱之文. 全面落实立德树人大力推进基础教育公平优质发展[J]. 中国教育学刊，2018，（11）：1-7.

左亚. 用陶行知生活教育理论引领学校劳动教育的实践与探索[J]. 中国教育学刊，2020，（S1）：35-36，43.

四、中文学位论文

任怡. 劳动德育研究[D]. 湖北大学博士学位论文，2022：58-59，61-62，64-65.

严冬. 马克思劳动观的当代德育价值研究[D]. 吉林大学博士学位论文，2022：34-35.

钟飞燕. 新时代学校劳动教育研究[D]. 吉林大学博士学位论文，2021：36.

五、中文报纸

本报评论员. 唱响团结职工群众为实现中国梦而奋斗的时代主题[N]. 工人日报，2013-10-29（001）.

本报评论员. 为中国人民迸发出来的创造伟力喝彩——习近平主席 2018 年新年贺词启示录[N]. 人民日报，2018-01-02（001）.

本报评论员. 努力构建德智体美劳全面培养的教育体系——二论学习贯彻习近平总书记全国教育大会重要讲话精神[N]. 光明日报，2018-09-14（001）.

本报评论员. 全力培养社会主义建设者和接班人——论学习贯彻习近平总书记全国教育大会重要讲话[N]. 人民日报，2018-09-15（004）.

陈宝生. 全面贯彻党的教育方针 大力加强新时代劳动教育[N]. 人民日报，2020-03-30（012）.

陈冬梅，李保宣，吴丽霞，等. 把课堂搬到田间地头 把论文写在乡村大地——重庆幼儿师范高等专科学校携手云阳县教委共谱劳动教育新篇[N]. 重庆日报，2022-11-04（008）.

杜尚泽，贺勇. 这十年，总书记带领我们一起植树[N]. 人民日报，2022-03-29（001）.

高云才，郁静娴. "手中有粮、心中不慌在任何时候都是真理"——今年夏粮再获丰收，预计单产提高 3 公斤，产量再创历史新高[N]. 人民日报，2021-07-13（011）.

更生. "劳动"溯源[N]. 乐山报，1983-05-07（004）.

胡果，吴秋余，王观，等. "劳动最光荣、劳动最崇高、劳动最伟大、劳动最美丽"——总书记同劳动人民在一起[N]. 人民日报，2023-04-30（001）.

胡锦涛. 在二〇〇五年全国劳动模范和先进工作者表彰大会上的讲话[N]. 人民日报，2005-05-01（要闻）.

胡锦涛. 牢固树立社会主义荣辱观[N]. 人民日报，2006-04-28（001）.

胡锦涛. 在2010年全国劳动模范和先进工作者表彰大会上的讲话[N]. 人民日报，2010-04-28（002）.

江泽民. 在庆祝北京师范大学建校一百周年大会上的讲话[N]. 人民日报，2002-09-09（要闻）.

江泽民. 全面建设小康社会，开创中国特色社会主义事业新局面——在中国共产党第十六次全国代表大会上的报告[N]. 人民日报，2002-11-18（要闻）.

李洪兴. 心中时刻装着国家和人民[N]. 人民日报海外版，2021-05-24（004）.

李立红. 认真学习宣传贯彻习近平总书记在纪念五四运动 100 周年大会上重要讲话精神[N].
　　中国青年报, 2019-05-08（001）.

李全宏. 从课间到田间: 山西农业大学推行耕读教育见闻[N]. 山西日报, 2022-03-28（011）.

李荣峰, 宋生涛. 高职如何助力乡村学校校本劳动课程开发[N]. 中国教育报, 2024-06-18
　　（007）.

刘维涛, 李昌禹, 亓玉昆. 总书记这样礼赞劳动创造[N]. 人民日报, 2023-10-09（001）.

檀传宝. 新时代劳动教育可以从历史中汲取智慧[N]. 光明日报, 2020-04-30（007）.

汪晓东, 王洲. 让青春在奉献中焕发绚丽光彩——习近平总书记关于青年工作重要论述综
　　述[N]. 人民日报, 2021-05-04（001）.

王鉴. 加强实践育人, 让学生在现实世界中解决真实问题[N]. 光明日报, 2023-05-16（015）.

吴丹. 在实干奋斗中实现人生价值[N]. 人民日报, 2023-09-17（005）.

习近平. 在同全国劳动模范代表座谈时的讲话[N]. 人民日报, 2013-04-29（002）.

习近平. 在庆祝"五一"国际劳动节暨表彰全国劳动模范和先进工作者大会上的讲话[N]. 人
　　民日报, 2015-04-29（002）.

习近平. 在知识分子、劳动模范、青年代表座谈会上的讲话[N]. 人民日报, 2016-04-30（002）.

习近平. 在会见第一届全国文明家庭代表时的讲话[N]. 人民日报, 2016-12-16（002）.

习近平. 决胜全面建成小康社会　夺取新时代中国特色社会主义伟大胜利——在中国共产党
　　第十九次全国代表大会上的报告[N]. 人民日报, 2017-10-28（001）.

习近平. 在 2018 年春节团拜会上的讲话[N]. 人民日报, 2018-02-15（002）.

习近平. 在北京大学师生座谈会上的讲话[N]. 人民日报, 2018-05-03（002）.

习近平. 在全国劳动模范和先进工作者表彰大会上的讲话[N]. 人民日报, 2020-11-25（002）.

习近平. 高举中国特色社会主义伟大旗帜　为全面建设社会主义现代化国家而团结奋斗——
　　在中国共产党第二十次全国代表大会上的报告[N]. 人民日报, 2022-10-26（001）.

新华社记者. 争当德智体美劳全面发展的新时代好儿童——习近平总书记在北京育英学校
　　的重要讲话引起热烈反响[N]. 人民日报, 2023-06-02（001）.

于文静. "中国人的饭碗任何时候都要牢牢端在自己手上"——习近平重视粮食安全的故
　　事[N]. 人民日报, 2021-07-05（001）.

张贺. 在希望的田野播撒文化种子[N]. 人民日报, 2006-04-06（002）.

张毅, 蒋升阳, 张洋, 等. 植根人民　造福人民——习近平同志倡导践行"四下基层"闪耀
　　时代光彩[N]. 人民日报, 2023-12-07（001）.

周洪宇. 在学生中弘扬劳动精神——推动青少年全面发展[N]. 人民日报, 2021-12-15（005）.

从国民党"督学"到坚强的共产主义战士——张谦光[N]. 人民日报, 2006-04-21（002）.

大力弘扬劳模精神[N]. 人民日报, 2020-11-24（001）.

高举中国特色社会主义伟大旗帜　为全面建设社会主义现代化国家而团结奋斗——习近平
　　同志代表第十九届中央委员会向大会作的报告摘登[N]. 人民日报, 2022-10-17（002）.

弘扬愚公移山精神　奋力托起中国梦——"学习习近平总书记系列重要讲话　弘扬愚公移山
　　精神暨纪念毛泽东同志《愚公移山》发表 70 周年座谈会"发言摘登[N]. 光明日报,
　　2015-06-10（007）.

毛泽民[N]. 人民日报, 2011-04-06（005）.

习近平同志《论党的青年工作》主要篇目介绍[N]. 人民日报, 2022-06-22（002）.

习近平同志《论坚持人民当家作主》主要篇目介绍[N]. 光明日报，2021-11-08（002）.

习近平在中共中央政治局第十一次集体学习时强调　加快发展新质生产力　扎实推进高质量发展[N]. 人民日报，2024-02-02（001）.

《习近平著作选读》第二卷主要篇目介绍[N]. 人民日报，2023-04-07（002）.

幸福是奋斗出来的——中国老百姓日子怎样越过越红火？[N]. 人民日报，2019-08-07（007）.

在青春的赛道上奋力奔跑[N]. 人民日报，2022-05-09（008）.

中办印发《关于在全党大兴调查研究的工作方案》[N]. 人民日报，2023-03-20（001）.

中共中央　国务院关于全面加强新时代大中小学劳动教育的意见[N]. 人民日报，2020-03-27（001）.

中共中央　国务院关于做好二〇二三年全面推进乡村振兴重点工作的意见[N]. 人民日报，2023-02-14（001）.

中华人民共和国教育法[N]. 人民日报，2016-02-23（023）.

中华人民共和国乡村振兴促进法[N]. 农民日报，2021-04-30（002）.

六、中文网址文献

新华社. 中共中央　国务院关于实施乡村振兴战略的意见[EB/OL].（2018-01-02）[2018-02-04]. https://www.gov.cn/gongbao/content/2018/content_5266232.htm.

郭克俭. 希望在田野上萌发——歌曲《在希望的田野上》诞生记[EB/OL].（2019-09-30）[2019-09-30]. https://news.gmw.cn/2019-09/30/content_33199729.htm.

新华社. 中共中央　国务院关于全面推进乡村振兴加快农业农村现代化的意见[EB/OL].（2021-01-04）[2021-02-21]. https://www.gov.cn/gongbao/content/2021/content_5591401.htm.

新华社. 中共中央　国务院关于做好二〇二二年全面推进乡村振兴重点工作的意见[EB/OL].（2022-01-04）[2022-02-22]. https://www.gov.cn/gongbao/content/2022/content_5678065.htm.

教育部. 教育部关于印发义务教育课程方案和课程标准(2022 年版)的通知[EB/OL].（2023-03-25）[2022-04-08]. http://www.moe.gov.cn/srcsite/A26/s8001/202204/t20220420_619921.html.

教育部. 教育部关于加强中小学地方课程和校本课程建设与管理的意见[EB/OL].（2023-05-09）[2023-05-17]. http://www.moe.gov.cn/srcsite/A26/s8001/202305/t20230526_1061442.html.

后 记

《求是》杂志 2024 年第 8 期发表了习近平总书记的重要文章《加强文化遗产保护传承 弘扬中华优秀传统文化》，"文章强调，文物和文化遗产承载着中华民族的基因和血脉，是不可再生、不可替代的中华优秀文明资源。要认真贯彻落实党中央关于坚持保护第一、加强管理、挖掘价值、有效利用、让文物活起来的工作要求，全面提升文物保护利用和文化遗产保护传承水平。文章指出，要让文物说话，让历史说话，让文化说话。系统梳理传统文化资源，让收藏在禁宫里的文物、陈列在广阔大地上的遗产、书写在古籍里的文字都活起来，提高文物研究阐释和展示传播水平，深入挖掘、继承、创新优秀传统乡土文化，加强对国粹传承和非物质文化遗产保护的支持和扶持，加强对少数民族历史文化的研究，切实把革命文物保护好、管理好、运用好，营造传承中华文明的浓厚社会氛围，增强做中国人的志气、骨气、底气。中华文明历来赞赏不同文明间的相互理解和尊重。要加强同全球各地的文化交流，共同推动文化繁荣发展、文化遗产保护、文明交流互鉴，践行全球文明倡议，为推动构建人类命运共同体注入深厚持久的文化力量"[①]。本书是重庆市教育委员会 2022 年度人文社会科学类研究重点项目"重拾耕读：乡村振兴中耕读文化解释与耕读教育课程构建研究"（项目编号：22SKGH548）的研究成果。本书不仅践行了文化遗产保护传承理念，还积极弘扬了中华优秀传统文化。2020 年 3 月 20 日，《中共中央国务院关于全面加强新时代大中小学劳动教育的意见》指出："建立以县为主、政府统筹规划配置中小学（含中等职业学校）劳动教育资源的机制。进一步完善学校建设标准，学校逐步建好配齐劳动实践教室、实训基地。高等学校要充分发挥自身专业优势和服务社会功能，建立相对稳定的实习和劳动实践基地。"[②]2022 年 7 月 1 日，本书项目组与重庆市云阳县教育委员会签署科研服务合作框架协议，深入重庆市云阳县南溪中学校挖掘和利用书院文化，指导

---

① 习近平. 加强文化遗产保护传承 弘扬中华优秀传统文化[J]. 求是，2024，（8）：本期导读，4，11，13.
② 中共中央国务院关于全面加强新时代大中小学劳动教育的意见[N]. 人民日报，2020-03-27（001）.

"耕读书院"校本劳动课程开发；深入重庆市云阳县天景初中挖掘和利用面坊文化，指导"云阳面坊"校本劳动课程开发；深入重庆市云阳县龙角小学挖掘和利用节气文化，指导"农耕节气"校本劳动课程开发。①2023 年 9 月 12 日，项目组又与重庆市巫溪县教育委员会签署科研服务合作框架协议，深入重庆市巫溪县先锋小学挖掘和利用耕读文化，指导"耕读文化"校本劳动课程开发。②

2022 年 11 月 4 日，《重庆日报》刊登《把课堂搬到田间地头 把论文写在乡村大地——重庆幼儿师范高等专科学校携手云阳县教委共谱劳动教育新篇》一文，报道了项目组引领乡村学校开展校本劳动课程开发的做法。2024 年 6 月 18 日，《中国教育报》刊登《高职如何助力乡村学校校本劳动课程开发》③一文，报道了项目组指导、参与和助力乡村学校校本劳动课程开发与教学改革的实践。项目组在实证研究期间，为个案学校劳动课程改革与教学创新提供了智力支持，并形成了《乡村学校劳动课程开发：理论与实践》这一高质量高水平的研究成果。

本书的写作得到了重庆市巫溪县政协委员、重庆市名校长工作室主持人、重庆市巫溪县先锋小学校长杨小平同志的指导。同时，科学出版社责任编辑王丹、张翠霞也为本书的出版做了许多细致的校对与修改工作。在此一并表示衷心的感谢！

宋生涛　重庆

哈斯朝勒　北京

2024 年 9 月 10 日

---

① 陈冬梅，李保宣，吴丽霞，等. 把课堂搬到田间地头 把论文写在乡村大地——重庆幼儿师范高等专科学校携手云阳县教委共谱劳动教育新篇[N]. 重庆日报，2022-11-04（008）.

② 李荣峰，宋生涛. 高职如何助力乡村学校校本劳动课程开发[N]. 中国教育报，2024-06-18（007）.

③ 李荣峰，宋生涛. 高职如何助力乡村学校校本劳动课程开发[N]. 中国教育报，2024-06-18（007）.